AGÊNCIAS REGULADORAS E PODER LEGISLATIVO

A REGULAÇÃO ENTRE A TÉCNICA E A POLÍTICA

FELIPE ROMERO

José Vicente Santos de Mendonça
Prefácio

Eduardo Jordão
Apresentação

AGÊNCIAS REGULADORAS E PODER LEGISLATIVO

A REGULAÇÃO ENTRE A TÉCNICA E A POLÍTICA

Belo Horizonte

FÓRUM
CONHECIMENTO JURÍDICO

2023

© 2023 Editora Fórum Ltda.

É proibida a reprodução total ou parcial desta obra, por qualquer meio eletrônico, inclusive por processos xerográficos, sem autorização expressa do Editor.

Conselho Editorial

Adilson Abreu Dallari
Alécia Paolucci Nogueira Bicalho
Alexandre Coutinho Pagliarini
André Ramos Tavares
Carlos Ayres Britto
Carlos Mário da Silva Velloso
Cármen Lúcia Antunes Rocha
Cesar Augusto Guimarães Pereira
Clovis Beznos
Cristiana Fortini
Dinorá Adelaide Musetti Grotti
Diogo de Figueiredo Moreira Neto (*in memoriam*)
Egon Bockmann Moreira
Emerson Gabardo
Fabrício Motta
Fernando Rossi
Flávio Henrique Unes Pereira
Floriano de Azevedo Marques Neto
Gustavo Justino de Oliveira
Inês Virgínia Prado Soares
Jorge Ulisses Jacoby Fernandes
Juarez Freitas
Luciano Ferraz
Lúcio Delfino
Marcia Carla Pereira Ribeiro
Márcio Cammarosano
Marcos Ehrhardt Jr.
Maria Sylvia Zanella Di Pietro
Ney José de Freitas
Oswaldo Othon de Pontes Saraiva Filho
Paulo Modesto
Romeu Felipe Bacellar Filho
Sérgio Guerra
Walber de Moura Agra

Luís Cláudio Rodrigues Ferreira
Presidente e Editor

Coordenação editorial: Leonardo Eustáquio Siqueira Araújo
Aline Sobreira de Oliveira

Rua Paulo Ribeiro Bastos, 211 – Jardim Atlântico – CEP 31710-430
Belo Horizonte – Minas Gerais – Tel.: (31) 99412.0131
www.editoraforum.com.br – editoraforum@editoraforum.com.br

Técnica. Empenho. Zelo. Esses foram alguns dos cuidados aplicados na edição desta obra. No entanto, podem ocorrer erros de impressão, digitação ou mesmo restar alguma dúvida conceitual. Caso se constate algo assim, solicitamos a gentileza de nos comunicar através do *e-mail* editorial@editoraforum.com.br para que possamos esclarecer, no que couber. A sua contribuição é muito importante para mantermos a excelência editorial. A Editora Fórum agradece a sua contribuição.

Dados Internacionais de Catalogação na Publicação (CIP) de acordo com ISBD

R763a	Romero, Felipe
	Agências reguladoras e Poder Legislativo: a regulação entre a técnica e a política / Felipe Romero. - Belo Horizonte : Fórum, 2023.
	219p.; 14,5cm x 21,5cm.
	ISBN: 978-65-5518-490-7
	1. Direito. 2. Agências reguladoras. 3. Regulação. 4. Controle político. 5. Poder legislativo. 6. Avocação legislativa. 7. Escolha regulatória. 8. Política regulatória. I. Título.
	CDD 340
	CDU 34
2022-3486	

Elaborado por Vagner Rodolfo da Silva - CRB-8/9410

Informação bibliográfica deste livro, conforme a NBR 6023:2018 da Associação Brasileira de Normas Técnicas (ABNT):

ROMERO, Felipe. *Agências reguladoras e Poder Legislativo*: a regulação entre a técnica e a política. Belo Horizonte: Fórum, 2023. 219 p. ISBN 978-65-5518-490-7.

AGRADECIMENTOS

Este livro contém a versão atualizada, revisada e ampliada da dissertação que apresentei, em maio de 2022, no âmbito do mestrado em Direito Público do Programa de Pós-Graduação em Direito da UERJ. O PPGD é um ambiente privilegiado de debate acadêmico e desenvolvimento de ideias e sou muito grato de ter compartilhado esse espaço de excelência com tantos professores e alunos que admiro. Inicio, portanto, agradecendo ao Prof. José Vicente Santos de Mendonça, meu orientador, pelo entusiasmo, pelas aulas e conversas inspiradoras e instigantes e pelos comentários fundamentais ao aprimoramento das ideias que levaram à dissertação.

Agradeço também ao Prof. André Cyrino, cujo curso sobre *Public Choice* tanto contribuiu para a elaboração da pesquisa. O Prof. André também gentilmente aceitou participar das bancas de qualificação e defesa da dissertação, e seus comentários, críticas e sugestões certamente levaram esse trabalho a uma melhor versão. Também não poderia deixar de agradecer à Prof. Patrícia Baptista, de quem fui aluno e monitor na graduação e novamente aluno durante o mestrado. Além de ter me apresentado o Direito Administrativo, a Prof. Patrícia é um exemplo para mim e para uma legião de colegas, e gentilmente leu uma versão parcial desse trabalho e deu contribuições valiosas.

Agradeço aos Profs. Eduardo Jordão e Roberta Simões Nascimento, que aceitaram o convite para participar da banca de defesa da dissertação e me honraram com uma arguição precisa, críticas e sugestões essenciais, algumas delas já incorporadas nessa versão. Já era um admirador e leitor da produção de ambos os Professores e foi um privilégio ouvir suas considerações sobre minhas próprias ideias.

A dissertação foi desenvolvida, em sua maior parte, durante o período da pandemia da Covid-19. Por isso, a possibilidade de discutir algumas das ideias aqui contidas com diversas pessoas e em diferentes fóruns, ainda que de maneira virtual, ajudou a aliviar o peso desse desafio. Sou grato aos Profs. Natasha Salinas e Fernando Leal, que leram e comentaram um artigo que continha a versão seminal das ideias aqui debatidas, no IV Seminário de Integração FGV Direito Rio e Faculdade de Direito da UERJ, ainda em 2019.

Também sou muito grato aos colegas da turma de 2019 do Mestrado em Direito Público, amigos brilhantes e alguns dos quais também essenciais interlocutores durante essa jornada. Agradeço, em especial, ao Leonardo Silveira, Dante Tomaz, Pedro Sutter, Stela Porto, Lívia Sena e Thamar Cavalieri.

Agradeço também ao BMA Advogados, na pessoa do José Guilherme Berman, pelo apoio antes, durante e depois da realização do mestrado, e por uma valiosíssima biblioteca que, às vezes de forma surpreendente, tanto contribuiu para a realização da pesquisa.

Ao Caio Andrade, muitas vezes o primeiro interlocutor de várias das ideias desenvolvidas nesse trabalho. Obrigado pela paciência e companheirismo.

Não poderia encerrar de outra forma que não agradecendo à minha família, por todo amor, carinho e apoio.

SUMÁRIO

PREFÁCIO
POR UM MUNDO REGULATÓRIO UM POUCO MENOS SINGELO
JOSÉ VICENTE SANTOS DE MENDONÇA 9

APRESENTAÇÃO
EDUARDO JORDÃO 11

CAPÍTULO 1
INTRODUÇÃO 13
1.1 Agências reguladoras no Brasil: uma promessa não cumprida? 13
1.2 Justificativa e relevância da pesquisa 18
1.3 Metodologia e plano de trabalho 22

CAPÍTULO 2
A INTERAÇÃO ENTRE LEGISLATIVO E AGÊNCIAS
REGULADORAS NO PROCESSO DE CONSTRUÇÃO DA
REGULAÇÃO 27
2.1 O problema da legitimidade da atuação congressual em matéria
regulatória 27
2.2 Objeções à atuação legislativa em matéria de regulação 39
2.2.1 Objeções dogmáticas 39
2.2.1.1 A crítica da separação funcional de poderes 39
2.2.2 Objeções pragmáticas 59
2.2.2.1 A crítica da incapacidade 59
2.2.2.2 A crítica da irracionalidade 71
2.3 Pressupostos para uma teoria do controle legislativo sobre
o mérito das decisões das agências reguladoras 83
2.3.1 O estatuto epistêmico da regulação entre a ciência e a política 83
2.3.2 O caráter dialógico do processo de construção da política
regulatória 90
2.3.3 O uso estratégico da distinção entre técnica e política 96

CAPÍTULO 3

AVOCAÇÃO LEGISLATIVA DA ESCOLHA REGULATÓRIA COMO MECANISMO DE CONTROLE POLÍTICO DAS AGÊNCIAS REGULADORAS...103

3.1   Justificativa: tipologia do controle congressual sobre as agências reguladoras...103

3.2   Delimitação conceitual da avocação legislativa................................109

3.3   Instrumentos...116

3.3.1   Veto legislativo: o controle negativo da escolha regulatória 116

3.3.2   Edição de lei em sentido estrito: a "relegalização" da escolha regulatória..131

3.4   Custos e reações..136

3.5   Estratégias para problemas reais: a avocação legislativa na agenda de qualidade regulatória...146

CAPÍTULO 4

ESTUDO DE CASOS...151

4.1   A regulação de preços e tarifas: efeitos distributivos da política regulatória..152

4.1.1   "O sol não será taxado": o regime de transição para a geração distribuída..153

4.1.2   "Não existe bagagem grátis": idas e vindas em torno da cobrança de bagagens em viagens aéreas 163

4.1.3   Persistência de política e a relevância do apoio institucional...........169

4.2   A regulação do risco e o paternalismo regulatório 177

4.2.1   "Não somos médicos, somos legisladores": a comercialização da pílula do câncer e dos medicamentos anorexígenos..........................178

4.2.2   Cobertura de antineoplásicos orais e o rol de procedimentos obrigatórios 188

4.2.3   Exame judicial de "fatos legislativos" e o problema da incomensurabilidade 193

CAPÍTULO 5

CONCLUSÃO: UM MODELO AINDA EM CONSTRUÇÃO...........205

REFERÊNCIAS..209

PREFÁCIO

POR UM MUNDO REGULATÓRIO UM POUCO MENOS SINGELO

Você provavelmente conhece a história: até meados dos anos 90, a administração pública brasileira vivia num inferno de partidarismos, de opções tecnicamente insustentáveis – de politicagem braba, para falar em bom português. Mas eis que surgem as agências reguladoras, que, contrapondo-se à política, seriam técnicas; garantiriam estabilidade para investimentos e segurança para administrados. A partir daí, criou-se uma cisão entre o Mundo da Política (que, às vezes, era o submundo da política minúscula, com suas trocas e trocos), espaço do Congresso, e o Mundo da Técnica, cujo espaço arquetípico seria ocupando por agências reguladoras.

Só que não. Nunca foi assim, por mais que rios de tinta hajam corrido em apoio a tais versões. O livro de Felipe Romero, aluno de brilhantíssima trajetória acadêmica e profissional, explica o porquê. Agências reguladoras não existem num espaço siderado de abstrações, mas numa realidade institucional, a brasileira, de caos controlado e de permanente disputa. O legislador não é um vilão de história em quadrinhos, que sempre ´anda mal´, e o tecnobucrocrata, um herói civilizador. Ambos são por vezes heróis, por vezes vilões, frequentemente heróis e vilões, mais frequentemente ainda nem uma coisa nem outra.

É que regular implica fazer escolhas. Logo, regular é, em certo sentido, arbitrar politicamente sobre decisões tecnicamente sustentáveis. Eis um segredo de polichinelo. O livro que você tem em mãos sugere que a disputa entre técnica e política não se traduz substancialmente num conflito ontológico, tampouco numa disputa epistêmica, mas numa guerra dinâmica entre sensibilidades estratégicas.

O ponto focal da pesquisa é a figura da avocação legislativa da escolha regulatória, fenômeno cada dia mais comum, mas que não havia encontrado, até aqui, quem lhe dedicasse atenção. A omissão foi suprida. A noção de uma 'relegalização' como simétrico da deslegalização, e o fato de que o exercício de tal possibilidade implica uma forma de controle atípico das agências, são conclusões de peso. Acima e antes de tudo isso, o papel da ciência e dos fatos na regulação e na legislação – assunto quentíssimo, que merece, de Felipe, tratamento crítico, sobretudo equilibrado.

O convite do livro é a uma leitura pragmática, voltada à dinâmica concreta de incentivos, habilidades concorrenciais e disputas entre agências e Legislativo. Claro que um olhar pragmático pode, ele próprio, desvirtuar-se numa retórica das virtudes empíricas; Felipe Romero não cai no erro. Faz pesquisa séria, alicerçada em literatura de alto nível e em exemplos reveladores.

Enfim: o livro começa se perguntando se as agências reguladoras seriam uma promessa não cumprida. Você encontrará a resposta ao longo do texto, mas aqui gostaria de sugerir que promessas incumpridas, e ainda mais as incumpríveis, ajudam-nos a caminhar. A própria academia brasileira de direito público, desde seus primórdios, quando era uma mistureba de ciência política diletante e análise de leis, e depois, quando se tornou dogmática, até hoje, em que se vêem traços de saudável interdisciplinariedade – a academia jurídica brasileira é uma promessa incumprida. É necessário que seja assim; e obras como a de Felipe Romero, apontando as nuances do mundo real contra o conforto das abstrações, ajudam-nos a, pouco a pouco, cumpri-la em nós, e, melhor ainda, em nossos alunos.

José Vicente Santos de Mendonça
Professor de Direito Administrativo da
Universidade do Estado do Rio de Janeiro.

APRESENTAÇÃO

Estudo empírico ainda inédito[1] aponta recente explosão no número de proposituras de projetos de decreto legislativo (PDLs), por congressistas, para sustar normas de agências reguladoras, com fundamento no art. 49, V da Constituição Federal. O salto se deu a partir de 2014, logo após o primeiro projeto que veio a ser efetivamente promulgado.[2] Entre 1997 e 2014, haviam sido propostos apenas 46 PDLs. Já entre 2015 e 2019, foram cerca de 112 PDLs. A média anual de propositura no segundo período supera em mais de *oito vezes* a do primeiro período.

O crescimento vertiginoso sugere que os parlamentares, enfim, se deram conta de um poder que possuem e que não vinha sendo muito utilizado. Mas a doutrina jurídica não foi igualmente rápida em atentar para a importância do instrumento. Essa forma de controle da regulação ainda passa largamente abaixo do radar da nossa literatura. A própria relação que as agências possuem com o Congresso, entendida mais amplamente, ainda é negligenciada pela academia, se comparada com a relação que as agências mantêm com outras instituições, como os tribunais, as cortes de contas e a presidência da república, por exemplo.[3]

O livro de Felipe Romero, que apresento agora ao leitor, contribui de forma significativa para preencher esse espaço ainda pouco explorado. Trata-se da versão comercial da sua dissertação de mestrado defendida no tradicional e conceituado programa de pós-graduação da Universidade do Estado do Rio de Janeiro, sob a orientação do meu caro amigo José Vicente Santos de Mendonça. O trabalho é simplesmente excelente. Afirmei na banca – e aqui repito – que se trata certamente de uma das melhores dissertações de mestrado que já tive a oportunidade de examinar.

---

[1] JORDÃO, Eduardo *et al.* Sustação de normas de agências reguladoras pelo Congresso Nacional: pesquisa empírica sobre a prática do art. 49, V, da CRFB, *Revista Direito GV*, São Paulo, 2023. No prelo.

[2] Trata-se do Decreto Legislativo nº 273/2014, que sustou os efeitos de uma resolução da Anvisa que tinha por objeto vedar ou limitar o uso de determinadas substâncias em medicamentos para emagrecimento (Resolução nº 52/2011). Enquanto escrevo esta apresentação, este ainda é o único caso de sucesso de PDLs contra normas de agências reguladoras.

[3] As mais importantes exceções são os ótimos estudos de Natasha Salinas e de Roberta Simões Nascimento.

A sofisticação intelectual de Felipe é clara. Sua redação é objetiva e agradável. A pesquisa bibliográfica é extensa, cobrindo doutrina nacional e estrangeira. A estrutura do trabalho é muito interessante, sem partes desnecessárias e sem desperdiçar o tempo do leitor. O estudo de casos ao final é adequadamente utilizado para ilustrar as suas considerações teóricas anteriores.

Felipe tem ideias próprias e não foge de nenhuma das polêmicas relativas ao tema. Há discussões sobre a "avocação legislativa", as capacidades e os diálogos institucionais, as objeções dogmáticas e pragmáticas à atuação legislativa em matéria de regulação, a suposta incompatibilidade entre Congresso e avaliações técnicas, entre outras. Suas posições não são facilmente presumíveis: não são necessariamente em defesa das agências ou do Congresso. Afinal, ele não detém uma visão idealizada das instituições que estuda.

O trabalho de Felipe é revelador de talento acadêmico raro. Esperemos que o autor siga adiante em suas investigações, ajudando a desbravar tantas outras áreas ainda pouco exploradas do nosso direito. Teremos todos a ganhar.

Eduardo Jordão
Professor da Escola de Direito do Rio de Janeiro da Fundação Getulio Vargas (FGV Direito Rio).

CAPÍTULO 1

INTRODUÇÃO

1.1 Agências reguladoras no Brasil: uma promessa não cumprida?

Em 2011, a Agência Nacional de Vigilância Sanitária – Anvisa – editou resolução proibindo o uso de alguns medicamentos tradicionalmente empregados em tratamentos contra a obesidade (conhecidos como anorexígenos), que eram anteriormente permitidos pela própria agência. A partir de estudos desenvolvidos no exterior, a Anvisa entendeu que a relação entre o risco e o benefício de algumas substâncias era negativa, o que desaconselharia a sua prescrição. A edição dessa norma, contudo, desagradou associações médicas e a própria classe política, que, em resposta, editou um decreto legislativo para sustar a resolução da agência.

Algumas semanas depois da publicação do decreto legislativo, a Anvisa editou nova resolução sobre a mesma matéria, retomando a autorização para comercialização desde que comprovada a eficácia e segurança dos medicamentos. O tema voltou à pauta congressual quando, em 2017, foi editada a Lei nº 13.454, resultante de um projeto de 2011, reafirmando a autorização para produção, comercialização e consumo de anorexígenos. A lei teve sua constitucionalidade questionada perante o STF, tendo sido declarada inconstitucional por maioria dos ministros, ao argumento de que violaria os deveres de proteção à saúde por parte do Estado.

Pouco antes, outra discussão similar havia ocorrido. Em 2016, o Congresso editou a Lei nº 13.269 com o propósito de autorizar o uso da substância fosfoetanolamina sintética por pacientes diagnosticados com câncer. A substância, contudo, jamais havia sido avaliada, muito menos aprovada, pela Anvisa. Tecnicamente, sequer era um medicamento, já que jamais haviam sido conduzidos os testes e estudos necessários à comprovação da sua segurança e efetividade. Apesar disso, a lei foi sancionada, mas, pouco depois, cautelarmente suspensa pelo Supremo Tribunal Federal, por violar a separação de poderes e o direito constitucional à saúde. A decisão foi posteriormente confirmada pelo Plenário do STF, que declarou, também por maioria, a sua inconstitucionalidade.

Discussão igualmente espinhosa que opôs agências reguladoras e o Congresso Nacional transcorreu acerca da possibilidade de cobrança de franquia de bagagem pelas companhias aéreas. Historicamente, passageiros tinham direito a despachar bagagens de forma gratuita em viagens de avião, até um determinado limite. A Agência Nacional de Aviação Civil – Anac – reviu esse regime e decidiu autorizar a cobrança adicional por cada mala despachada. Em abril de 2019, no âmbito da tramitação da MP nº 863/2018, que instituía regras para favorecer o ingresso de capital estrangeiro no setor aéreo, uma emenda parlamentar incluiu no texto um dispositivo que restabelecia a gratuidade da franquia mínima de bagagem. O dispositivo, contudo, foi vetado pelo Presidente da República e o veto, mantido pelo Congresso. O tema voltou à pauta em 2022, quando o Congresso aprovou novamente o despacho gratuito de bagagem, que, de novo, foi vetado pela Presidência da República. Até a conclusão desse livro, o veto ainda não tinha sido apreciado pelo Congresso Nacional.

Em comum, essas situações retratam hipóteses em que o Poder Legislativo, por meio do exercício de sua competência normativa, restringiu, ou buscou restringir, o espaço de deliberação da agência reguladora, avocando para si a prerrogativa, antes delegada à agência, de determinar qual seria a "escolha regulatória"[1] sobre determinado tema.

---

[1] A menção a uma "escolha regulatória" designa, genericamente, decisões tomadas no exercício da função reguladora, que não sejam estritamente vinculadas a um parâmetro normativo, ou seja, nas quais subsiste margem para apreciação. Nesse caso, é possível ao Poder Público, seja um ente administrativo ou legislativo, escolher um dentre os diversos instrumentos ou resultados disponíveis para consecução de objetivos de política pública, que podem estar mais ou menos explícitos no ordenamento jurídico. A referência a "escolha regulatória" também é adotada por Sérgio Guerra, mas com significado diverso. Para o autor, escolha regulatória é "uma espécie de escolha administrativa que viabiliza o exercício de uma função de intervenção estatal, indireta, exercida por autoridade pública descentralizada dotada de independência técnica, voltada à implementação de políticas públicas e à realização dos direitos sociais na execução de serviços públicos e realização de atividades econômicas de utilidade pública em setores complexos" (GUERRA, Sérgio. *Discricionariedade, regulação e reflexividade*. Uma nova teoria sobre as escolhas administrativas. Belo Horizonte: Fórum, 2018). Dessa definição decorreria que apenas entidades reguladoras independentes fariam escolhas regulatórias, tese contrária às conclusões deste livro,

Um observador poderia dizer que, nesses casos, o Legislativo frustra as promessas do modelo de regulação por agências no Brasil, subvertendo a lógica de especialização e racionalidade técnica que deveria prevalecer em setores regulados. De fato, casos como esses costumam provocar reações críticas das agências envolvidas,[2] que veem na atuação do Legislativo uma "invasão de atribuições", com a contaminação de um espaço de deliberação técnica por razões políticas.

A ideia por trás da criação das agências era de que os mercados teriam mais capacidade de desenvolvimento se a condução da política regulatória[3] estivesse a cargo de corpos burocráticos especializados e

---

que indica que agências reguladoras e o legislador não raro fazem escolhas regulatórias concorrentes e sobrepostas. Do mesmo modo, entes reguladores que não possuem uma garantia legal de independência também fazem, ao menos no sentido aqui empregado, escolhas regulatórias. Vale notar que a ideia de escolha regulatória, com conteúdo aproximado ao adotado aqui, também aparece no voto do Ministro Gilmar Mendes no julgamento da ADIn nº 5.779, no seguinte trecho: "A peculiaridade do objeto da presente ação direta provocou uma influência nada desprezível no modo pelo qual a questão constitucional de fundo foi exposta e enfrentada. Uma vez que a Lei 13.454/2017 autoriza a produção, a comercialização e o consumo de medicamentos anorexígenos, e o faz para contornar a escolha regulatória da Agência Nacional de Vigilância Sanitária (ANVISA), a questão constitucional assumiu uma forma de *trade-off*: saber se o Congresso Nacional, no exercício de sua competência legislativa (artigos 24, XII, e 48 da CF/88), poderia modificar e superar determinada escolha regulatória levada a efeito por agência reguladora em assunto inserido no campo temático desta última".

2   Nesse sentido, v., por exemplo, FOLHA DE S.PAULO. *'Anvisa não pode aceitar que Congresso invada sua atribuição', diz diretor*. 19 jul. 2018. Disponível em: https://www1.folha.uol.com.br/equilibrioesaude/2018/07/anvisa-nao-pode-aceitar-que-congresso-invada-sua-atribuicao-diz-diretor.shtml. Acesso em: 4 nov. 2021. e R7. *Anac critica decisão da Câmara de pôr fim à cobrança de bagagens*. 25 abr. 2019. Disponível em: https://noticias.r7.com/brasil/anac-critica-decisao-da-camara-de-por-fim-a-cobranca-de-bagagens-25042019. Acesso em: 14 set. 2019.

3   A referência à expressão 'política regulatória' aproxima-se do conceito proposto por Floriano de Azevedo Marques Neto, para quem "políticas regulatórias são caracterizadas pelas opções do ente incumbido da atividade regulatória acerca dos instrumentos de regulação a seu dispor com vistas à consecução das pautas de políticas públicas estabelecidas para o setor regulado. A definição de políticas regulatórias envolve a ponderação a respeito da necessidade e da intensidade da intervenção. Envolve a escolha dos meios e instrumentos que, no âmbito das competências regulatórias, melhor se coadunam para, de forma eficiente, ensejar o atingimento das políticas públicas setoriais". V. MARQUES NETO, Floriano de Azevedo. *Agências reguladoras independentes*. Fundamentos e seu regime jurídico. Belo Horizonte: Fórum, 2009 p. 87-88. O autor, contudo, opõe a política regulatória à política pública, nos seguintes termos: "Embora não se confundam com as políticas regulatórias, as políticas públicas, os setores sujeitos a nova regulação, serão implementadas, em grande medida, pelo manejo destas últimas". Por essa lógica, defende-se uma relação de complementaridade entre política pública e política regulatória, pressupondo uma fronteira que delimita o espaço de cada uma. Aqui, contudo, adere-se ao entendimento de que a política regulatória é uma *espécie* de política pública (contida, portanto, nesse gênero maior). Em outras palavras, a política regulatória é a política pública voltada à definição da estratégia de ação pública e dos instrumentos de atuação estatal em setores regulados. Para os fins do conceito, regulação, função regulatória e

insulados da política ordinária. Além disso, agências seriam capazes de trazer mais segurança jurídica e racionalidade a setores econômicos complexos.

Passados mais de vinte anos da criação da primeira agência reguladora brasileira, é possível dizer que a compreensão jurídica atual acerca da regulação estatal por agências no Brasil já ultrapassou as discussões quanto à constitucionalidade do seu regime especial[4] e quanto à possibilidade de delegação de amplos poderes normativos a esses entes.[5] Do ponto de vista prático, as agências produzem, hoje, mais normas do que o próprio Congresso Nacional.[6]

Apesar disso, ao tempo em que se presenciou a consolidação das agências como centros decisórios relevantes, a expectativa de insulamento da regulação em relação à política ordinária não se cumpriu totalmente. Subsiste controvérsia relevante sobre os conceitos e parâmetros jurídicos que servem para mediar a divisão, entre Legislativo e agências, das prerrogativas voltadas à construção da política regulatória. A discussão não é nova, apesar de ganhar contornos atuais,

---

termos equivalentes fazem referência à regulação estatal da economia, conceituada, como proposto por Alexandre Santos de Aragão, como "o conjunto de medidas legislativas, administrativas e convencionais, abstratas ou concretas, pelas quais o Estado, de maneira restritiva da liberdade privada ou meramente indutiva, determina, controla, ou influencia o comportamento dos agentes econômicos, evitando que lesem os interesses sociais definidos no marco da Constituição e orientando-os em direções socialmente desejáveis" (ARAGÃO, Alexandre Santos de. *Agências reguladoras e a evolução do direito administrativo econômico*. Rio de Janeiro: Forense, 2002, p. 37). Também fazendo referência ao termo política regulatória, mas com sentido diverso (como um conjunto de princípios gerais e estratégicos que funcionem como guia para as iniciativas governamentais de regulação), v. ABRANCHES, Sérgio Henrique Hudson de. Reforma regulatória:conceitos, experiências e recomendações. *Revista do Serviço Público*, [s. l.], v. 50, n. 2, p. 19-50, 2014.

4   José Afonso da Silva, por exemplo, defendia, em edição de 2005 dos seus Comentários à Constituição, que "A legislação dessas agências vem conferindo-lhes uma autonomia de gerenciamento que ultrapassa os limites da descentralização autárquica, o que tem dado sinais de tomada de decisões contrastantes com diretrizes do próprio Poder Executivo, incluindo uma normatividade que vai para além das balizas constitucionais" (SILVA, José Afonso da. *Comentário contextual à Constituição*. São Paulo: Malheiros, 2005, p. 726).

5   Celso Antônio Bandeira de Mello defendia a inconstitucionalidade da delegação de poder normativo às agências reguladoras, nos seguintes termos: "Este perigo das delegações disfarçadas é muito presente no Brasil. [...] Considera-se que há delegação disfarçada e inconstitucional efetuada fora do procedimento regular, toda vez que a lei remete ao Executivo a criação das regras que configuram o direito ou que geram a obrigação, o dever ou a restrição à liberdade. Isto sucede quando fica deferido ao regulamento definir por si mesmo as condições ou requisitos necessários ao nascimento do direito material ou ao nascimento da obrigação, dever ou restrição" (MELLO, Celso Antônio Bandeira de. *Curso de Direito Administrativo*. São Paulo: Malheiros, 1998, p. 200-201).

6   JORDÃO, Eduardo *et al*. A produção legislativa do Congresso Nacional sobre agências reguladoras. *Revista de Informação Legislativa*, v. 56, n. 222, p. 75-107, abr./jun. 2019.

CAPÍTULO 1
INTRODUÇÃO | 17

já que esse é um tema que tangencia o cerne de debates clássicos tanto da dogmática jurídica quanto das demais ciências sociais, relativos ao conflito entre burocracia e agentes políticos.

A percepção de que o Legislativo não deveria intervir em debates regulatórios também encontra acolhida na literatura jurídica e na jurisprudência que, costumeiramente, encaram incursões legislativas em matéria de regulação como "indevidas",[7] um sinal de disfuncionalidade do sistema.[8] Em geral, a estratégia desenvolvida para lidar com esse conflito busca dissociar a *elaboração* da política pública regulatória da sua *execução*, ou distinguir o espaço da *política* do espaço da *técnica*, categorias usualmente empregadas no discurso jurídico para diferenciar a atuação do Parlamento da atividade desempenhada pelas agências.

Não obstante isso, a Constituição confere amplos poderes ao Poder Legislativo para preservar sua competência normativa, fiscalizar os atos do Poder Executivo e sustar aqueles que exorbitem dos limites da delegação legislativa.[9] Consideradas essas prerrogativas, a expectativa de dissociação entre regulação e política ordinária parece um tanto quanto ingênua. A teoria brasileira da regulação não oferece respostas satisfatórias para a dificuldade de conciliar essa primazia reconhecida pela Constituição ao Legislativo com a autonomia e as amplas prerrogativas conferidas por lei às agências para elaborar e implementar a política regulatória.

Nesse contexto, a elaboração da política regulatória tornou-se um campo de disputa institucional entre as agências reguladoras e o Poder Legislativo, com participação de outros atores relevantes, como o Executivo[10] e o Judiciário. Não são raros os casos em que o Congresso Nacional age para rever o mérito de decisões tomadas por agências reguladoras para adequá-las à preferência política majoritária, ou mesmo em que o Legislativo se antecipa à decisão do regulador, esvaziando o debate perante a agência para que o resultado seja aderente às suas pautas. É esse fenômeno que será, aqui, definido como a avocação

---

[7] BARROSO, Luís Roberto. Constituição, Ordem Econômica e Agências Reguladoras. *Revista Eletrônica de Direito Administrativo Econômico*, Salvador, n. 1, fev./abr. 2005, p. 9.

[8] Sobre o ponto, v. especialmente o tópico 2.2.

[9] Constituição Federal, art. 49, V e X.

[10] A atuação do Poder Executivo é tratada, aqui, a partir da influência que exerce sobre o processo legislativo. Reconhece-se, contudo, que a influência política do Executivo sobre as agências também pode ser exercida em espaços não legislativos, mas este não é o foco da pesquisa, que se debruça primordialmente sobre o embate institucional com reflexos diretos no campo normativo.

legislativa da escolha regulatória. Com o termo, quer-se designar o controle político exercido pelo Poder Legislativo sobre as escolhas regulatórias das agências, por meio do qual o Legislativo reassume pontualmente a competência delegada por lei à agência para tomada de decisão.[11]

Este estudo volta-se a esses casos, tratando-os não como sinais de disfuncionalidade institucional, mas como resultado da combinação de fatores contextuais (normativos, culturais, institucionais) próprios ao modelo brasileiro de regulação por agências. Com isso, a intenção é abrir espaço para uma análise que, ao invés de olhar para o fenômeno regulatório a partir do resultado da deliberação das agências, busca analisar o processo de construção da política regulatória a partir do modo como Legislativo e agências interagem entre si.[12] A avocação legislativa da escolha regulatória é apresentada como um dos modelos possíveis de interação e disputa institucional entre agências reguladoras e Poder Legislativo.

1.2 Justificativa e relevância da pesquisa

Tradicionalmente, difundiu-se na literatura jurídica[13] e na jurisprudência a ideia de separação dos domínios da política e da técnica

---

[11] Esse conceito é detalhado e analisado no tópico 3.1, abaixo.

[12] Esse debate insere-se em um esforço teórico mais amplo de tratar problemas clássicos da regulação a partir de uma ótica menos fundacionalista e mais pragmática. Como reflete Sérgio Guerra, no atual contexto, "a discussão sobre a constitucionalidade da outorga de poder normativo às agências deve ceder lugar a pesquisas empíricas sobre como este poder é exercido na prática" (GUERRA, Sérgio; SALINAS, Natasha Schmitt Caccia. Controle político da atividade normativa das agências reguladoras no Brasil. *Revista de Direito Econômico e Socioambiental*, Curitiba, v. 9, n. 3, p. 402-430, set./dez. 2018). Também nesse sentido, André Cyrino identifica a necessidade de aportes jurídicos que contemplem considerações interdisciplinares no estudo da regulação e da chamada Constituição econômica. Em suas palavras: "o debate tradicional muitas vezes permanece mergulhado na interpretação de normas constitucionais de um ponto de vista dogmático-normativo, com insuficientes considerações ligadas a outras ciências as quais são importantes para que se compreenda o fenômeno jurídico com maior profundidade" (CYRINO, André. *Direito constitucional regulatório*: elementos para uma interpretação institucionalmente adequada da Constituição econômica brasileira. 2. ed. Rio de Janeiro: Processo, 2018b, p. 10). No mesmo sentido, José Vicente Santos de Mendonça, ao tratar da terceira fase do estudo sobre regulação no Brasil, marcada menos pela abstração e mais pela experiência, com a ascenção de perspectivas empíricas (MENDONÇA, José Vicente Santos de. As fases do estudo sobre regulação da economia na sensibilidade jurídica brasileira. *Revista Opinião Jurídica*, Fortaleza, v. 13, n. 17, p. 284-301, jan./dez. 2015, p. 292).

[13] V., por exemplo, MARQUES NETO, Floriano de Azevedo. *Agências reguladoras independentes*. Fundamentos e seu regime jurídico. Belo Horizonte: Fórum, 2009, p. 92: "na medida em que dotamos os órgãos reguladores de independência e de amplas competências de intervenção num dado setor, não se pode pretender atribuir-lhes também a competência para conceber e estabelecer as políticas públicas setoriais. [...] Os órgãos reguladores

em categorias algo estanques, atribuindo-se respectivamente ao Legislativo e às agências as tarefas de definir os objetivos gerais da política regulatória e de executá-los. Essa distinção entre *política* e *técnica*, ou entre *formulação* e *execução* de políticas públicas, não parece ser suficiente para diferenciar, em situações concretas, a atuação das agências e de outros corpos burocráticos do Estado, relativamente insulados da política ordinária,[14] das demais instâncias político-democráticas. Além de insuficiente para a criação de parâmetros que possam guiar a jurisprudência e a atuação dos próprios agentes envolvidos, essas categorias também revelam problemas adicionais.

De um lado, mostram certa incompreensão acerca do papel da técnica e da política no processo de tomada de decisão pública em matéria regulatória, e, em especial, acerca da autoridade epistêmica de juízos técnicos, frequentemente identificados como posições neutras ou imparciais. É simplista e ingênua a suposição de que os órgãos reguladores tomarão decisões pautadas em dados objetivos e que, de outro lado, caberá aos agentes políticos definirem diretrizes gerais de políticas públicas a serem perseguidas pelas agências. Essa ideia ignora os arranjos reais de interação entre esses atores, bem como as evidências empíricas acerca da sua atuação.

Do mesmo modo, a concepção estática e unidirecional do processo de construção da política regulatória também dificulta o

---

não são instância institucional de definição de políticas. São sim espaços e instrumentos para efetivação destas, previamente definidas pelo Executivo e pelo Legislativo [...]". No mesmo sentido, SOUTO, Marcos Juruena Villela. *Direito administrativo regulatório*. Rio de Janeiro: Lumen Juris, 2005, p. 51: "O legislador limita-se a estabelecer a obrigação – o dever de eficiência – e os objetivos a atingir. O regulador vai definir, por meio de atos normativos ou executivos (conforme o número de destinatários e o seu grau de conhecimento sobre o mercado), a técnica de execução da vontade da lei".

[14] Para os fins deste estudo, agências reguladoras, órgãos de regulação ou expressões similares são tratadas como sinônimos, e devem ser entendidos como as agências reguladoras federais, listadas no art. 2º da Lei nº 13.848/2019. A restrição da pesquisa a esse grupo específico de autarquias se dá por alguns fatores. Primeiro, são órgãos reguladores sujeitos a um regime jurídico relativamente homogêneo, o que facilita comparações e um tratamento uniforme, apesar de não esgotarem o exercício da função regulatória estatal. Não se ignora que, mesmo no âmbito federal, entidades como o Banco Central, a Comissão de Valores Mobiliários e os conselhos de fiscalização profissional, dentre outros, também são relevantes órgãos reguladores, mas regidos por leis próprias, de modo que o seu tratamento nesta pesquisa também demandaria adaptações e ressalvas que fogem ao escopo pretendido. Do mesmo modo, a restrição do escopo deste estudo ao âmbito federal busca uniformizar a base de dados da pesquisa a partir da União, o que não significa desconsiderar que relações semelhantes também ocorrem em Estados e Municípios. Apesar de as conclusões deste estudo terem como premissa normas e um grupo limitado de entidades reguladoras federais, é certo que elas podem ser estendidas, *mutatis mutandis*, ao relacionamento institucional entre órgãos legislativos e reguladores diversos.

desenvolvimento de discussões mais aprofundadas sobre os mecanismos e limites do controle político das agências pelo Parlamento e os canais institucionais pelos quais a regulação estatal de fato é construída. Tomando-se como premissa o uso retórico de categorias como a técnica e a política, tais interações acabam sendo identificadas como uma anomalia: ou bem o Legislativo está interferindo nas atribuições técnicas dos órgãos reguladores, ou são as agências que estão invadindo as competências do legislador.

Por fim, a concepção tradicional também diminui o potencial de atuação das agências reguladoras como atores relevantes para a discussão legislativa, aderindo, ao contrário, a uma perspectiva pouco verossímil em que os espaços da técnica e da política devem ser completamente descolados.

Apesar da sua relevância e atualidade, o tema das interações entre Legislativo e agências no campo da construção da regulação foi tradicionalmente negligenciado pela literatura jurídica.[15] Este livro busca avançar nesses temas a partir de bases diversas das tradicionalmente empregadas em discussões jurídicas similares.

A principal contribuição que se pretende dar ao debate é a introdução de um modelo teórico explicativo para a interação entre legislador e regulador no campo do mérito da política regulatória, denominado de avocação legislativa da escolha regulatória, com a apresentação de suas premissas teóricas e contornos práticos. Acredita-se que tal conceito tem potencial descritivo útil à análise de questões tratadas pelas agências reguladoras que também repercutem de maneira relevante na esfera política.

---

[15] De fato, existe pouca produção doutrinária no Direito tratando do tema, a despeito de um interesse crescente demonstrado em diversas obras referenciadas neste trabalho. Em geral, a literatura jurídica sobre o controle político das agências e sobre o exercício do seu poder normativo volta-se, principalmente, à análise de interferências do Executivo sobre os órgãos técnicos e aos parâmetros que devem pautar o exame jurisdicional da legalidade e constitucionalidade de normas produzidas pelas agências. Nessa linha, Roberta Simões Nascimento também nota "a escassez de estudos voltados para explorar, especificamente, o papel do parlamento dentro das preocupações regulatórias" (NASCIMENTO, Roberta Simões. A legislação baseada em evidências empíricas e o controle judicial dos fatos determinantes da decisão legislativa. *Revista Eletrônica da Procuradoria Geral do Estado do Rio de Janeiro*, Rio de Janeiro, v. 4, n. 3, set./dez. 2021a, p. 9). Cecília Olivieri aponta que essa mesma percepção é compartilhada também no campo da ciência política, em relação às discussões sobre o controle político da burocracia estatal. V. OLIVIERI, Cecília. Os controles políticos sobre a burocracia. *Revista de Administração Pública*, Rio de Janeiro, v. 45, n. 5, p. 1395-1424, out. 2011, p. 1396. Uma possível explicação para isso talvez seja a percepção de que o controle político exercido por meio da legislação não seria tão relevante quanto aquele decorrente dos processos de indicação dos dirigentes das agências. Ecoando essa percepção, v. WOOD, B. Dan; WATERMAN, Richard W. The Dynamics of Political Control of the Bureaucracy. *American Political Science Review*, [s.l.], 85, n. 3, p. 801-828, set. 1991.

O objetivo principal da pesquisa é identificar a avocação legislativa da escolha regulatória como um fenômeno juridicamente possível e entender as dinâmicas que lhe são pertinentes. A premissa do estudo é a de que a regulação estatal no Brasil é resultado de arranjos complexos decorrentes da interação entre os diversos agentes implicados nessa tarefa, em especial, para o escopo aqui tratado, o Legislativo e as agências reguladoras. Argumenta-se que tal interação não só é permitida pelo ordenamento jurídico como, em certa medida, promovida e demandada por normas e princípios específicos.

Por que olhar para a regulação por meio da lente da interação institucional entre agências e Legislativo? Cogita-se, aqui, duas razões principais. A primeira delas, de ordem prática: a regulação não é um fenômeno restrito ao âmbito de atuação das agências reguladoras.

A despeito de sua relevância, as agências são órgãos administrativos inseridos em uma rede institucional que congrega o Poder Executivo, o Legislativo e diversos órgãos de controle, com destaque para o Poder Judiciário e para os tribunais de contas. Isso sem falar no papel relevante dos próprios agentes regulados, que, cada vez mais, têm também moldado o arcabouço regulatório, seja participando ativamente do processo deliberativo das agências, seja pelo exercício de autorregulação.

Se é assim, o arcabouço normativo regulatório será o resultado não apenas dos processos internos de deliberação das agências reguladoras, mas também dos processos de deliberação externa, interinstitucional.

A segunda razão, complementar à primeira, é que, dada a multiplicidade de atores que compartilham espaços formais e informais de produção da regulação, compreender o resultado desse processo confunde-se com a análise da interação entre esses agentes. O estudo da avocação legislativa da escolha regulatória adere a essa perspectiva dialógica, com foco na análise da regulação não a partir da interpretação de suas normas, mas da interação dos seus atores.

A avocação é entendida como resposta a um modelo de governança regulatória que alia desconfiança em relação à atuação parlamentar, baixa institucionalização política do compromisso regulatório e um superdimensionamento da ideia de autonomia das agências reguladoras.[16] Nesse cenário, o transbordamento de discussões

---

[16] Sobre o ponto, ver tópico 2.1.

regulatórias para o debate público reacende o questionamento político da autoridade das agências em benefício dos interesses dos grupos de pressão que influenciam a atividade legislativa.

Na tentativa de se pensar uma teoria da regulação adaptada ao contexto brasileiro, é por meio do estudo dessas interações que se pretende analisar a construção reflexiva da identidade do fenômeno regulatório no Brasil. Acredita-se que qualquer tentativa de aprimorar a governança regulatória brasileira e o modelo institucional das agências reguladoras passa por compreender de que forma a política regulatória é construída e quais são os arranjos e constrições reais que influenciam o seu resultado.

Nesse cenário, pensar a regulação sob a perspectiva interativa implica compreender que a política regulatória é construída em múltiplas rodadas de disputa entre os agentes envolvidos, em que esses atores, cada qual em seu campo de atuação, buscarão impor suas preferências sobre os demais. Do mesmo modo, tanto as agências quanto o Legislativo terão instrumentos para contornar decisões um do outro, impondo reviravoltas. É, portanto, pensar o fenômeno regulatório não apenas quanto a seus titulares, mas quanto a seu tempo, as suas dimensões e as suas recorrências.

1.3 Metodologia e plano de trabalho

O marco teórico da pesquisa são as correntes institucionalistas, que consideram que a racionalidade individual apenas pode ser compreendida à luz das instituições[17] que influenciam os atores individuais e são por eles influenciadas.[18] Emprega-se uma abordagem

---

[17] Apesar da existência de inúmeros conceitos para o termo "instituição", teorias institucionalistas de matriz econômica em geral partem de uma definição bastante abrangente, que pode soar estranha à literatura jurídica, por incluir, por exemplo, fatores informais que influenciam o comportamento humano, como convenções culturais e normas de comportamento, além das próprias normas jurídicas. Neste estudo, adere-se à proposta de Mariana Mota Prado e Michael Trebilcock, que adotam uma definição mais restrita de instituição, entendidas como "those organizations (formal and informal) that are charged or entrusted by a society with making, administering, enforcing or adjudicating its laws or policies". V. PRADO, Mariana Mota; TREBILCOCK, Michael J. *Institutional bypasses*: a strategy to promote reforms for development. Cambridge: Cambridge UniversityPress, 2019, p. 29.

[18] Essa relação de mútua influência constitui uma das principais premissas do institucionalismo, tanto no "velho" quanto no "novo" institucionalismo. Sobre o tema, v. COUTINHO, Diogo R. Direito e institucionalismo econômico: Apontamentos sobre uma fértil agenda de pesquisa. *Revista de Economia Política*, São Paulo, v. 37, n. 3, p. 565-586, jul./set. 2017, p. 572.

interdisciplinar, com interseções evidentes com teorias econômicas e da ciência política, para compreensão de fenômenos sociais através da investigação dos propósitos e do funcionamento das instituições que lhes são relevantes.

Duas teorias aderentes à perspectiva institucionalista são especialmente relevantes para o marco teórico dessa pesquisa: a teoria da escolha pública (*public choice*),[19] que se propõe a fazer uma leitura do comportamento de agentes públicos a partir da ideia de racionalidade econômica e custos de transação;[20] e a teoria da agência,[21] que busca compreender a relação de delegação de poderes entre dois agentes que atuam sob incentivos diversos a partir da metáfora da relação contratual.[22]

A teoria jurídica da regulação e das agências reguladoras possui afinidades com o marco teórico institucionalista, tendo em vista que tais órgãos são concebidos como instituições promotoras do desenvolvimento econômico e do aprimoramento de mercados setoriais. Não por outra razão, esta pesquisa recorre a diversos estudos produzidos nos campos da economia e da ciência política, os quais devem influenciar o

---

[19] Na síntese de André Cyrino: "A Escola da *Public-Choice* [...] procura fornecer modelos descritivos e realistas da política e do direito. Parte-se do pressuposto de que os agentes públicos e políticos são maximizadores de seus próprios interesses, agindo, fundamentalmente, no intuito de obter vantagens para si próprios, como a possibilidade de utilização do orçamento para seus projetos políticos individuais, a obtenção de mais votos, etc" (CYRINO, André. *Direito constitucional regulatório*: elementos para uma interpretação institucionalmente adequada da Constituição econômica brasileira. 2. ed. Rio de Janeiro: Processo, 2018b, p. 154). Sobre o ponto, v. tópico 2.2.2.2.

[20] A perspectiva dos custos de transação aplicada à discussão sobre o controle político-legislativo da burocracia é especialmente desenvolvida em HUBER, John D.; SHIPAN, Charles R. The costs of control: legislators, agencies, and transaction costs. *Legislative Studies Quarterly*, Washington, v. 25, n. 1, p. 25-52, fev. 2000.

[21] A ciência política, a partir de aportes conceituais da economia, trata relações que envolvem delegação de poderes por meio da teoria do principal – agente, em que o principal é aquele que detém originariamente a autoridade para definir o desenho institucional e para delegar alguma parcela do poder de que é investido. Agentes, por outro lado, são os entes destinatários dessa delegação, que exercem sua função nos termos definidos pelo principal. Sobre a aplicação da teoria do principal – agente em delegações a órgãos burocráticos não majoritários, v. THATCHER, Mark; SWEET, Alec Stone. Theory and Practice of Delegation to Non-majoritarian Institutions. *In*: THATCHER, Mark; SWEET, Alec S. (Ed.). *The Politics of Delegation*. Londres: Frank Cass, 2002, p. 3.

[22] Clara Brando de Oliveira e Joaquim Rubens Fontes Filho notam que a associação entre a teoria da agência e a *public choice* é usual quando se trata de analisar problemas de agência no setor público. V. OLIVEIRA, Clara Brando de; FONTES FILHO, Joaquim Rubens. Problemas de agência no setor público: O papel dos intermediadores da relação entre poder central e unidades executoras. *Revista de Administração Pública*, Rio de Janeiro, v. 51, n. 4, p. 596-615, jul./ago. 2017.

modo como o Direito percebe e lida com a interação institucional entre agências reguladoras e Poder Legislativo.

Do ponto de vista descritivo, análises institucionalistas no campo do Direito buscam compreender como as estruturas jurídicas – normas, processos ou interpretações – influenciam e alteram a organização e o desempenho de instituições e, consequentemente, o alcance dos objetivos aos quais elas se voltam. Do ponto de vista normativo, busca-se desenvolver instrumentos jurídicos que favoreçam o funcionamento adequado de instituições em prol dos valores que elas buscam concretizar.

Além da pesquisa bibliográfica, este estudo também envolve a realização de pesquisa empírica com combinação de métodos quantitativos e qualitativos, especialmente empregados na realização de estudos de casos, no esforço de analisar como ocorre e o que motiva, na prática, a avocação legislativa da escolha regulatória. Para isso, foram identificados alguns casos como exemplo de avocação legislativa, e, então, coletados e analisados os documentos dos processos decisórios subjacentes, bem como outros documentos sobre a atuação dos atores institucionais envolvidos, tais como aqueles produzidos por esses outros atores ou relatos publicados na imprensa.

O objetivo da pesquisa, enunciado acima, será desenvolvido em duas partes.

A primeira possui objeto eminentemente teórico e é identificada como o primeiro capítulo do livro. Nela, buscou-se, primeiro, delimitar o problema da legitimidade da atuação congressual em matéria regulatória, para, em seguida, identificar e analisar as principais objeções que são feitas na literatura e na jurisprudência a essa atuação. A partir das conclusões desses tópicos, são apresentados três pressupostos teóricos ao desenvolvimento de uma dogmática jurídica apropriada para o arcabouço institucional brasileiro com relação ao processo de construção da política regulatória.

Fixadas as premissas teóricas, a segunda parte, dividida nos dois capítulos seguintes, busca analisar o que aqui se denomina avocação legislativa da escolha regulatória. O primeiro apresenta a avocação legislativa como modelo de interação institucional entre o Legislativo e as agências reguladoras, introduzindo uma justificativa para a consideração desse modelo, uma definição do fenômeno e a análise de seus contornos práticos, passando pelos instrumentos pelos quais se manifesta e pelos custos que lhe são atrelados. O capítulo é concluído com um comentário sobre os possíveis efeitos da discussão da avocação legislativa sobre a agenda de qualidade regulatória. A partir da apresentação desse modelo, o capítulo seguinte traz quatro estudos de caso de avocação legislativa, envolvendo quatro agências reguladoras federais, de modo a analisar concretamente as observações feitas em abstrato nos tópicos antecedentes.

A conclusão encerra o livro com a síntese dos objetivos e dos achados da pesquisa.

CAPÍTULO 2

A INTERAÇÃO ENTRE LEGISLATIVO E AGÊNCIAS REGULADORAS NO PROCESSO DE CONSTRUÇÃO DA REGULAÇÃO

2.1 O problema da legitimidade da atuação congressual em matéria regulatória

A discussão a respeito da interação entre agentes políticos e burocráticos não é nova. Insere-se em um marco teórico mais abrangente, de inspiração weberiana, voltado a discutir as relações entre burocracia, política e democracia.[23] A teoria weberiana sobre o desenvolvimento da burocracia especializada está ancorada em uma separação rigorosa entre os domínios da ciência (a burocracia administrativa) e da política (o governo),[24] derivada da ideia de racionalizar a atuação estatal.[25]

---

[23] MEIRELLES, Fernanda; OLIVA, Rafael. Delegação e controle político das agências reguladoras no Brasil. *Revista de Administração Pública*, Rio de Janeiro, 40, n. 4, p. 545-565, jul./ago. 2006.

[24] Algumas ideias sobre a diferenciação entre ciência e política e sobre o funcionamento desses campos foram desenvolvidas nas conferências "Ciência e política – duas vocações", ministradas na década de 1920 (WEBER, Max. Ciência e política – Duas vocações. São Paulo: Cultrix, 2011). Cecília Olivieri nota que, também na literatura brasileira, "a política e a burocracia sempre foram vistas como opostas e conflitantes". Em suas palavras: "A história da relação entre política e burocracia no Brasil é contada em termos de oposições entre a racionalidade da política (distributiva) e a racionalidade da burocracia (eficiência) [...]". V. OLIVIERI, Cecília. Os controles políticos sobre a burocracia. *Revista de Administração Pública*, Rio de Janeiro, v. 45, n. 5, p. 1395-1424, out. 2011, p. 1412.

[25] "[Max Weber] rejeita a ideia de que o conhecimento científico teria algo a dizer acerca do sentido do mundo, ou seja, sobre o que é verdadeiro, belo, desejável, sobre o modo como os humanos deveriam viver e agir [...]. Caberia à política definir quais os princípios e os valores que deveriam mover a ação e restaria à ciência – amparada nos dados, no cálculo, na probabilidade, em seus métodos, técnica e na sua capacidade de identificar estruturas

A limitação da vontade política como determinante da atuação estatal representaria uma *"revolução da coisa pública"*,[26] aproximando o aparato estatal da defesa do interesse público. Como a burocracia era vista como um corpo neutro e apolítico de agentes, o controle de sua atuação se daria, primeiro, no estabelecimento de normas gerais instituindo as demandas da arena política, com os objetivos e fins a serem perseguidos e, segundo, por meio de uma hierarquia funcional, responsiva, em última instância, ao eleitorado.[27]

O desenvolvimento dessa perspectiva leva a novas abordagens, como a das teorias da nova gestão pública (*new public management*), que têm, como ponto de contato, a ideia de aproximação da gestão pública das práticas do setor privado. Um dos seus desdobramentos é a criação de corpos burocráticos insulados não apenas da política partidária, mas do próprio governo, com elevada capacidade técnica. Essa é, afinal, a teoria por trás do movimento de Administração gerencial, que dá origem às agências reguladoras no Brasil.[28] Para os defensores desse modelo, a estratégia de insulamento das elites burocráticas era um dos elementos centrais da implementação de um "Estado regulador", que pressupõe um conflito entre o exercício democrático e a racionalidade econômica.[29]

A criação de corpos burocráticos formalmente dotados de autonomia frente ao governo instaura o dilema essencial desse modelo: o conflito entre autonomia e responsividade, resumido na necessidade

---

culturais – a tarefa de fazer previsões para determinar racionalmente a melhor forma de agir de acordo com os objetivos que haveriam sido previamente elegidos na esfera política" (KLÜGER, Elisa. A contraposição das noções de técnica e política nos discursos de uma elite burocrática. Revista de Sociologia e Política, [s.l.], v. 23, n. 55, p. 75-96, set. 2015, p. 76).

[26] WEBER, Max. *Ciência e política* – Duas vocações. São Paulo: Cultrix, 2011, p. 74.

[27] KLÜGER, Elisa. A contraposição das noções de técnica e política nos discursos de uma elite burocrática. *Revista de Sociologia e Política*, [s.l.], v. 23, n. 55, p. 75-96, set. 2015, p. 3.

[28] V. BRASIL. *Plano Diretor da Reforma do Aparelho do Estado*. Brasília: Presidência da República, Câmara da Reforma do Estado, Ministério da Administração Federal e Reforma do Estado, 1995.

[29] MELO, Marcus André. A política da ação regulatória: responsabilização, credibilidade e delegação. *Revista Brasileira de Ciências Sociais*. São Paulo, v. 16, n. 46, p. 55-68, jun. 2001, p. 59-60. V. também MARQUES NETO, Floriano de Azevedo. *Agências reguladoras*: instrumentos do fortalecimento do estado. Porto Alegre: Associação Brasileira de Agências de Regulação – ABAR, 2004, p. 10: "[…] a atividade econômica, é fato, acabava por padecer de uma enorme instabilidade, pois as decisões políticas são necessariamente cambiantes (fruto da natural necessidade de acomodação dos interesses políticos e das premências da alternância de poder) e buscam responder às demandas mais imediatas (próprias do ambiente político). Além disso, num contexto de intervenção predominantemente direta na economia, os objetivos perseguidos pelo Estado são de natureza geral, mormente sem grande preocupação com o equilíbrio específico do setor onde recai essa intervenção".

de garantir que agentes independentes atuem em prol do interesse público democraticamente identificado, e não de seus próprios interesses, a despeito da ausência de controle hierárquico.

Uma das perspectivas teóricas desenvolvidas para lidar com esse dilema, a partir de aportes conceituais da economia, trata relações que envolvem delegação de poderes a partir da teoria do principal-agente.[30] O principal é aquele que detém originariamente a autoridade para definir o desenho institucional e para delegar alguma parcela do poder de que é investido. Agentes, por outro lado, são os destinatários dessa delegação, que exercem suas funções nos termos definidos pelo principal.[31]

Problemas de agência surgem quando a atuação do agente se distancia do interesse do principal. Como explicam Clara Oliveira e Joaquim Fontes Filho, a premissa básica da teoria é de que principal e agente agirão para maximizar seus interesses, que tendem a se distanciar com o tempo. Esse distanciamento deve-se às diferenças nos incentivos e nas informações disponíveis a cada um, originando um conflito de interesses e objetivos.[32] Sendo assim, a atuação do agente tende a se distanciar do melhor interesse do principal, havendo um relevante risco moral (*moral hazard*)[33] envolvido na relação de agência. Assim enunciados, já se antecipa que, no ambiente público, problemas de agência são naturais, dada a multiplicidade, instabilidade e mutabilidade dos interesses por trás de determinada decisão política.[34]

---

[30] Para uma perspectiva ampla sobre teorias de agência no âmbito da regulação estatal, v. THATCHER, Mark; SWEET, Alec Stone. Theory and Practice of Delegation to Non-majoritarian Institutions. *In*: THATCHER, Mark; SWEET, Alec S. (Ed.). *The Politics of Delegation*. Londres: Frank Cass, 2002, p. 3.

[31] Na esfera pública, a teoria de agência é usada não apenas para tratar da relação entre políticos e burocratas (foco desta pesquisa), mas também entre eleitores e governantes e entre governos e agentes econômicos privados. Nessa perspectiva, v. PRZEWORSKI, Adam. Sobre o desenho do Estado: uma perspectiva agent x principal. *In*: BRESSER-PEREIRA, Luiz Carlos; SPINK, Peter (Orgs.). *Reforma do Estado e Administração Pública gerencial*. 7. ed. Rio de Janeiro: FGV, 2003.

[32] PRZEWORSKI, Adam. Sobre o desenho do Estado: uma perspectiva agent x principal. *In*: BRESSER-PEREIRA, Luiz Carlos; SPINK, Peter (Orgs.). *Reforma do Estado e Administração Pública gerencial*. 7. ed. Rio de Janeiro: FGV, 2003. Também analisando problemas de agência sob a perspectiva do direito público brasileiro, v. TOSTA, André Ribeiro. *Instituições e o Direito Público*. Rio de Janeiro: Lumen Juris, 2019, p. 192.

[33] O risco moral diz respeito à adaptação do comportamento de um agente à luz do contexto em que está inserido e das condições que pautam sua atuação. Discutindo o risco moral no contexto regulatório, v. BINENBOJM, Gustavo. *Poder de polícia, ordenação, regulação*: transformações político-jurídicas, econômicas e institucionais do direito administrativo ordenador. Belo Horizonte: Fórum, 2016, p. 188.

[34] De fato, ao contrário de uma organização empresarial (a partir da qual foi originalmente pensada a teoria do principal-agente), que visa precipuamente ao lucro, a aplicação da

Para lidar com essa divergência, o principal precisa estabelecer incentivos à atuação do agente que o façam convergir com seus próprios interesses, e incorrer em custos de monitoramento para identificar *a posteriori* essas divergências (referidas pela teoria como *agency loss* – perdas de agência[35]) e, se possível, corrigi-las.[36] Pela sua própria natureza, contudo, problemas de agência não apresentam soluções do tipo *first-best*, isto é, capazes de garantir aderência perfeita entre a vontade do principal e a atuação do agente.[37] É essencial à relação de agência que o ente delegatário tenha alguma margem de autonomia para exercer suas atribuições – do contrário, não haveria qualquer utilidade na delegação.[38] Assim, soluções para problemas de agência envolverão o balanço entre, de um lado, a funcionalidade da delegação, e, de outro, o rigor do controle.

---

teoria da agência ao ambiente público agrega dificuldades adicionais, que se acentuam dada a existência de diversos atores assumindo a função de principal, com interesses muitas vezes contrastantes. Nesse sentido, v. HUBER, John D.; SHIPAN, Charles R. The costs of control: legislators, agencies, and transaction costs. *Legislative Studies Quarterly*, Washington, v. 25, n. 1, p. 25-52, fev. 2000, p. 45. V. também NAPOLITANO, Giulio. Conflicts in Administrative Law: struggles, games and negotiations between political, institutional and economic actors. *Jean Monnet Working Paper Series*. Nova Iorque, 2013, p. 6. No caso brasileiro, apesar da larga influência do Poder Executivo sobre o processo de criação das agências e sobre a implementação da política regulatória (o que o coloca no papel de principal, como nota Mariana Mota Prado), é possível também atribuir esse papel ao Poder Legislativo, seja por conta de sua primazia constitucional em relação à prerrogativa estatal de exercício do poder normativo, seja por conta das ferramentas existentes que lhe permitem exercer controle e, eventualmente, reverter decisões tomadas por agências reguladoras, mesmo à revelia do Poder Executivo (PRADO, Mariana Mota. The Challenges and Risks of Creating Independent Regulatory Agencies: A Cautionary Tale from Brazil. *Vanderbilt Journal of Transnational Law*, [s. l.], v. 41, n. 2, p. 435-504, mar. 2008).

[35] Thatcher e Sweet, definem *agency loss* como "the extent to which an agent actually does generate outcomes that are 'different from the policies preferred by those who [have] delegated power" (THATCHER, Mark; SWEET, Alec Stone. Theory and Practice of Delegation to Non-majoritarian Institutions. *In*: THATCHER, Mark; SWEET, Alec S. (Ed.). *The Politics of Delegation*. Londres: Frank Cass, 2002, p. 4).

[36] OLIVEIRA, Clara Brando de; FONTES FILHO, Joaquim Rubens. Problemas de agência no setor público: O papel dos intermediadores da relação entre poder central e unidades executoras. *Revista de Administração Pública*, Rio de Janeiro, v. 51, n. 4, p. 596-615, jul./ago. 2017, p. 597.

[37] MCCUBBINS, Mathew D., NOLL, Roger G.; WEINGAST, Barry R. Administrative procedures as instruments of political control. *The Journal of Law, Economics, and Organization*, v. 3, n. 2, p. 243-277, out. 1987, p. 244.

[38] Como afirmam Thatcher e Sweet: "Principals can realise the benefits of delegation only by granting discretion to the agent, that is, through sharing some of their authority to govern" (THATCHER, Mark; SWEET, Alec Stone. Theory and Practice of Delegation to Non-majoritarian Institutions. *In*: THATCHER, Mark; SWEET, Alec S. (Ed.). *The Politics of Delegation*. Londres: Frank Cass, 2002, p. 4). Para esses autores, o espaço de discricionariedade do agente é resultado da soma dos poderes que lhe são delegados, menos a soma dos instrumentos de controle disponíveis para que o principal molde ou reverta os resultados decorrentes da atuação do agente.

A partir desse marco teórico, há diversas razões que explicam por que órgãos representativos transferem parte de sua autoridade a instituições não majoritárias. Algumas das justificativas frequentemente invocadas são a transferência de responsabilidade por políticas impopulares a instituições que não dependam do voto,[39] ou a busca por eficiência na elaboração e condução de uma determinada política pública,[40] que leve em conta dados e contextos específicos a que o legislador não tem acesso. Especificamente quanto a essa hipótese, delegações normativas também são promovidas para lidar com assimetria de informações em setores que demandam um conhecimento técnico específico.

No contexto brasileiro, existem razões a indicar que, antes da justificativa funcional, a criação das agências reguladoras está essencialmente relacionada à sinalização de credibilidade a potenciais investidores de um mercado então nascente, no contexto da reforma do Estado.[41] Para além da perspectiva funcional, portanto, há um componente eminentemente simbólico nesse movimento.[42] A ideia era sinalizar um compromisso crível com o incremento da atratividade e segurança jurídica em setores regulados, que facilitasse o desenvolvimento de mercados até então dominados pela intervenção direta estatal.

O conteúdo eminentemente simbólico do movimento de criação das agências reguladoras conflita com uma das premissas da teoria

---

[39] A ideia de transferência de culpa (*blame shifting*) parece pouco verossímil no contexto brasileiro, em que há ampla prevalência do Executivo não só na condução do governo como também na definição da pauta legislativa. Nesse sentido, v. PACHECO, Regina Silvia. Regulação no Brasil: desenho das agências e formas de controle. *Revista de Administração Pública*, Rio de Janeiro, v. 40, n. 4, p. 523-543, jul./ago. 2006, p. 532. No caso brasileiro, o senso comum, portanto, tenderia a culpar o chefe do Poder Executivo por políticas ruins, independentemente do órgão efetivamente responsável por tais políticas. Esse parece ter sido o caso, por exemplo, da crise instaurada no início do governo Lula em torno da revisão de tarifas telefônicas e de energia pela Anatel e Aneel. Sobre o episódio, v. BINENBOJM, Gustavo. Agências reguladoras independentes e democracia no Brasil. *Revista Direito Administrativo*, Rio de Janeiro, v. 240, p. 147-165, 2005, p. 155.

[40] THATCHER, Mark; SWEET, Alec Stone. Theory and Practice of Delegation to Non-majoritarian Institutions. *In*: THATCHER, Mark; SWEET, Alec S. (Ed.). *The Politics of Delegation*. Londres: Frank Cass, 2002, p. 4.

[41] V., nesse sentido, PRADO, Mariana Mota. The Challenges and Risks of Creating Independent Regulatory Agencies: A Cautionary Tale from Brazil. *Vanderbilt Journal of Transnational Law*, [s. l.], v. 41, n. 2, p. 435-504, mar. 2008, p. 443.

[42] THATCHER, Mark; SWEET, Alec Stone. Theory and Practice of Delegation to Non-majoritarian Institutions. *In*: THATCHER, Mark; SWEET, Alec S. (Ed.). *The Politics of Delegation*. Londres: Frank Cass, 2002, p. 8. Como notam esses autores, "those who delegate are not just responding to functional demands; instead the perception that delegation to NMIs is the best option for dealing with certain problems is socially constructed, and that process is always analytically prior to the decision to delegate".

da agência, de que o principal instituirá mecanismos de controle e supervisão sobre a atuação do agente para garantir a preservação de seus interesses. No contexto brasileiro, se o que se buscava era sinalizar credibilidade, seria preciso, em primeiro lugar, que o agente destinatário da delegação tivesse preferências distintas daquelas do principal. Do contrário, não haveria diferença no resultado da política regulatória.[43] Nesse caso, o "problema de agência" (o distanciamento entre as preferências do agente e do principal) era um pressuposto da lógica simbólica da delegação. Como afirma Giandomenico Majone: "um agente que simplesmente cumpre as diretrizes do principal não aumenta a sua credibilidade".[44] De igual modo, a necessidade de sinalizar uma inclinação política de não interferência no setor regulado aponta no sentido oposto da criação de mecanismos de controle que legitimassem a intervenção parlamentar na política regulatória.

O contexto histórico permite explicar, ao menos em parte, a amplitude e indefinição dos parâmetros legais que condicionam o exercício da função regulatória pelas agências brasileiras. Naquele momento, restringir a discricionariedade de agências independentes, nas quais estava sendo depositada a credibilidade da política econômica adotada pelo governo, poderia reduzir a flexibilidade da atuação do regulador e gerar sinais contrários aos pretendidos. No cálculo político, faria mais sentido garantir a independência formal do regulador e instituir parâmetros genéricos de atuação *ex ante* para, eventualmente, lidar com políticas desfavoráveis apenas através de mecanismos *ex post*.[45]

A partir dessa perspectiva, a ideia de autonomia das agências ganhou uma dimensão superior ao que se imaginava originalmente. O plano de reforma administrativa concebido por Bresser-Pereira, comumente apontado como um dos principais idealizadores do

---

[43] "In this case [when credibility is the main reason for delegating powers] the best strategy to enhance the credibility of a policy commitment is often to choose a delegate whose policy preferences differ systematically from the preferences of the delegating principal" (MAJONE, Giandomenico. Two logics of delegation. Agency and Fiduciary Relations in EU Governance. *European Union Politics*, [s. l.], 2, n. 1, p. 103-122, fev. 2001, p. 104).

[44] MAJONE, Giandomenico. Two logics of delegation. Agency and Fiduciary Relations in EU Governance. *European Union Politics*, [s. l.], 2, n. 1, p. 103-122, fev. 2001, p. 104.

[45] No mesmo sentido: NAPOLITANO, Giulio. Conflicts in Administrative Law: struggles, games and negotiations between political, institutional and economic actors. *Jean Monnet Working Paper Series*. Nova Iorque, 2013, p. 18. No caso brasileiro, André Cyrino nota que essa maleabilidade do instrumento legal de atribuição de poderes às agências permitiu a sua manutenção mesmo em governos mais críticos ao sistema regulatório. V. CYRINO, André. *Delegações legislativas, regulamentos e Administração Pública*. Belo Horizonte: Fórum, 2018a, p. 223.

modelo, previa a criação de agências independentes (ou seja, dotadas de autonomia política) apenas para regulação dos setores de infraestrutura em processo de abertura ao capital privado, como eram os casos dos setores de energia e telefonia. Ao lado das agências independentes, Bresser-Pereira imaginou a criação de agências executivas, dotadas de autonomia administrativa, mas politicamente vinculadas ao Poder Executivo central.[46] Prevaleceu, contudo, o modelo de agências independentes, que passou por um processo de mimetismo[47] nos anos seguintes, tendo sido replicado em outros setores que não se enquadravam na justificativa original (como setores de logística e transportes, audiovisual e saúde).[48]

Apesar de ter se inspirado no modelo americano,[49] o significado da independência das agências reguladoras nos Estados Unidos era

---

[46] "Está havendo no Brasil uma grande confusão a respeito das agências reguladoras [...]. Está-se confundindo autonomia administrativa, ou seja, maior liberdade na administração de pessoal e de recursos financeiros, com autonomia política, com a existência de mandatos para a diretoria e seu poder de definir políticas. Toda agência necessita autonomia administrativa; essa maior liberdade faz parte do conceito de agência e da filosofia da reforma da gestão pública. Entretanto, as agências, em sua grande maioria, são ou devem ser 'agências executivas' que implementam as políticas regulatórias decididas pelo Congresso e pelo Poder Executivo, não se justificando que se lhes atribua autonomia política. Agências reguladoras propriamente ditas só se justificam quando o setor a ser regulado é monopolista e se necessita de uma agência para estabelecer preços e fiscalizar. [...]. No Brasil, já existem dez 'agências reguladoras', mas apenas duas merecem esse nome – a Anatel e a Aneel –, porque devem estabelecer os preços em mercados não-competitivos. [...]. Dar autonomia política a essas [outras] agências, além de ser antidemocrático, é perigoso. É verdade que os políticos não são tão confiáveis quanto desejamos, mas não há razão para acreditar que sejam menos confiáveis do que técnicos" (FOLHA DE S.PAULO. *Agências e agências*. 13 ago. 2007. Disponível em: https://www1.folha.uol.com.br/fsp/dinheiro/fi1308200703.htm. Acesso em: 30 jun. 2021).

[47] Pó e Abrucio conceituam o mimetismo como um "fenômeno marcante nas reformas do Estado da década de 1990. Copiavam-se simplesmente instituições em contextos e problemas muito diferentes. Esse mimetismo pode ser verificado no Brasil, principalmente no que se refere às agências reguladoras estaduais"(PÓ, Marcos Vinicius; ABRUCIO, Fernando Luiz. Desenho e funcionamento dos mecanismos de controle e accountability das agências reguladoras brasileiras: semelhanças e diferenças. *Revista de Administração Pública*, Rio de Janeiro, v. 40, n. 4, p. 679-698, ago. 2006, p. 684).

[48] No plano normativo, a Lei nº 13.848 de 2019, unificou o regime jurídico das agências reguladoras federais, consolidando garantias de independência, como a ausência de tutela hierárquica e a autonomia administrativa, entre outras.

[49] Mariana Mota Prado comenta que a teoria das agências reguladoras desenvolvida no contexto americano não é inteiramente adequada para explicar o fenômeno no Brasil pois, aqui, há uma preeminência mais acentuada dos poderes e da influência do Poder Executivo, seja sobre as agências, seja sobre o próprio Congresso. Nesse sentido, v. PRADO, Mariana Mota. Presidential dominance from a comparative perspective: the relationship between the executive branch and regulatory agencies in Brazil, *Comparative Administrative Law*, 2010, p. 3. Disponível em: https://papers.ssrn.com/sol3/papers.cfm?abstract_id=1690815. Acesso em: 14 set. 2019.

diferente, sobretudo por conta das peculiaridades pertinentes ao contexto histórico por trás desse movimento naquele país. De acordo com Martin Shapiro, a independência das agências reguladoras nos Estados Unidos traduzia uma demanda por evitar situações de controle absoluto por um dos dois partidos majoritários.[50] O meio para alcançar tal objetivo seria a estipulação de mandato definido para os dirigentes das agências. A existência de algum grau de controle congressual, nesse cenário, sempre foi um dado da realidade. Nos Estados Unidos, portanto, ao contrário do que ocorreu no Brasil, o processo de amadurecimento das agências reguladoras foi acompanhado do desenvolvimento paralelo de mecanismos institucionais que permitissem ao Poder Legislativo monitorar e controlar sua atuação.[51]

A diferença entre os processos históricos brasileiro e americano é identificada com clareza por Regina Silvia Pacheco, para quem, nos Estados Unidos, o debate em torno da criação de agências reguladoras "travou-se sobre mais ou menos Estado, enquanto no Brasil a criação das agências reguladoras independentes remete ao debate sobre mais ou menos governo (ou mais ou menos política) [...]".[52]

Durante a primeira década dos anos 2000, a literatura jurídica e a jurisprudência no Brasil se ocuparam em desenvolver teorias que permitissem acomodar o regime especial conferido por lei às agências reguladoras (que alia autonomia administrativa a amplos poderes normativos e decisórios) com os princípios da legalidade, da separação de poderes e com o imperativo democrático. É verdade que, nesse momento inicial, manifestava-se a desconfiança oposta àquela que prevalece hoje: de que a autonomia das agências inviabilizava o controle sobre sua atividade, o que se refletia na jurisprudência do STF desse período.[53]

---

[50] SHAPIRO, Martin. The problems of independent agencies in the United States and the European Union. *Journal of European Public Policy*, v. 4, n. 2, p. 276-291, jun. 1997, p. 278.

[51] SHAPIRO, Martin. The problems of independent agencies in the United States and the European Union. *Journal of European Public Policy*, v. 4, n. 2, p. 276-291, jun. 1997, p. 276-277.

[52] PACHECO, Regina Silvia. Regulação no Brasil: desenho das agências e formas de controle. *Revista de Administração Pública*, Rio de Janeiro, v. 40, n. 4, p. 523-543, jul./ago. 2006, p. 525.

[53] A propósito, v. JORDÃO, Eduardo; CABRAL JR., Renato Toledo; BRUMATI, Luiza. O STF e o controle das leis sobre o regime jurídico das agências reguladoras federais. *Revista de Investigações Constitucionais*, Curitiba, v. 7, n. 2, p. 549-600, maio/ago. 2020, p. 549: "Em um primeiro momento, as agências reguladoras foram consideradas constitucionais porque a dita independência administrativa não afastaria a supervisão ministerial e o controle da entidade pelo chefe do Poder Executivo. Em um segundo momento, contudo, a autonomia das agências reguladoras é reforçada pelo posicionamento da Corte, que reconhece sua importância para a tomada de decisões técnicas, céleres e insuladas do processo político".

CAPÍTULO 2
A INTERAÇÃO ENTRE LEGISLATIVO E AGÊNCIAS REGULADORAS NO PROCESSO DE CONSTRUÇÃO DA REGULAÇÃO | 35

No primeiro precedente da Corte analisando a fundo essa questão,[54] o Ministro Marco Aurélio, relator, reconheceu que conferir independência funcional à Agência Nacional de Telecomunicações – Anatel não afastava o controle exercido sobre ela pela cúpula do Poder Executivo, por uma relação de tutela. Afirmou-se, ainda, que as competências normativas da Anatel deveriam ser exercidas conforme o arcabouço legal existente, incluindo-se leis em sentido estrito e normas regulamentares do Executivo, e, portanto, não haveria extravasamento do campo da legalidade. Há um trecho revelador da opinião majoritária no voto do Ministro Sepúlveda Pertence, em que afirma que "nada pode subtrair da responsabilidade do agente político, que é o Chefe do Poder Executivo, a ampla competência reguladora da lei das telecomunicações".[55]

A evolução do debate transcorreu, de um lado, com o amadurecimento da própria ideia de legalidade, reformulada para comportar arranjos mais flexíveis, menos formais e centrados na lei. De outro, preocupações democráticas foram respondidas com o fortalecimento de mecanismos de participação e transparência do processo decisório das agências, reforçados com o advento da Lei nº 13.848/2019, que instituiu um regime geral unificado para as agências federais.

Esse percurso faria com que, anos mais tarde, a preocupação inicial de garantir o controle sobre o regulador fosse amplamente revertida, chegando a se falar em uma reserva de regulação que blindaria as decisões das agências reguladoras de revisão política.[56] Predomina, hoje, a ideia de deferência aos juízos técnicos de agências reguladoras e da burocracia estatal em geral, ancorada em preocupações de cunho institucionalista sobre a capacidade de diferentes atores públicos tomarem decisões informadas em contextos de incerteza e em matérias complexas.[57]

---

[54] STF, ADIn nº 1.668 MC, Rel. Min. Marco Aurélio, Tribunal Pleno, DJ de 16.04.2004. Tratava-se de ação proposta por partidos de oposição ao Governo FHC (PT, PC do B, PDT e PSB) contra a Lei Geral de Telecomunicações (Lei nº 9.472/97), que criou a Anatel. A ação impugnava, entre outros, os dispositivos que reconheciam ao órgão independência funcional e concediam à agência poder normativo, itens julgados constitucionais pelo plenário do STF.

[55] STF, ADIn nº 1.668 MC, Rel. Min. Marco Aurélio, Tribunal Pleno, DJ de 16.04.2004, trecho do voto do Ministro Sepúlveda Pertence.

[56] Sobre o ponto, v. o tópico 2.2.1.1.

[57] Essa perspectiva foi amplamente veiculada, por exemplo, nos julgamentos, pelo STF, das ADIns 4.923 e 4.874, comentados no tópico 2.2.1.1, em que se questionavam leis versando sobre prerrogativas normativas da Agência Nacional do Cinema – Ancine, e da Anvisa.

A validação jurídica da atuação normativa das agências foi acompanhada, no campo político-legislativo, de um movimento incremental de contestação. Com a alternância natural entre as maiorias políticas, a aderência à concepção de insulamento da política regulatória foi perdendo parte de sua força.[58] Seja por conta do próprio amadurecimento do modelo, que foi dando mostras de suas virtudes, mas também de seus vícios; seja porque não resistiu à prática a ideia de que, com a criação das agências, o Parlamento não se intrometeria em assuntos próprios de setores econômicos regulados.[59]

Em todos os anos, desde 1996, quando foi criada a Agência Nacional de Energia Elétrica – Aneel, a primeira agência brasileira, parlamentares apresentaram projetos de lei tratando de aspectos diversos relacionados às agências reguladoras, como a sua competência, orçamento, pessoal e controle. Entre 1996 e 1998, a atuação legiferante do Congresso foi tímida. Contudo, estudos empíricos[60] identificam um aumento considerável no número de propostas já no segundo mandato de FHC, que se aprofundou nos anos seguintes.[61]

Esses dados sugerem a persistência de práticas culturais e de um *modus operandi* que se supôs seriam superados com a criação de um novo modelo pelo qual se desenvolveria a função estatal de regulação da economia. A frustração dessa expectativa aponta para um problema

---

[58] Essa é uma tendência natural já que, como afirma Przeworski, "nenhum governo pode assumir, antecipadamente, compromisso por todos os governos futuros. Não é possível garantir de forma absoluta o direito de propriedade" (PRZEWORSKI, Adam. Sobre o desenho do Estado: uma perspectiva agent x principal. *In*: BRESSER-PEREIRA, Luiz Carlos; SPINK, Peter (Orgs.). *Reforma do Estado e Administração Pública gerencial*. 7. ed. Rio de Janeiro: FGV, 2003, p. 49). Gustavo Binenbojm nota que o Presidente Lula manifestou descontentamento com a independência das agências desde o primeiro mandato. V. BINENBOJM, Gustavo. Agências reguladoras independentes e democracia no Brasil. *Revista Direito Administrativo*, Rio de Janeiro, v. 240, p. 147-165, 2005.

[59] A mudança de preferências políticas não deve ser vista como algo incompatível com a implantação de um modelo de regulação por agências, já que consiste em um traço essencial de regimes democráticos. Como nota Majone, "The time limit inherent in the requirement of elections at regular intervals implies that the policies of the current majority can be subverted, legitimately and without compensation, by a new majority with different and perhaps opposing interests" (MAJONE, Giandomenico. Two logics of delegation. Agency and Fiduciary Relations in EU Governance. *European Union Politics*, [s. l.], 2, n. 1, p. 103-122, fev. 2001, p. 106).

[60] JORDÃO, Eduardo *et al*. A produção legislativa do Congresso Nacional sobre agências reguladoras. *Revista de Informação Legislativa*, v. 56, n. 222, p. 75-107, abr./jun. 2019.

[61] Já havia à época a percepção de loteamento político dos cargos de direção nas agências mesmo na administração FHC. V. PRADO, Mariana Mota. O contrato e o plano de gestão no projeto de Lei n. 3.337/04: controle desejável e justificado ou influência política indevida? *Revista de Direito Público da Economia*, [s. l.], v. 6, n. 22, p. 115-140, 2008, p. 138.

de dependência de trajetória (*path dependence*)[62] por vezes negligenciado na literatura sobre o Estado regulador brasileiro. Esperava-se que a criação de regras e institutos jurídicos inaugurasse um novo modelo de intervenção do Estado na economia, transferindo poder de agentes eleitos para instituições blindadas das adversidades da política eleitoral.[63]

Na prática, contudo, novas instituições são influenciadas pelos atores e pela cultura que as precedem, as quais direcionam o funcionamento dessas novas estruturas à reafirmação do antigo arranjo de poderes. A história do desenvolvimento do "Estado regulador" é antes a história das disputas em torno da distribuição de poder político que se seguiram à criação do aparato regulatório, em um conflito entre velhas e novas práticas político-institucionais, e menos a história das estruturas que alicerçam essas instituições.[64]

A intervenção política reiterada em temas afetos a setores regulados é consequência do baixo grau de institucionalização,[65]

---

[62] A teoria em torno do conceito de *path dependence*, desenvolvida especialmente nos campos da economia e da ciência política, busca analisar o desenvolvimento de instituições à luz do contexto em que se inserem, marcado por fatores econômicos, políticos, sociais e culturais, que influenciam em grande medida o desempenho das instituições e explicam dificuldades em empreitadas de reforma institucional. A propósito, v. PRADO, Mariana Mota; TREBILCOCK, Michael J. Path Dependence, Development, and the Dynamics of Institutional Reform. *University of Toronto Law Journal*, n. 09-04, abr. 2009.

[63] Nesse sentido, como notam Mariana Mota Prado e Michael Trebilcock a respeito de processos de reforma institucional: "[...] formal institutions – where most reform efforts are focused – are influenced by a set of social, cultural, and historical factors. These factors are sometimes referred to as informal institutions, and they present a unique set of challenges to reformers, as it is hard to predict how they will interact with formal changes and the outcome of the resulting dynamic" (PRADO, Mariana Mota; TREBILCOCK, Michael J. *Institutional bypasses*: a strategy to promote reforms for development. Cambridge: Cambridge UniversityPress, 2019, p. 9). No caso das agências reguladoras brasileiras, a dependência de trajetória é acentuada pelo fato de que muitas agências foram criadas como sucessores de órgãos ou departamentos públicos então existentes, incorporando grande parte do seu arcabouço normativo, dos seus servidores e, portanto, do *modus operandi* que então prevalecia. A Ancine, por exemplo, deriva da Embrafilme, a Aneel, da Eletrobras, a Anatel, da Telebrás e a ANP, da Petrobras. Comentando também a questão, v. BAIRD, Marcello Fragano. *Saúde em jogo*: atores e disputas de poder na Agência Nacional de Saúde Suplementar (ANS). Rio de Janeiro: Editora Fiocruz, 2020, p. 117.

[64] O que não é uma particularidade do contexto brasileiro, já que, como nota Sol Picciotto, "There clearly has been no easy transition to a 'regulatory state', but rather a disruption of pre-existing governance arrangements, played out differently in different countries and contexts" (PICCIOTTO, Sol. Regulation: Managing the Antinomies of Economic Vice and Virtue. *Social and Legal Studies*, [s.l.], 26, n. 6, p. 676-699, 2017, p. 685). Do mesmo modo, como notam Brian Levy e Pablo Spiller: "In sum, the success of a regulatory system depends on how well it fits with a country's prevailing institutions" (LEVY, Brian; SPILLER, Pablo T. The institutional foundations of regulatory commitment: A comparative analysis of telecommunications regulation. *Journal of Law, Economics, and Organization*, [s.l.], v. 10, n. 2, p. 201-246, out. 1994, p. 242).

[65] A ideia de institucionalização deve ser compreendida como um elemento de efetividade, como propõe Julia Black, "[...] regulation is only fully effective if it becomes part of the

no âmbito do Poder Legislativo, do compromisso regulatório que deu origem à criação das agências nos anos 1990.[66] Em parte, isso é explicado pelo alijamento do legislador do processo de gestação do Estado regulador, com larga predominância do Poder Executivo nas iniciativas de criação e formatação do Estado regulatório brasileiro.[67] De outro lado, é decorrência da sucessão natural dos governos e maiorias parlamentares, que não necessariamente aderiram à integralidade do arcabouço teórico e institucional em torno da implementação de uma administração gerencial.[68]

Essa dinâmica compõe um quadro mais amplo, que ultrapassa a realidade brasileira e é mesmo natural ao desenvolvimento de entidades reguladoras ao redor do mundo. Como afirmam Levy e Spiller, a proteção garantida a agentes privados por um modelo de agências reguladoras em face de políticas oportunistas é consideravelmente enfraquecida no longo prazo, na medida em que se acentuem "a disputa em torno do controle das instituições do governo".[69]

---

internal morality of the organization: if it is institutionalized" (BLACK, Julia. Regulatory conversations. *Journal of Law and Society*, Malden, v. 29, n. 1, p. 163-196, mar. 2002, p. 182).

[66] Como notam Marcos Vinicius Pó e Fernando Luiz Abrucio), "Todavia, não houve processo coordenado de mudança do aparelho estatal, da reforma regulatória e das privatizações que gerasse uma concepção explícita da natureza e da operacionalização do Estado regulado" (PÓ, Marcos Vinicius; ABRUCIO, Fernando Luiz. Desenho e funcionamento dos mecanismos de controle e accountability das agências reguladoras brasileiras: semelhanças e diferenças. *Revista de Administração Pública*, Rio de Janeiro, v. 40, n. 4, p. 679-698, ago. 2006, p. 682). A preeminência do Executivo sobre a pauta legislativa e o elevado grau de discricionariedade do Executivo para promover mudanças institucionais, à revelia dos interesses do legislador, são apontados como fatores determinantes para o sucesso das reformas que levaram à criação do modelo de regulação por agências no Brasil. Nesse sentido, v. MUELLER, Bernardo. Institutions for Commitment in the Brazilian Regulatory System. *XXII International Congress of the Latin American Studies Association*. Miami, 2000.

[67] PRADO, Mariana Mota. The Challenges and Risks of Creating Independent Regulatory Agencies: A Cautionary Tale from Brazil. *Vanderbilt Journal of Transnational Law*, [s. l.], v. 41, n. 2, p. 435-504, mar. 2008, p. 444.

[68] A partir de pesquisa empírica na jurisprudência do STF, Eduardo Jordão *et al.* constatam que a maioria das ADIns propostas para questionar o regime jurídico das agências reguladoras federais foi ajuizada por partidos políticos, em especial por partidos de orientação de esquerda. No mesmo sentido, afirmam os autores, "[a] resistência ao modelo das agências também pode ser identificada pela escassa criação de tais instituições durante a gestão dos governos de Lula (2003-2009) e de Dilma Roussef (2010-2016). Nesse ínterim, apenas uma agência reguladora foi criada: a ANAC, por meio da Lei nº 11.182/2005". V. JORDÃO, Eduardo; CABRAL JR., Renato Toledo; BRUMATI, Luiza. O STF e o controle das leis sobre o regime jurídico das agências reguladoras federais. *Revista de Investigações Constitucionais*, Curitiba, v. 7, n. 2, p. 549-600, maio/ago. 2020, p. 562.

[69] LEVY, Brian; SPILLER, Pablo T. The institutional foundations of regulatory commitment: A comparative analysis of telecommunications regulation. *Journal of Law, Economics, and Organization*, [s.l.], v. 10, n. 2, p. 201-246, out. 1994, p. 204-205: "administrative expropriation may not be expected in the short run in countries or jurisdictions experiencing rapid

Ao fim e ao cabo, garantias formais de insulamento das agências não impedem que o Legislativo (foco dessa pesquisa, mas não apenas ele) continue influenciando os rumos da política regulatória por meio do exercício ordinário de sua prerrogativa normativa, frustrando aqueles que acreditavam em um projeto de Estado regulador livre de conflitos políticos.

2.2 Objeções à atuação legislativa em matéria de regulação

A partir do contexto descrito acima, o objetivo deste tópico é analisar as objeções que costumam ser discutidas na literatura jurídica e na jurisprudência à atuação parlamentar em matéria de regulação. Essas objeções ora giram em torno da inconstitucionalidade, ora da inconveniência da intervenção legislativa no campo de atuação do regulador, sobretudo quando tal atuação contrasta com o próprio exercício das atribuições delegadas às agências.

Identificam-se, na literatura e na jurisprudência, três críticas comumente direcionadas à atuação legislativa em matéria regulatória, as quais são divididas da seguinte forma: (i) a crítica da separação de poderes; (ii) a crítica da incapacidade e (iii) a crítica da irracionalidade. Apesar de os argumentos estarem interligados e usualmente serem elaborados em conjunto, a divisão apresentada permite seu exame de modo didático e sistemático. Cada tópico se inicia com a exposição descritiva do argumento e segue para considerações de caráter mais prescritivo acerca da validade e limitações das críticas apresentadas.

2.2.1 Objeções dogmáticas

2.2.1.1 A crítica da separação funcional de poderes

A doutrina tradicionalmente enxerga a cláusula constitucional de separação de poderes como um princípio cujo núcleo contém uma determinação de divisão de funções típicas e atípicas entre órgãos

---

growth in the demand for utilities services, as the costs of investment delays may limit the political gains from opportunistic behavior. In the longer run, however, the fight for control over the institutions of government, and the corresponding division of the spoils, will continuously expose the utilities to potential administrative or outright expropriation, even in rapidly growing economies".

estatais[70] para garantir, a um só tempo, autonomia de atuação e controles recíprocos.[71] Para além da formulação tradicional, uma leitura similar do princípio também agrega a referência a uma ideia de "divisão de trabalho" da atividade estatal como meio para otimizar a gestão pública.[72]

Nesse contexto, a crítica à atuação legislativa em matéria de regulação a partir da separação de poderes é formulada nos seguintes termos: a função regulatória seria essencialmente distinta da função legislativa, sendo aquela eminentemente técnica e esta limitada à tomada de decisão sobre aspectos morais e valorativos da sociedade. Se é assim, cada função deveria ser atribuída a um órgão distinto, seja por razões de eficiência, seja para promover os próprios valores democráticos.

Uma formulação original dessa ideia foi feita por Bruce Ackerman, em seu conhecido artigo "The New Separation of Powers". Ackerman argumenta a existência de três princípios legitimadores da separação de poderes: democracia, aptidão técnica (*professional competence*) e a proteção e promoção de direitos fundamentais. Para os fins da discussão aqui empreendida, vale destacar o segundo princípio.

A ideia desenvolvida por Ackerman é a de que a realização da democracia passa pela existência de um corpo burocrático capaz de implementar as leis de maneira imparcial, desvinculada da política ordinária. Como premissa geral, Ackerman afirma que "o poder de fazer leis deve ser separado do poder de implementá-las. Se políticos puderem ultrapassar esse limite, o resultado será a tirania".[73] Defende, portanto, que um modelo constitucional adequado deveria encarar com seriedade a formulação de mecanismos de insulamento da burocracia técnica estatal dos agentes políticos. Na fórmula pensada por Ackerman, o Poder Legislativo não deve tratar de questões técnicas, mas se ater à "configuração de valores básicos da sociedade".[74]

---

[70] Com propriedade, Virgílio Afonso da Silva critica a referência a funções típicas e atípicas, que, defende o autor, carece de fundamento normativo e utilidade interpretativa. V. SILVA, Virgílio Afonso da. *Direito constitucional brasileiro*. São Paulo: Editora da Universidade de São Paulo, 2021, p. 88.

[71] V., por exemplo, BARCELLOS, Ana Paula de. *Curso de direito constitucional*. Rio de Janeiro: Forense, 2018, p. 278.

[72] CYRINO, André. *Direito constitucional regulatório*: elementos para uma interpretação institucionalmente adequada da Constituição econômica brasileira. 2. ed. Rio de Janeiro: Processo, 2018, p. 235.

[73] Tradução livre de "The power to make laws must be separated from the power to implement them. If politicians are allowed to breach this barrier, the result will be tyranny" (ACKERMAN, Bruce. The new separation of powers. *Harvard Law Review*, [s. l.], v. 113, n. 3, p. 633-729, jan. 2000, p. 686).

[74] ACKERMAN, Bruce. The new separation of powers. *Harvard Law Review*, [s. l.], v. 113, n. 3, p. 633-729, jan. 2000, p. 686.

A doutrina e a jurisprudência no Brasil também repercutem a mesma premissa. Confiando na possibilidade de distinguir a construção política do interesse público da sua concretização técnica, defende-se que o arcabouço regulatório demandaria a existência de um espaço de autonomia das agências, livre da ingerência do Legislativo. Regular seria, portanto, essencialmente diferente de legislar. Enquanto o legislador é encarregado de juízos valorativos, as agências seriam espaços neutros e imparciais de decisão.

Ecoando esse raciocínio, Celso Antônio Bandeira de Mello argumenta que as agências reguladoras deveriam limitar-se a deliberar sobre aspectos *estritamente técnicos*.[75] No mesmo sentido, Floriano de Azevedo Marques Neto afirma que agências reguladoras não são "instância institucional de definição de políticas", mas "espaços e instrumentos para efetivação destas".[76]

Tais ideias, em geral, fundamentam-se em duas construções teóricas ancoradas, em última análise, em uma leitura dogmática do princípio da separação de poderes: os conceitos de discricionariedade técnica e reserva de administração. O denominador comum a esses conceitos está no esforço de diferenciar qualitativamente o espaço decisório das agências, que não poderia ser substituído pela deliberação de outros agentes institucionais.

A discricionariedade técnica é um conceito controverso, tanto na literatura jurídica brasileira quanto estrangeira,[77] tendo adquirido,

---

[75] MELLO, Celso Antônio Bandeira de. *Curso de Direito Administrativo*. São Paulo: Malheiros, 1998, p. 176.

[76] "Os órgãos reguladores não são instância institucional de definição de políticas. São sim espaços e instrumentos para efetivação destas, previamente definidas pelo executivo e pelo legislativo (eventualmente até com a participação e o suporte técnico do órgão regulador, mas fora do campo decisório deste). A regulação apresenta-se, portanto, como o exercício independente de competências para cumprir pressupostos e objetivos definidos nas políticas públicas" (MARQUES NETO, Floriano de Azevedo. *Agências reguladoras*: instrumentos do fortalecimento do estado. Porto Alegre: Associação Brasileira de Agências de Regulação – ABAR, 2004, p. 42).

[77] Como nota Dinorá Adelaide Musetti Grotti, "Não há consenso sobre a utilização da expressão 'discricionariedade técnica' na doutrina estrangeira e nacional" (GROTTI, Dinorá Adelaide Musetti. A teoria dos conceitos jurídicos indeterminados e a discricionariedade técnica. *Revista Direito UFMS*, Campo Grande, v. 185, p. 165-185, jan./jun. 2015, p. 173). Flávio José Roman nota que, na literatura estrangeira, o conceito teve sua gênese no direito alemão, mas seu desenvolvimento e difusão se deu sobretudo no direito italiano (ROMAN, Flávio José. Discricionariedade técnica. *Enciclopédia Jurídica da PUCSP*, 2021. Celso Fernandes Campilongo, Alvaro de Azevedo Gonzaga e André Luiz Freire (coords.). Tomo: Direito Administrativo e Constitucional. Vidal Serrano Nunes Jr., Maurício Zockun, Carolina Zancaner Zockun, André Luiz Freire (coord. de tomo). 2. ed. São Paulo: Pontifícia Universidade Católica de São Paulo, 2021. Disponível em: https://enciclopediajuridica. pucsp.br/verbete/148/edicao-2/discricionariedade-tecnica. Acesso em: 6 ago. 2022). Sobre

por isso, significados diversos no Brasil. Há duas versões contrastantes que merecem destaque.

Uma delas, denominada aqui de versão *forte* da discricionariedade técnica, é divulgada, por exemplo, por Maria Sylvia Zanella Di Pietro.[78] O raciocínio é o de que o regulador não produziria inovação no Direito e, portanto, o poder normativo das agências não seria propriamente uma manifestação de discricionariedade (aqui entendida como um espaço de liberdade decisória entre opções juridicamente possíveis). De acordo com essa tese, o regulador não é dotado de liberdade de escolha, seja porque a norma regulatória estaria predeterminada pela lei, seja porque a decisão técnica pressuporia "uma solução única, a ser adotada com base em critérios técnicos fornecidos pela ciência".[79]

Nesse ponto, a teoria busca legitimar a atribuição de poderes normativos às agências reguladoras brasileiras, resolvendo a dificuldade democrática de se conceder poder normativo a agentes públicos não eleitos. Para isso, aposta em uma concepção da atuação regulatória baseada em uma "cadeia de transmissão"[80] da legitimidade democrática, em que órgãos burocráticos simplesmente executam opções políticas

---

o histórico e os usos da discricionariedade técnica no direito italiano, v. JORDÃO, Eduardo Ferreira. *Controle judicial de uma administração pública complexa*: a experiência estrangeira na adaptação da intensidade do controle. São Paulo: Malheiros, 2016.

[78] Cf. DI PIETRO, Maria Sylvia Zanella. Discricionariedade técnica e discricionariedade administrativa. *Revista Eletrônica de Direito Administrativo Econômico*, Salvador, n. 9, p. 1-21, fev./abr. 2007, p. 4 e ss.

[79] Cf. DI PIETRO, Maria Sylvia Zanella. Discricionariedade técnica e discricionariedade administrativa. *Revista Eletrônica de Direito Administrativo Econômico*, Salvador, n. 9, p. 1-21, fev./abr. 2007, p. 12.

[80] O conceito de cadeia de transmissão busca designar a ideia tradicional de que a fonte de legitimidade da atuação de agentes administrativos deriva de uma cadeia normativa, cuja elaboração compete a entes políticos responsáveis perante o eleitorado. Assim, a atuação de entidades administrativas apenas serviria a executar opções políticas predeterminadas por agentes eleitos. Como explica Richard B. Stewart, "The traditional model of administrative law thus conceives of the agency as a mere transmission belt for implementing legislative directives in particular cases. It legitimates intrusions into private liberties by agency officials not subject to electoral control by ensuring that such intrusions are commanded by a legitimate source of authority – the legislature" (STEWART, Richard B. The reformation of American administrative law. *Harvard Law Review*, [s. l.], v. 88, n. 8, p. 1667-1813, jun., 1975, p. 1675). É interessante notar que, se nos Estados Unidos, a ideia de *transmission belt* é discutida e refutada há décadas, no Brasil ainda encontra especial guarida, sobretudo na jurisprudência. Para Bruce Ackerman, por exemplo, a defesa dessa ideia denota certo grau de ingenuidade. Ackerman, sobre o ponto, afirma: "We have, I take it, long ago moved beyond an understanding of bureaucratic regulation based on the "transmission belt" theory of democratic legitimacy, under which bureaucratic "experts" merely specify legislative norms found in the statute. Regulators make law, and we would not want it any other way" (ACKERMAN, Bruce. The new separation of powers. *Harvard Law Review*, [s. l.], v. 113, n. 3, p. 633-729, jan. 2000, p. 693).

pré-definidas, sem espaço para inovações. Posto dessa forma, ou bem há *uma* decisão correta, de caráter técnico, ou bem se admitem *diversas* soluções, de modo que a solução prevalecente não é predeterminada por qualquer domínio científico, mas sim resultado de preferências subjetivas. Também aderindo a essa corrente, Diogo de Figueiredo Moreira Neto comenta:

> o conteúdo válido das normas baixadas pelas agências reguladoras [...] está integralmente definido na margem de escolha técnico-científica que a legislação delegante abriu à exclusiva discrição dos respectivos agentes técnicos. Ultrapassar tais limites, ao acrescentar às normas reguladoras critérios político-administrativos onde não deveriam existir, caracteriza a invasão de poderes que são próprios à esfera das decisões do Poder Legislativo e propositadamente retirados dos agentes da burocracia administrativa direta.[81]

Além de legitimar a delegação de poder normativo às agências reguladoras, a discricionariedade técnica também é usada para defender que o mérito da decisão tomada pela agência não esteja sujeito a controle judicial ou político-administrativo.[82] Isso porque a agência reguladora seria o ente institucional mais capacitado para emitir juízos técnicos sobre determinada matéria e, assim, não caberia ao Judiciário, ao Legislativo ou aos agentes político-administrativos substituir a burocracia especializada em tais juízos. Os demais Poderes, portanto, deveriam adotar postura deferente às normas e decisões emanadas das agências reguladoras.

Na segunda versão, a discricionariedade técnica no sentido *fraco* reconhece um verdadeiro espaço de discricionariedade (de liberdade de escolha) às agências reguladoras. Havendo mais de um resultado possível, a decisão pela melhor solução deve ser tomada não com fundamentos políticos, mas com razões técnicas. A medida da discricionariedade técnica da agência reguladora, nesta versão, é a extensão

---

[81] MOREIRA NETO, Diogo de Figueiredo. Natureza Jurídica, Competência normativa, Limites de atuação. *Revista de Direito Administrativo*, [S. l.], v. 215, p. 71-83, 1999, p. 81-82.

[82] Como nota Egon Bockmann Moreira, "A evolução desse pensamento [da discricionariedade técnica] pretendeu gerar um grupo de provimentos administrativos tidos por intocáveis, discriminando uma esfera de deliberação e escolha detida com exclusividade pelo agente público. Não se trataria propriamente do exercício de uma 'discricionariedade ordinária', derivada dos conceitos indeterminados ou de atribuição legal específica, mas do proferimento de decisões insindicáveis devido às suas peculiaridades técnico-científicas" (MOREIRA, Egon Bockmann. Os limites à competência normativa das agências reguladoras. *In*: ARAGÃO, Alexandre Santos de (Coord.). *O poder normativo das agências reguladoras*. 2. ed. Rio de Janeiro: Forense, 2011, p. 164).

das possibilidades decisórias validadas pelo conhecimento técnico. Veja-se, por exemplo, como a discricionariedade técnica, nesse sentido, é descrita por Carlos Ari Sundfeld e Jacintho Arruda Câmara, analisando o ato de registro de medicamentos:

> Eleger critérios importa escolher com discricionariedade técnica entre os vários atributos que se prestem à mesma finalidade (como, por exemplo, a de aferir a qualidade do medicamento ou a sua bioequivalência). Entre os critérios disponíveis, compete ao ente administrativo eleger o que se mostra mais adequado ao interesse público, de acordo com seu juízo técnico de conveniência e oportunidade. Trata-se de decisão tipicamente político-administrativa, de mérito, que foge ao âmbito do exame de estrita legalidade ou juridicidade.[83]

Em sentido similar, Marcos Juruena Villela Souto afirma: "[a]o se tratar da função regulatória, a discricionariedade não é tão ampla, visto que, quando ocorre, é limitada à escolha de técnicas igualmente válidas e eficientes ao atendimento de um interesse coletivo; daí se falar em discricionariedade técnica".[84]

Apesar de abandonar a ideia de que o conhecimento científico conduziria o regulador a uma solução única para determinado problema, essa concepção ainda conserva a crença de que o regulador deve decidir com base em fundamentos técnicos, pretensamente objetivos e politicamente neutros. Ainda, a versão fraca da discricionariedade técnica chega a resultado similar ao advogar a blindagem de decisões das agências reguladoras contra a revisão por outros poderes a partir da alusão a essa pretensão de objetividade da regulação, que pondera alternativas técnicas supostamente livres de critérios valorativos subjetivos.

As duas versões aqui discutidas da discricionariedade também possuem correlato no direito italiano, no qual a teoria teve amplo desenvolvimento. Por essa correlação, a análise do histórico da discussão no direito italiano fornece algumas pistas sobre as dificuldades também enfrentadas no Brasil com o uso do conceito.

---

[83] SUNDFELD, Carlos Ari; ARRUDA CÂMARA, Jacintho. Controle judicial dos atos administrativos: as questões técnicas e os limites da tutela de urgência. *Interesse Público*, v. 16, n. 16, p. 23-38, 2002, p. 35.

[84] SOUTO, Marcos Juruena Villela. *Direito administrativo regulatório*. Rio de Janeiro: Lumen Juris, 2005, p. 34. A posição não é inteiramente coincidente com a de Sundfeld e Câmara, já que Souto parece apostar na dissociabilidade absoluta entre a discricionariedade técnica das agências e o exercício de escolhas político-subjetivas, ao afirmar: "Por outro lado, se a escolha técnica envolver uma decisão política, não se pode atribui-la ao agente regulador (que poderá, quando muito, opinar na formulação da política)".

Eduardo Jordão, em ampla análise desse histórico, comenta que, na Itália, a discricionariedade técnica designa as "análises técnicas promovidas pela administração, para as quais não havia apenas uma resposta correta (a chamada 'opinabilidade')". Trata-se, portanto, do que aqui se denominou de versão *fraca* da discricionariedade técnica. Jordão identifica que, nesses casos, "não cabe falar em respostas corretas ou erradas, mas em respostas razoáveis ou não".[85]

Ao lado da discricionariedade técnica, o direito italiano também alude aos *accertamenti tecnici* (avaliações técnicas, em tradução livre), ou seja, "questões que, não obstante técnicas, comportam uma só solução correta. É o caso, por exemplo, da gradação alcoólica de uma bebida ou do caráter estupefaciente de uma substância"[86]. Avaliações técnicas, contudo, não se confundem com a ideia de discricionariedade técnica, como ocorre no Brasil, na linha aqui referida como versão *forte* da discricionariedade técnica.

A jurisprudência do Conselho de Estado italiano sobre a discricionariedade técnica é marcada, segundo Jordão, por três momentos. Inicialmente, os tribunais italianos se valiam da ideia de discricionariedade técnica para justificar um controle deferente ao mérito da escolha administrativa, limitado "à verificação dos vícios 'macroscópicos' relativos ao excesso de poder".[87]

Em 1999, o Conselho de Estado alterou sua jurisprudência, passando a entender que a discricionariedade técnica seria passível de controle judicial, diferenciando-a do mérito administrativo. A discricionariedade técnica se aproximaria da identificação técnica do pressuposto fático de aplicação da norma. Essa operação, apesar de 'opinável', não envolveria um juízo de oportunidade (próprio da discricionariedade) e, por isso, poderia ser revista.

Além de usar a discricionariedade técnica como um permissivo para intensificação do controle, o Conselho do Estado criou uma outra categoria paralela, a da "avaliação técnica de natureza complexa", que continuaria justificando um controle deferente. Nessa hipótese, haveria

---

[85] JORDÃO, Eduardo Ferreira. *Controle judicial de uma administração pública complexa*: a experiência estrangeira na adaptação da intensidade do controle. São Paulo: Malheiros, 2016, p. 214.

[86] JORDÃO, Eduardo Ferreira. *Controle judicial de uma administração pública complexa*: a experiência estrangeira na adaptação da intensidade do controle. São Paulo: Malheiros, 2016, p. 214.

[87] JORDÃO, Eduardo Ferreira. *Controle judicial de uma administração pública complexa*: a experiência estrangeira na adaptação da intensidade do controle. São Paulo: Malheiros, 2016, p. 215.

uma "confusão lógica e cronológica entre os juízos de oportunidade e de opinabilidade técnica",[88] revelando decisões de natureza técnico-política, usualmente prognósticas e preditivas, tomadas por entidades independentes.

É interessante a aproximação entre a ideia de avaliação técnica de natureza complexa e o conceito de ciência regulatória, de que se tratará adiante.[89] Em ambos os casos, abandona-se a premissa da regulação como atividade neutra cujo resultado é predeterminado pelo conhecimento técnico, realçando o elemento subjetivo da escolha regulatória. De forma um tanto contraintuitiva, no entanto, a percepção do subjetivismo das avaliações técnicas pelo Conselho de Estado italiano, em contraponto à ideia de discricionariedade técnica, justificou um controle deferente. A deferência estava justificada no fato de avaliações técnicas envolverem a ponderação de interesses públicos conflitantes por parte de entidades administrativas especializadas para esse tipo de juízo.

Em 2004, contudo, o Conselho de Estado retomou a jurisprudência binária que opunha a discricionariedade administrativa (merecedora de deferência) à discricionariedade técnica (sujeita a um controle forte), deixando de fazer alusão às avaliações técnicas complexas. A partir desse momento, o elemento político de escolhas regulatórias e a autonomia das agências independentes passaram a ser invocados para justificar, justamente, um controle mais intenso sobre a sua atuação.

O histórico hesitante da jurisprudência do Conselho de Estado italiano sobre o conceito da discricionariedade técnica mostra, no sentido contrário ao movimento brasileiro, o gradual abandono da premissa de neutralidade e objetividade da regulação como justificativa para um controle deferente sobre escolhas técnicas administrativas.

Além da discricionariedade técnica, outra construção teórica também ancorada, em última análise, na leitura dogmática do princípio da separação de poderes referida anteriormente é o conceito de reserva de regulação ou reserva de administração das agências reguladora. O conceito é usado para defender um espaço exclusivo de exercício da função administrativa, "infenso à sub-rogação legislativa e jurisdicional, à vista do princípio da separação de poderes".[90] Assim, a partir de

---

[88] JORDÃO, Eduardo Ferreira. *Controle judicial de uma administração pública complexa*: a experiência estrangeira na adaptação da intensidade do controle. São Paulo: Malheiros, 2016, p. 218.

[89] V. tópico 2.3.1.

[90] Cf. CORREIA, Arícia Fernandes. *Por uma releitura dos princípios da legalidade administrativa e da reserva de administração*. 2008. 322 f. Tese (Doutorado em Direito Público) – Faculdade de Direito, Universidade do Estado do Rio de Janeiro, Rio de Janeiro, 2008, p. 234-235. A autora,

premissas teóricas diversas, atinge-se objetivo similar àquele da teoria de Ackerman.

Diferentemente do conceito mais amplo de reserva de administração,[91] que designa competências atribuídas pela Constituição de modo exclusivo ao Poder Executivo, a ideia de reserva de regulação busca atribuir ao ente regulador uma prerrogativa difusa, de tratar autonomamente de matérias que exijam um olhar técnico, que não possa ser substituído por um juízo de valor. Para Sérgio Guerra, a reserva do regulador está fundada sobre a crescente "tecnicidade do mundo pós-moderno", que leva ao "deslocamento da competência sobre sistemas complexos do Poder Legislativo para os reguladores".[92]

A defesa da reserva de regulação ocorre também de forma combinada à produção doutrinária sobre a evolução da noção tradicional do princípio da legalidade em prol da afirmação de uma *legalidade principiológica* ou *legalidade formal axiológica*.[93] Sob esse paradigma, o

---

porém, discorda da aplicação do conceito de reserva de administração à atividade das agências reguladoras: "Cabe afastar, desde logo, a existência de um campo constitucional reservado, com exclusividade, às agências reguladoras. [...]. Os atos normativos editados pelas Agências Reguladoras brasileiras [...] são necessariamente *infra legem*, não havendo nenhuma disciplina constitucional que lhes garanta um regime jurídico de edição de atos normativos com privatividade e independentemente de ingerências legislativas, a exemplo da EC nº 32/2001, que não só concebeu a organização da Administração Pública por decreto como subtraiu tais competências do princípio da universalidade do Poder Legislativo. Neste sentido, não há, no ordenamento jurídico constitucional brasileiro, um espaço reservado ao poder regulatório setorial em caráter exclusivo" (CORREIA, Arícia Fernandes. *Por uma releitura dos princípios da legalidade administrativa e da reserva de administração*. 2008. 322 f. Tese (Doutorado em Direito Público) – Faculdade de Direito, Universidade do Estado do Rio de Janeiro, Rio de Janeiro, 2008, p. 255.).

[91] A ideia de reserva de regulação ou reserva de administração das agências reguladoras deriva do conceito mais amplo de reserva de administração, que designa "um espaço autônomo – e, por isso, insubordinado e autorresponsável – de exercício da administrativa (*sic*), normativa e concretizadora da tutela dos direitos", com fundamento no princípio da separação de poderes. V. CORREIA, Arícia Fernandes. *Por uma releitura dos princípios da legalidade administrativa e da reserva de administração*. 2008. 322 f. Tese (Doutorado em Direito Público) – Faculdade de Direito, Universidade do Estado do Rio de Janeiro, Rio de Janeiro, 2008, p. 234.

[92] Nesse sentido, a defesa da reserva do regulador é feita nos seguintes termos: "As operações que envolvem sistemas complexos, e que dependem de escolha de natureza preponderantemente técnica, não devem ser incluídas nas matérias reservadas à lei estrita na tentativa de apresentar um completo detalhamento das medidas regulatórias aplicáveis caso a caso, haja vista que (i) a 'vontade geral' não está na técnica (meio) e, sim, no resultado almejado (fim); (ii) o legislador não tem como exaurir o âmbito dessas questões, de grande complexidade tecnológica, e até mesmo econômicas, a serem reguladas paulatinamente em cada subsistema de acordo com o caso concreto" (GUERRA, Sérgio. *Discricionariedade, regulação e reflexividade*. Uma nova teoria sobre as escolhas administrativas. Belo Horizonte: Fórum, 2018, posição 2539).

[93] Comentando os desdobramentos do conceito de juridicidade sobre a teoria das delegações legislativas, André Cyrino nota que, pela doutrina da juridicidade, os processos de transferência de atribuições, pela lei, perdem a importância, ao tempo em que o Judiciário é

papel da lei seria o de apresentar parâmetros que possibilitassem o controle da atuação dos órgãos administrativos, e não esgotar os comandos necessários à disciplina social.[94] Essa foi, por exemplo, a tônica adotada pelo STF quando do julgamento da ADIn nº 4.923, em que se pleiteava o reconhecimento da inconstitucionalidade de diversos dispositivos da Lei nº 12.485/11, conhecida como marco regulatório da televisão por assinatura. A ação questionava, entre outros, o dispositivo legal que conferia amplos poderes normativos à Agência Nacional do Cinema – Ancine.

Mesmo sem citar expressamente o conceito de reserva de regulação, a Ministra Rosa Weber, relatora, diferencia a função normativa das agências de figuras correlatas como o poder regulamentar e a edição de regulamentos autônomos, previstos, respectivamente, nos incisos IV e VI do art. 84 da Constituição. Invocando lição de Marcos Juruena Villela Souto, afirma que o regulamento tem matriz notadamente política, enquanto a norma regulatória "traça conceitos técnicos, despidos de valoração política". Não obstante, a Ministra aproxima as duas figuras para ressaltar o caráter essencialmente infralegal dos atos normativos regulatórios, afirmando a impossibilidade de que sirvam de veículo a "modificações de disposições normativas primárias". De acordo com a Ministra, "a norma regulatória preserva a sua legitimidade quando cumpre o conteúdo material da legislação setorial".[95] À lei caberia tão somente definir parâmetros, balizas mínimas a permitir algum controle da atuação administrativa.

A reserva de administração de agências reguladoras foi discutida, em maior ou menor amplitude, pelo Plenário do STF em outros três julgamentos, apesar de não ter havido consenso pela maioria dos Ministros acerca da sua existência. O primeiro, da ADIn nº 4.874,[96] também de relatoria da Ministra Rosa Weber, tratava de pedido de interpretação conforme à Constituição ao dispositivo legal que concedia

---

levado ao papel de instância de controle prioritária. Assim, "[a] delegação deixa de ser um problema porque a ação legislativa diminui de significado. O Administrador é intérprete direto da Constituição, com a possibilidade constante e alargada de supervisão judicial, num processo em que o Poder Judiciário se torna o virtual delegatário da função legislativa, porquanto capaz de refazer a ponderação administrativa e redefinir o seu próprio sentido" (CYRINO, André. *Delegações legislativas, regulamentos e Administração Pública*. Belo Horizonte: Fórum, 2018, p. 202).

[94] V. voto do Min. Luiz Fux no julgamento da ADIn nº 4.923. STF, ADIn nº 4.923, Rel. Min. Luiz Fux, Tribunal Pleno, DJe 05.04.2018.

[95] V. voto da Ministra Rosa Weber no julgamento da ADIn nº 4.923. STF, ADIn nº 4.923, Rel. Min. Luiz Fux, Tribunal Pleno, DJe 05.04.2018.

[96] STF, Tribunal Pleno, ADIn nº 4.874, Rel. Min. Rosa Weber, DJe 01.02.2019.

poderes normativos à Anvisa, de forma a se anular resolução editada pela agência que proibia a importação e a comercialização de cigarros com aditivos de sabor. Nesse caso, o Min. Fachin refere-se à existência de uma reserva de administração em prol da agência, a justificar a assunção de uma postura deferente pelo Judiciário frente às suas normas.[97]

O segundo, da medida cautelar na ADIn nº 5.501,[98] envolvia o exame da constitucionalidade da Lei nº 13.269/16, que autorizou o uso da fosfoetanolamina. No precedente, o Ministro Luís Roberto Barroso afirma que a lei impugnada violaria a reserva de administração, extraível do princípio da separação de poderes, "ao autorizar o uso de substância sem cumprimento das exigências legais, substituindo o juízo essencialmente técnico da Anvisa por um juízo político".[99]

O terceiro, da ADIn nº 5.779,[100] em que estava sob julgamento a Lei nº 13.454/17, que autorizou a produção, comercialização e consumo dos anorexígenos. O argumento da reserva de administração é invocado nos votos dos Ministros Luiz Fux e Ricardo Lewandowski, que reproduzem a noção tradicional de que a função precípua do Legislativo seria "editar leis com caráter geral e abstrato". Para a Ministra Cármen Lúcia, tratar-se-ia não de uma reserva de administração propriamente dita, mas de uma "reserva normativo-administrativa". Nessa ocasião, contudo, a controvérsia em torno do conceito foi bem demarcada no voto divergente de alguns ministros, e o argumento de que existiria uma reserva de administração em prol da Anvisa foi rejeitado pela maioria do Plenário.

O Ministro Nunes Marques, relator do caso, ressaltou que as decisões de agências reguladoras não poderiam ficar totalmente imunes

---

[97] V. voto do Min. Fachin. STF, Tribunal Pleno, ADIn nº 4874, Rel. Min. Rosa Weber, DJe 01.02.2019: "Na prática brasileira, o reconhecimento de situações complexas tem feito com que a superação da categoria de exame de mérito fosse feita incorporando conceitos próximos ao controle abstrato, equiparando, portanto, a atividade regulatória à criação de normas gerais e abstratas. O controle concentrado desses atos, por consequência, é de competência exclusiva do Supremo Tribunal Federal, muito embora seja-lhe vedado exorbitar do que se convencionou chamar de 'reserva de administração': [...] A cláusula de reserva de administração tem sido utilizada para reconhecer uma esfera de atuação infensa até mesmo à atuação legislativa. A partir dessa ideia seria possível, por exemplo, aplicar à reserva de administração as garantias de participação e de deliberação democráticas, já reconhecidas pelo Supremo Tribunal Federal, no que tange ao direito subjetivo do parlamentar no âmbito do processo legislativo [...]".

[98] STF, Tribunal Pleno, ADIn nº 5.501 MC, Rel. Min. Marco Aurélio, DJe 01.08.2017. O julgamento é discutido em detalhe no tópico 4.2.1.

[99] V. voto do Min. Roberto Barroso. STF, ADIn nº 5.501 MC, Rel. Min. Marco Aurélio, Tribunal Pleno, DJe 01.08.2017.

[100] STF, ADIn nº 5.779, Rel. Min. Nunes Marques, Tribunal Pleno, j. 14.10.2021. O caso também é discutido em detalhe no tópico 4.2.1.

ao controle político do Poder Legislativo, uma vez que "elas lidam com interesses contraditórios e assimétricos". Afastou, assim, a ideia de que haveria uma reserva de administração em benefício da Anvisa, e de que o Poder Legislativo não teria autoridade para liberar o uso de medicamentos sem o aval da agência, apesar de reconhecer que tal atuação seria extraordinária e excepcional.[101]

O Ministro Alexandre de Moraes também rejeita o reconhecimento de uma reserva administrativa a agências reguladoras, afirmando como premissa, que seria possível o controle dos limites da delegação congressual em favor das agências reguladoras, cabendo ao Congresso, assim como ao Judiciário, identificar desvios de finalidade e abuso de poder.

De modo mais específico, o Ministro Fachin, que no julgamento da ADIn nº 4.874 fazia referência ao conceito de reserva de administração na fundamentação de seu voto a favor da constitucionalidade da norma editada pela Anvisa, manifestou nesse precedente oposição à ideia de que haveria uma reserva de administração a blindar as decisões das agências reguladoras, uma vez que, em suas palavras, "a concretização da proteção à saúde é feita pelo poder legislativo", na medida em que a competência da Anvisa é exercida nos termos da lei, de acordo com o art. 200 da Constituição.

Já o Ministro Barroso, que expressamente invocou a reserva de administração da Anvisa no precedente da pílula do câncer, reconheceu que não haveria violação à separação de poderes nesse caso, diante da competência concorrente para legislar sobre saúde e do fato de que a atuação da agência é pautada pelos parâmetros legais.

A Ministra Rosa Weber também reconhece que a discussão não teria pertinência com a "capacidade institucional do Poder Legislativo revogar decisão administrativa regulatória, porquanto não se tem como extrair do nosso desenho constitucional reserva da Administração que subtraia o controle da arena democrática legislativa".[102]

O Ministro Gilmar Mendes também afasta a ideia de uma reserva de administração a favor da Anvisa, ao fundamento de que suas

---

[101] Trecho do voto do Min. Nunes Marques na ADIn nº 5.779, j. 14.10.2021. Ainda, nas palavras do Ministro: "Na situação particular da Anvisa, por um lado há o direito da população de ter acesso a remédios seguros e eficazes e, o mais possível, com preços módicos; por outro, o interesse econômico dos grandes laboratórios e dos players do mercado farmacêutico. Não se pode presumir que a agência seja entidade a tal ponto pura que dispense qualquer tipo de fiscalização. [...] Se, por um lado, a expertise técnica da Anvisa precisa ter peso no exercício de suas atribuições, isso não conduz à eliminação completa da política na escolha dos meios que a sociedade deseja usar para vencer os desafios que lhe são apresentados".

[102] Trecho do voto da Min. Rosa Weber na ADIn nº 5.779, j. 14.10.2021.

atribuições não possuem sede constitucional direta. Para o Ministro, também não seria possível afirmar, em oposição, a existência de uma primazia absoluta do Poder Legislativo, diante do dever de garantia de direito fundamentais. A discussão em torno da constitucionalidade da lei, assim, deveria se limitar à análise de violação ou não do direito à saúde (uma das linhas também presentes no julgamento da ADIn nº 5.501).[103] O Ministro defende que não haveria fórmulas universais para delimitar a competência da Administração Pública em oposição à do Poder Legislativo, de modo que "é o contexto institucional que muitas vezes desvenda os espaços de atuação do Poder Legislativo frente à atuação da autoridade reguladora". A relevância da tomada de posição do Ministro, até então inédita na jurisprudência da Corte, justifica a transcrição:

> Uma vez que a Lei 13.454/2017 autoriza a produção, a comercialização e o consumo de medicamentos anorexígenos, e o faz para contornar a escolha regulatória da Agência Nacional de Vigilância Sanitária (ANVISA), a questão constitucional assumiu uma forma de *trade-off*: saber se o Congresso Nacional, no exercício de sua competência legislativa (artigos 24, XII e 48, CF/88), poderia modificar e superar determinada escolha regulatória levada a efeito por agência reguladora em assunto inserido no campo temático desta última.
>
> Com o devido respeito aos posicionamentos já expressos, tenho que o problema que ora se coloca revela-se completamente arredio a soluções categóricas, de índole exclusivamente formal. Os dilemas oriundos da complexa relação entre Poder Legislativo e Estado Regulador não se deixam resolver mediante uma simples tomada de posição por um dos lados.[104]

Nessa linha, e bem compreendida a crítica fundada no argumento da separação de poderes, parece certo dizer que, na linha do entendimento mais recente do STF, de fato não é possível extrair do princípio da separação de poderes algum tipo de restrição (como aquelas decorrentes do argumento da discricionariedade técnica ou da reserva de regulação) à intervenção legislativa em matéria regulatória ou, como aqui se trata, à avocação de escolhas regulatórias sob o espectro de

---

[103] Voto do Min. Gilmar Mendes na ADIn nº 5.779, j. 14.10.2021. De acordo com o Ministro: "a questão a ser definida, aqui, não passa por uma definição apriorística no sentido de definir quem seria o senhor da regulação de medicamentos: se a Anvisa ou o Congresso Nacional. O ponto é outro: examinar se a lei impugnada revela observância ao dever de proteção exigido pela dimensão objetiva do direito à saúde".

[104] Voto do Min. Gilmar Mendes na ADIn nº 5.779, j. 14.10.2021.

competência das agências. Tal conclusão decorre de duas constatações, uma de base normativa e outra, prática.

Do ponto de vista normativo, a Constituição de 1988, ao contrário do que ocorre em outras jurisdições,[105] não fornece critério definitivo para diferenciar a *elaboração* da política pública regulatória da sua *execução*, nem mesmo critérios materiais para definir qual é o campo da lei e qual o campo do regulamento técnico editado pelas agências – afora as matérias reservadas à legalidade estrita e aquelas atribuídas ao poder regulamentar (arts. 62, §1º e 84, VI, da Constituição).[106]

A observação é relevante porque essa é uma das premissas para as ideias desenvolvidas por Bruce Ackerman, que partem, sobretudo, de um exercício de imaginação constitucional. Ao propor uma leitura da separação de poderes como vetor de especialização funcional, Ackerman identifica, como decorrência lógica, a necessidade de desenvolvimento de mecanismos jurídicos para isolar decisões de efeitos concretos (*concrete decisionmaking*) do âmbito das questões que exigem a deliberação democrática de agentes eleitos.[107]

Como antecipado, contudo, não há mecanismo similar na Constituição brasileira. É interessante notar que essa é antes uma opção do constituinte originário do que uma inevitabilidade. Diversas constituições estrangeiras balizam com alguma densidade os espaços da lei e do regulamento, ainda que não sejam definidos à exaustão. A Constituição francesa de 1958 é um exemplo. O seu art. 34 enumera as matérias que serão objeto de lei e, no art. 37, atribui-se ao regulamento o

---

[105] Nesse sentido, v. NAPOLITANO, Giulio. Conflicts in Administrative Law: struggles, games and negotiations between political, institutional and economic actors. *Jean Monnet Working Paper Series*. Nova Iorque, 2013, p. 14: "The conflict between executives and the parliament in rulemaking is often solved through purely legal criteria, at constitutional level. According to many constitutions, the power to adopt general regulations of administrative structure and procedures pertains to parliaments. But the executives keep the administration in their hands. Through order and directive prerogatives over administration and agencies they can turn them into loyal actors".

[106] Cf. Sérgio Guerra, "[...] não há uma fórmula, no atual arranjo constitucional brasileiro, que identifique com precisão quando se inicia e termina a atividade legislativa primária (reserva da lei) para das lugar às escolhas do regulador (reserva da administração/regulador)" (GUERRA, Sérgio. *Discricionariedade, regulação e reflexividade*. Uma nova teoria sobre as escolhas administrativas. Belo Horizonte: Fórum, 2018, posição 828). Uma visão que classifica as funções estatais em espaços de reserva, contudo, ignora a sobreposição e concorrência de atuação entre os agentes institucionais, explorada neste trabalho.

[107] ACKERMAN, Bruce. The new separation of powers. *Harvard Law Review*, [s. l.], v. 113, n. 3, p. 633-729, jan. 2000, p. 687. Nas palavras do autor: "It follows, then, that the elaboration of this second separationist doctrine should begin by cordoning off vast areas of concrete *decision-making* from those few questions that imperatively require the attention of democratic statesmen".

espaço residual.[108] As constituições portuguesa e alemã também trazem um critério de densidade normativa para aferição de validade das leis restritivas de direitos fundamentais.[109] Ambos os textos afirmam, com redação aproximada, que restrições a direitos fundamentais apenas podem ser veiculadas por leis de caráter geral e abstrato. Ao prever um nível de densidade da lei, essas constituições acabam por estabelecer uma "reserva do caso concreto"[110] aos regulamentos.

Mesmo no Brasil já houve previsão constitucional em sentido similar. O texto constitucional de 1937 dispunha, em seu art. 11, que "a lei, quando de iniciativa do Parlamento, limitar-se-á a regular, de modo geral, dispondo apenas sobre a substância e os princípios, a matéria que constitui o seu objeto. O Poder Executivo expedirá os regulamentos, complementares". Ainda que o dispositivo não estabelecesse domínios estanques para a lei e para o regulamento, estipulava parâmetros para permitir alguma diferenciação.

Essa não foi a opção do constituinte de 1988. A Constituição atual menciona que cabe ao Presidente da República expedir decretos e regulamentos para fiel execução das leis (art. 84, IV) e, ao Congresso, sustar os atos normativos do Poder Executivo que exorbitem o poder regulamentar ou os limites de delegação legislativa (art. 49, V).[111] Caberá, portanto, a esses atores institucionais definir, caso a caso, o

---

[108] Constituição Francesa de 1958, art. 37: "Assuntos diferentes dos que estão no âmbito da lei têm um caráter regulamentar. Os textos de forma legislativa incorridos nestes assuntos podem ser alterados por decretos emitidos após edital do Conselho de Estado. Os textos que interviriam após a entrada em vigor da presente Constituição poderão ser alterados por decreto apenas se o Conselho constitucional declarar que têm um caráter regulamentar em virtude do parágrafo precedente".

[109] O art. 19 da Lei Fundamental Alemã dispõe no seguinte sentido: "[Restrição aos direitos fundamentais; respeito a sua essência e garantia do devido processo legal] 1. Quando, sendo esta lei fundamental, um direito fundamental for restringido por lei ou em virtude de lei, essa lei será aplicada de maneira geral e não apenas para um caso particular. Além disso, a lei deverá especificar o direito fundamental afetado e o artigo que o prevê". A Constituição Portuguesa de 1976, a seu turno, dispõe no art. 18º, 3, que "As leis restritivas de direitos, liberdades e garantias têm de revestir carácter geral e abstrato e não podem ter efeito retroativo nem diminuir a extensão e o alcance do conteúdo essencial dos preceitos constitucionais".

[110] "A reserva de execução diz respeito à privatividade do Administrador Público para execução, in concreto, de leis (necessariamente) abstratas e genéricas, de forma a impedir a edição não só de leis individuais, mas também de uma regulamentação legal excessivamente intensa, densa ou minuciosa" (CORREIA, Arícia Fernandes. *Por uma releitura dos princípios da legalidade administrativa e da reserva de administração*. 2008. 322 f. Tese (Doutorado em Direito Público) – Faculdade de Direito, Universidade do Estado do Rio de Janeiro, Rio de Janeiro, 2008, p. 229-230).

[111] A discussão a respeito do veto legislativo e do contexto histórico que originou tal previsão no âmbito da Assembleia Constituinte é abordada no tópico 3.2.1, *infra*.

que será a "fiel execução das leis", bem como quais serão os limites do poder regulamentar e da delegação legislativa, já que não há parâmetro constitucional de densidade normativa para balizar esse julgamento.

Mais do que isso, a opção do constituinte originário foi de atribuir ao Congresso ampla competência para legislar, reconhecendo a primazia de sua atribuição normativa sobre aquela exercida pelos demais poderes. Nesse sentido, o art. 48, *caput*, da Constituição encampa o princípio da universalidade temática, reconhecendo ao Congresso a competência para dispor pela via legal sobre todas as matérias de competência da União; o art. 49, X, lhe atribui a prerrogativa de fiscalizar e controlar diretamente os atos do Poder Executivo, e o art. 49, XI, reconhece, em termos genéricos, a prerrogativa do Congresso para zelar pela preservação de sua competência legislativa em face da atribuição normativa de outros poderes.

Tais dispositivos consubstanciam um traço histórico relevante da Assembleia Constituinte, que foi a tentativa de restabelecer a primazia do Parlamento sobre o poder de editar normas, em reação a um longo período de ditadura militar, em que esse poder foi concentrado nas mãos do Executivo.[112] O ímpeto democratizante da Constituição, portanto, teve campo fértil de atuação no rebalanceamento dos poderes públicos para edição de normas. Cristalizou-se a opção por fazer do Poder Legislativo, microcosmo da democracia representativa, o centro de normatividade da nova república. Na referência de Celso Antônio Bandeira de Mello, que se tornou marca desse movimento, acreditava-se que a legalidade seria o "antídoto natural do poder monocrático ou oligárquico, pois tem como raiz a ideia de soberania popular, de exaltação de cidadania".[113]

Diante desses parâmetros, e mesmo se reconhecendo a superação do dogma da legalidade estrita, a leitura da cláusula da separação

---

[112] Casagrande e Tibúrcio também notam que "Havia, na Constituinte, um propósito claro de reforço das prerrogativas institucionais do Legislativo" (CASAGRANDE, Cássio Luís; TIBÚRCIO, Dalton Robert. Arranjos institucionais no processo constituinte de 1987-1988: um estudo de caso a partir da competência congressual para sustar atos normativos do Poder Executivo. *Revista de Direito Brasileira*, v. 21, n. 8, p. 43-61, 2018, p. 56). Essa tendência foi encarada com preocupação por autores como Anna Cândida da Cunha Ferraz, para quem "dessa normação constitucional decorrem consequências graves, tais como a ingovernabilidade do País e o avultamento de conflitos entre os poderes político, no plano político-institucional" (FERRAZ, Anna Cândida da Cunha. *Conflito entre poderes*: o poder congressual de sustar atos normativos do Poder Executivo. São Paulo: Revista dos Tribunais, 1994, p. 11). A preocupação parece não ter se confirmado, sobretudo pela multiplicidade de instrumentos à disposição do Poder Executivo para controlar a pauta congressual.

[113] MELLO, Celso Antônio Bandeira de. *Curso de Direito Administrativo*. São Paulo: Malheiros, 1998, p. 100.

de poderes como um imperativo de especialização funcional, com a decorrente imposição de limites não escritos à atuação legislativa do Parlamento,[114] encontra obstáculo nos dispositivos constitucionais listados acima, que, afinal, cristalizam os arranjos reais de separação de poderes e freios e contrapesos encampados pelo direito positivo.[115] Em outras palavras, a Constituição não permite afirmar, genericamente, a existência de uma reserva de regulação às agências brasileiras.

Para além da resposta normativa, a crítica da separação de poderes esbarra também em um componente prático: no mais das vezes, a dicotomia estabelecida na doutrina e na jurisprudência para distinguir a atuação do legislador e do regulador é pouco consistente como parâmetro geral para julgamento de validade de condutas ou normas[116] – o que fica claro na análise da jurisprudência do Supremo Tribunal Federal nessa matéria.

Os precedentes mencionados acima mostram que, em geral, os ministros do STF concordam quanto à enunciação do marco teórico a pautar o julgamento da validade de atos das agências. Esse marco teórico, contudo, consiste, substancialmente, na reprodução das categorias empregadas pela doutrina na tentativa de definir, em abstrato, qual o espaço de atuação do regulador. A enumeração dessas categorias é feita, por vezes, de forma contraditória:[117] ao mesmo tempo em que se

---

[114] É possível, por outro lado, defender que a atribuição de poderes normativos pela lei a uma agência reguladora não permite que tais prerrogativas sejam exercidas pela Administração central – podendo-se, apenas nesse sentido, falar em uma "reserva do regulador". Como sustenta Alexandre Aragão, "no que a lei conferir específica e expressamente às agências e no que consistir em detalhamento e implementação normativa das referidas políticas públicas gerais, não será admissível a ingerência da Administração central. A divisão de competências normativas setoriais feita pelo Legislador deve, desta forma, ser respeitada tanto pelas agências reguladoras como pela Administração central" (ARAGÃO, Alexandre Santos de. *Agências reguladoras e a evolução do direito administrativo econômico*. Rio de Janeiro: Forense, 2002, p. 429).

[115] Nesse sentido, "Essa tripartição [de poderes], anunciada no art. 2º, é disciplinada em detalhes por todo o texto constitucional, especialmente no título IV, dedicado à organização dos poderes. Não é, portanto, uma escolha por um modelo ideal, mas por uma ideia concretizada em determinado arranjo institucional, que garante muitas competências privativas para determinados órgãos em detrimento de outros, mas também diversos poderes compartilhados e formas de controle (freios e contrapesos)" (SILVA, Virgílio Afonso da. *Direito constitucional brasileiro*. São Paulo: Editora da Universidade de São Paulo, 2021, p. 88-89).

[116] Na doutrina, Virgílio Afonso da Silva também compartilha da constatação de que, apesar de o STF e o STJ regularmente validarem a atuação normativa das agências, não existe uma jurisprudência consistente a respeito, redundando em uma postura casuística de ambas as cortes, que, em suas palavras, não nutre grandes preocupações com a definição de parâmetros de análise que possam servir para decisões futuras. V. SILVA, Virgílio Afonso da. *Direito constitucional brasileiro*. São Paulo: Editora da Universidade de São Paulo, 2021, p. 469.

[117] A contradição na jurisprudência do STF também é identificada por André Cyrino, ao notar que "[o] mesmo STF que já disse que '[A] excepcionalidade da delegação legislativa [...]

impõem freios à atuação normativa das agências, que "devem respeito à legalidade", que "não criam direito novo", e que "apenas executam opções políticas pré-definidas", também se reconhece a necessidade da sua atuação diante da "complexidade" das relações econômicas e o espaço especial que as agências ocupam, em decorrência de sua qualificação técnica.[118]

O raciocínio aproxima-se da tendência que Jean-Paul Veiga da Rocha nomeia como de "reconhecimento constrangido" da possibilidade de delegação de poder normativo a entes administrativo. Constrangido porque mantém a negação formal da delegação, enquanto desenvolve desvios dogmáticos para admiti-la na prática, como uma realidade inexorável.[119] Trata-se, ao fim, de uma retórica que pouco diz em termos concretos, e isso fica claro quando os Ministros, em seus votos, saem da exposição da teoria e passam a analisar o caso em discussão.

O exame da resolução da Anvisa que proibiu a comercialização de cigarros com aditivos evidencia a pouca utilidade desse raciocínio dual para distinguir o espaço de deliberação das agências da deliberação legislativa. Apesar de aparentemente concordarem na teoria, os Ministros da Corte tomaram rumos opostos na prática.

Enquanto alguns entenderam que a resolução da Anvisa não criava direito novo, mas apenas executava a política pública, outros (a outra metade) julgaram que a inovação produzida pela Anvisa era excessiva, expropriatória e carecia de fundamento legal. Enquanto uma parte afirmou que a norma editada pela Anvisa ia ao encontro de estudos científicos que comprovavam sua razoabilidade, a outra entendeu justamente o contrário: que não haveria comprovação de que a comercialização de cigarros saborizados incrementava o risco do produto. Diante das mesmas evidências técnicas e do mesmo marco teórico, metade da Corte entendeu pela carência de fundamentação técnica aliada a exercício indevido de vontade política, e metade entendeu pela existência de fundamento técnico e legal.[120]

---

acha-se claramente enfatizada pela norma inscrita no art. 25, I, do ADCT/88' já decidiu que '[E]m certos casos [...] a aplicação da lei, no caso concreto, exige aferição de dados e padrões. Nesses casos, comete ao regulamento essa aferição', destacando que, em casos tais, não há que se falar em 'delegação pura' (caso do SAT)" (CYRINO, André. *Delegações legislativas, regulamentos e Administração Pública*. Belo Horizonte: Fórum, 2018a, p. 205).

[118] V., por exemplo, o voto da Min. Rosa Weber na ADIn nº 4.874.

[119] V. ROCHA, Jean-Paul Veiga da. Quem tem medo da delegação legislativa? *Revista de Direito Administrativo*, [S. l.], v. 271, p. 193-221, maio 2016, p. 199.

[120] STF, ADIn nº 4874, Rel. Min. Rosa Weber, Tribunal Pleno, DJe de 01.02.2019. Votaram pela constitucionalidade da resolução da Anvisa os Ministros Rosa Weber (relatora), Edson

Essa discordância revela, portanto, uma imprecisão – e, por que não, inutilidade[121] – da dicotomia entre técnica e política para pautar a análise de casos concretos, que mesmo a versão fraca da discricionariedade técnica não é capaz de captar. Como reconhece Marçal Justen Filho, "a atividade regulatória, ainda quando envolva escolhas de natureza técnico-científica, envolve decisões políticas relacionadas à conveniência e oportunidade".[122]

Em última análise, como ressaltou o Ministro Gilmar Mendes em seu voto na ADIn nº 5.779, não parece ser possível resolver casos concretos por meio de fórmulas universais, que busquem delimitar *a priori* a competência das agências reguladoras em oposição à do Poder Legislativo. Se é assim, a separação de poderes deve ser lida menos como um imperativo de divisão funcional de competências específicas e, antes, como um sistema de distribuição de ferramentas a partir das quais os agentes estatais são habilitados a intervir na arena e no debate públicos.

Essa leitura, que Josh Chafetz denominada de "separação de poderes baseada na multiplicidade", realça a flexibilidade dos arranjos institucionais e a disputa entre os poderes pelo exercício da autoridade decisória.[123] A visão de separação de poderes baseada na multiplicidade,

---

Fachin, Ricardo Lewandowski, Celso de Mello e Cármen Lúcia. De outro lado, entenderam pela inconstitucionalidade os Ministros Alexandre de Moraes, Luiz Fux, Dias Toffoli, Gilmar Mendes e Marco Aurélio. O Ministro Roberto Barroso declarou suspeição.

[121] Há autores que sustentam que, de fato, o conceito de discricionariedade técnica deveria ser abandonado, como é o caso de Grotti, que afirma: "A nosso ver, diante da confusão gerada pela equivocidade da expressão 'discricionariedade técnica', da falta de especificidade do seu objeto, bem como da inexistência de regime jurídico próprio, o termo deveria ser abandonado" (GROTTI, Dinorá Adelaide Musetti. A teoria dos conceitos jurídicos indeterminados e a discricionariedade técnica. *Revista Direito UFMS*, Campo Grande, v. 185, p. 165-185, jan./jun. 2015, p. 181). No mesmo sentido, v. PEREIRA, Cesar A. Guimarães. Discricionariedade e apreciações técnicas da administração. *Revista de Direito Administrativo*, Rio de Janeiro, n. 231 p. 217-267, jan./mar. 2003, p. 261. Sérgio Guerra também refuta a ideia de discricionariedade técnica, que, em sua visão, "visa apenas a uma tentativa de limitação do controle jurisdicional" (GUERRA, Sérgio. *Discricionariedade, regulação e reflexividade*. Uma nova teoria sobre as escolhas administrativas. Belo Horizonte: Fórum, 2018, posição 5414).

[122] JUSTEN FILHO, Marçal. Agências reguladoras e democracia: existe um déficit democrático na "regulação independente"? *In*: ARAGÃO. Alexandre Santos de. (Coord.). *O poder normativo das agências reguladoras*. Rio de Janeiro: Forense, 2011, p. 242.

[123] CHAFETZ, Josh. *Congress's Constitution*: Legislative Authority and the Separation of Powers. New Haven: Yale University Press, 2017, p. 27. Nas palavras do autor: "[…] as ferramentas constitucionais escritas definem os limites da arena sobre a qual os Poderes podem disputar uns com os outros pelas prerrogativas que realmente lhes interessam. As instituições políticas estão envolvidas em constante contestação, não simplesmente pelos resultados substantivos que desejam, mas também pela autoridade para determinar esses resultados. Refiro-me a esta compreensão da separação dos poderes como sendo baseada na multiplicidade, pois visa destacar as formas pelas quais as reivindicações de autoridade

argumenta, possuiria como virtude o fato de ser mais representativa (menos idealizada), de promover a deliberação, ao invés de restringi-la, e de ser mais resistente a tentativas de exercício autoritário do poder do que concepções concorrentes que não incorporam espaço para conflito.

Se é verdade que regimes democráticos são construídos em torno da premissa de que não há exercício de poder político incontrastável, parece natural que as instituições tenham à disposição mecanismos para frear os demais poderes. A separação de poderes, em regimes consensuais,[124] deve concretizar, na síntese de Joel Aberbach, um "harmonioso sistema de frustração mútua"[125] entre as instituições, para o bem e para o mal. Sob tais considerações, a afirmação de uma reserva de administração em prol das agências revela-se até mesmo inconveniente diante dos riscos de captura do regulador.

Sem negar a especialização funcional concretizada no desenho das agências reguladoras, falta à teoria uma compreensão mais adequada da natureza da atividade regulatória e do seu estatuto epistêmico. Sem menosprezar a distinção possível entre juízos técnicos e políticos, parece certo reconhecer que a atribuição de agências reguladoras será muitas vezes superposta e concorrente à atribuição normativa do Poder Legislativo, de modo que não é possível delimitar de maneira definitiva (ao menos não com base na Constituição) os domínios da técnica e da política em matéria regulatória.[126]

---

se multiplicam e se sobrepõem em uma ordem constitucional não hierárquica" (tradução livre). O autor reconhece, à luz da Constituição americana, que há, em alguns casos, dispositivos bastante específicos distribuindo competências e prerrogativas de controle entre os poderes. O poder político (isto é, a prerrogativa de exercer essas competências) é em grande medida resultado de comportamentos e interações também políticas, e não um dado estático e determinado no texto legal.

[124] Na classificação proposta por Arend Lijphart, modelos consensuais de democracia são próprios de sociedades pluralistas, intensamente "compartimentadas quanto a diferenças religiosas, ideológicas, linguísticas, culturais, étnicas ou raciais", demandando, portanto, a repartição do poder político em diversos partidos para viabilizar a formação de coalizões e, em contrapartida, enfraquecendo o presidente ou gabinete (em regimes parlamentares). V. LIJPHART, Arend. *Modelos de democracia*. Desempenho e padrões de governo em 36 países. Rio de Janeiro: Civilização Brasileira, 2003, p. 49.

[125] ABERBACH, Joel D. *Keeping a watchful eye*: the politics of congressional oversight. Washington, DC: Brookings Institution Press, 1991.

[126] Sérgio Guerra adere a uma posição intermediária, defendendo que o regulador deve "deixar de fazer suas escolhas com base no que entende ser, em sua ótica, conveniente e oportuno", e que, "ao menos em tese, a regulação exercida por autarquias especiais não deve orientar-se por juízo preponderantemente político", mas admitindo que "o elevado conteúdo técnico das múltiplas funções dessas entidades [regulatórias] não lhe retira o conteúdo político". V. GUERRA, Sérgio. *Discricionariedade, regulação e reflexividade*. Uma nova teoria sobre as escolhas administrativas. Belo Horizonte: Fórum, 2018.

2.2.2 Objeções pragmáticas

Ao lado da crítica da separação de poderes, com fundamento eminentemente dogmático, há duas objeções adicionais que partem, contudo, de um fundamento menos dogmático e mais empírico-pragmático. São aqui denominadas de crítica da incapacidade e crítica da irracionalidade.

2.2.2.1 A crítica da incapacidade

A crítica da incapacidade é inspirada em análises institucionais cuja premissa básica é a comparação entre diferentes instituições a partir de suas características concretas para concluir qual delas é mais apta a promover certo tipo de valor ou bem jurídico em determinado contexto. Apesar da existência de diversos trabalhos jurídicos dedicados ao tema das análises institucionais comparativas, com vieses e premissas teóricas diversas, a versão mais difundida no Brasil, tanto na literatura[127] quanto na jurisprudência,[128] parece ser a de Cass Sunstein e Adrian Vermeule.[129]

A discussão empreendida por esses autores volta-se às teorias de interpretação judicial, para criticá-las a partir da ótica institucionalista. O argumento, em linhas gerais, é de que juízes, em seu processo de tomada de decisão, devem conscientemente reconhecer as suas próprias limitações cognitivas, rejeitando modelos decisórios que busquem

---

[127] "Em todas essas dimensões e contextos de aplicação na literatura nacional recente, porém, sejam elas mais interinstitucionais ou mais intrainstitucionais, há um elemento em comum. É frequente a referência ao texto 'Interpretations and Institutions', de Cass Sustein e Adrian Vermeule, como matriz básica do argumento baseado em capacidades institucionais" (ARGUELHES, Diego Werneck; LEAL, Fernando. O argumento das "capacidades institucionais" entre a banalidade, a redundância e o absurdo. *Revista Direito, Estado e Sociedade*, [s. l.], n. 38, p. 6-50, jan./jun. 2011, p. 8). No mesmo sentido: "Numa perspectiva global – incluindo o Brasil –, o texto majoritariamente responsável por inspirar uma atenção maior às instituições, movimento denominado, por vezes, como 'virada institucional', foi escrito por Cass Sustein e Adrian Vermeule, sob o título de Interpretation and Institutions" (TOSTA, André Ribeiro. *Instituições e o Direito Público*. Rio de Janeiro: Lumen Juris, 2019, p. 67).

[128] A pesquisa pelo termo *"interpretation and institutions"* no mecanismo de busca do site do Supremo Tribunal Federal resulta em quinze acórdãos que citaram o trabalho e vinte e duas decisões monocráticas. Por outro lado, o mecanismo de pesquisa jurisprudencial não apresenta qualquer resultado quando se busca, por exemplo, pelo trabalho de Neil Komensar, intitulado *Imperfect alternatives: choosing institutions in law, economics and public policy*, também bastante difundido na literatura de análises institucionais comparativas (KOMENSAR, Neil. *Imperfect alternatives*: choosing institutions in law, economics and public policy. Chicago: The University of Chicago Press, 1994).

[129] SUNSTEIN, Cass R.; VERMEULE, Adrian. Interpretation and institutions. *Michigan Law Review*, [s. l.], v. 101, n. 4, p. 885-951, 2003.

prescrever qual é a melhor decisão no caso concreto (do tipo *first-best*), para aderir a modelos do tipo *second-best* nos casos em que dizer qual é a melhor solução do ponto de vista material esteja além das suas reais capacidades. Diante de um caso concreto, portanto, juízes devem analisar qual dos atores institucionais possui melhores condições para identificar as variáveis envolvidas e analisá-las corretamente, à luz do estado de coisas associado ao reconhecimento dessa capacidade e dos seus efeitos sistêmicos.

No campo do direito regulatório, costuma-se defender que o desenho institucional do Poder Legislativo favorece a capacidade de traduzir em diretrizes normativas a preferência majoritária dos eleitores, mas que políticos não teriam tempo nem expertise para analisar outros aspectos mais complexos da atuação estatal nesse campo.[130] Daí decorreria, como um "fato da vida",[131] a necessidade de se criarem órgãos autônomos e especializados. Para Carlos Ari Sundfeld, por exemplo, seria inviável supor que o legislador possa dedicar-se ao que chamou de "gerenciamento normativo da realidade".[132] Na formulação de Clèmerson Cléve, o preparo técnico requerido nas circunstâncias atuais da vida em sociedade "não pode ser encontrado num órgão cuja composição não é de especialistas, e sim de mandatários eleitos".[133]

No mesmo sentido, Sérgio Guerra argumenta que "o déficit de informação do Parlamento [...] reforça a diminuição da capacidade parlamentar, fazendo-o surgir como um órgão destituído de elementos que habilitem uma intervenção decisória conveniente e oportuna".[134] Nos termos da crítica da incapacidade, portanto, o Parlamento não seria o espaço institucional adequado para discutir problemas complexos, que estariam além da capacidade de seus atores principais.

Problemas regulatórios seriam melhor analisados por agências reguladoras, que reuniriam tanto a competência técnica quanto a agilidade necessárias para uma intervenção oportuna e racional.

---

[130] V., por exemplo, CYRINO, André. *Direito constitucional regulatório*: elementos para uma interpretação institucionalmente adequada da Constituição econômica brasileira. 2. ed. Rio de Janeiro: Processo, 2018b, p. 237.

[131] CYRINO, André. *Direito constitucional regulatório*: elementos para uma interpretação institucionalmente adequada da Constituição econômica brasileira. 2. ed. Rio de Janeiro: Processo, 2018b.

[132] SUNDFELD, Carlos Ari. Introdução às agências reguladoras. *In:* SUNDFELD, Carlos Ari (Org.). *Direito administrativo econômico*. São Paulo: Malheiros, 2002, p. 28.

[133] CLÈVE, Clèmerson Merlin. *Atividade legislativa do poder executivo*. São Paulo: Thomson Reuters Brasil, 2019, posição 996.

[134] GUERRA, Sérgio. Tecnicidade e regulação estatal no setor de infraestrutura. *Fórum Administrativo – FA*, [s. l.], v. 198, p. 61-71, 2017, p. 65.

A autonomia do regulador se justificaria, assim, no profissionalismo de seus servidores, que seriam, como argumenta Natasha Salinas, "mais capacitados do que parlamentares e governantes eleitos para solucionarem problemas complexos e rapidamente cambiantes".[135]

A crítica da incapacidade encontra fundamento normativo para parte da doutrina no princípio constitucional da eficiência. André Cyrino, entre outros,[136] defende que a eficiência tem reflexos na organização institucional do aparato estatal e nos respectivos espaços de tomada de decisão, impondo que "decisões interventivas sejam tomadas pelo ente melhor informado e mais apto a decidir com os menores custos possíveis e num lapso temporal tendentemente mais curto".[137] Em outras palavras, as instituições deveriam exercer as competências que lhes sejam "funcionalmente adequadas".[138]

Um primeiro contraponto à crítica da incapacidade reside na constatação de que nem sempre a eficiência será uma diretriz adequada para julgar escolhas políticas em matéria de regulação. O risco, como nota André Cyrino,[139] é de que a leitura institucionalista do princípio da eficiência desemboque em menosprezo a outros fundamentos constitucionais, como o próprio princípio democrático. Com essa ressalva, contudo, a tese perde parte de seu valor. Ao fim e ao cabo, a afirmação quanto à um arranjo institucional eficiente torna-se um truísmo: eficiente é a ação estatal que melhor realize a Constituição Federal.

---

[135] SALINAS, Natasha Schmitt Caccia. A intervenção do Congresso Nacional na autonomia das agências reguladoras. *REI – Revista Estudos Institucionais*, v. 5, n. 2, p. 586-614, 2019, p. 589.

[136] V. também FERRAZ JUNIOR, Tércio Sampaio. O poder normativo das agências reguladoras à luz do princípio da eficiência. *In*: ARAGÃO, Alexandre Santos de (Org.). *O poder normativo das agências reguladoras*, Rio de Janeiro: Forense, 2011. p. 205-226.

[137] CYRINO, André. *Direito constitucional regulatório*: elementos para uma interpretação institucionalmente adequada da Constituição econômica brasileira. 2. ed. Rio de Janeiro: Processo, 2018b, p. 172.

[138] O termo é empregado por André Cyrino, com base em obra de Andreas Krell, que argumenta que além de considerar critérios de distribuição de competência pelo prisma da funcionalidade, também seria importante considerar a "idoneidade" de cada órgão em virtude de aspectos como a sua estrutura orgânica, legitimidade democrática e aparelhamento técnico. V. CYRINO, André. *Direito constitucional regulatório*: elementos para uma interpretação institucionalmente adequada da Constituição econômica brasileira. 2. ed. Rio de Janeiro: Processo, 2018b, p. 225.

[139] "[…] o cumprimento da eficiência não pressupõe nem autoriza o menosprezo aos demais cânones constitucionais […]. Ao contrário, a eficiência deve caminhar ao lado das outras finalidades constitucionais. Sua compreensão deve ser harmônica e integrada na unidade da Constituição" (CYRINO, André. *Direito constitucional regulatório*: elementos para uma interpretação institucionalmente adequada da Constituição econômica brasileira. 2. ed. Rio de Janeiro: Processo, 2018b, p. 173).

De fato, a extrapolação do argumento fundado no princípio constitucional da eficiência conduz a uma percepção algo utilitarista da atuação dos órgãos estatais, tornando possível defender que, nos temas em que houver atuação concorrente de diferentes instituições, a decisão cabe àquela que desempenhe tal competência de forma mais eficiente, a despeito da repartição concreta de competências feita pela Constituição.

De outro lado, o maior obstáculo à crítica da incapacidade é o fato de que ela parte de um estereótipo tanto da figura do legislador e do Poder Legislativo quanto do próprio regulador, que contradiz a premissa da teoria das capacidades institucionais como um argumento de segunda ordem, essencialmente contextual, ao menos tal como é formulado por Sunstein e Vermeule. Diego Arguelhes e Fernando Leal, nesse sentido, notam que toda instituição é potencialmente falha e toda capacidade é contingente.[140] Eduardo Jordão, na mesma linha, argumenta que "uma análise institucional será tanto mais adequada quanto mais concreta ela for", ou seja, uma análise que pondere "as características efetivas das institucionais sob comparação, e não apenas as características gerais da categoria na qual se inclui".[141] Nesses termos, a crítica da incapacidade dependeria da análise concreta da atuação de cada instituição, o que afasta conclusões aprioristicas sobre a incapacidade do legislador de lidar com problemas complexos.

Sob a ótica do Poder Legislativo, é verdade que o debate parlamentar, por sua própria natureza, é permeado por polarizações ideológicas e superficialidade de razões. Mas, assim como a Administração Pública passou por um movimento de especialização, na proporção da complexificação das tarefas atribuídas ao Estado, também o Poder Legislativo se equipou para lidar com questões complexas, que não raro são objeto de sua deliberação. Em outras palavras, o confronto

---

[140] ARGUELHES, Diego Werneck; LEAL, Fernando. O argumento das "capacidades institucionais" entre a banalidade, a redundância e o absurdo. *Revista Direito, Estado e Sociedade*, [s. l.], n. 38, p. 6-50, jan./jun. 2011, p. 19. Os autores complementam: "o argumento das capacidades institucionais não se completa, por outro lado, sem que se reconheçam (i) uma margem insuperável de incerteza na determinação da correção das escolhas institucionais para promover (no futuro) determinados fins relevantes e, como uma das causas importantes para essa incerteza, (ii) as limitações e vieses cognitivos a que estão submetidas as instituições em razão da sua conformação normativa e das condições fáticas sob as quais exercem as suas competências".

[141] JORDÃO, Eduardo Ferreira. *Controle judicial de uma administração pública complexa*: a experiência estrangeira na adaptação da intensidade do controle. São Paulo: Malheiros, 2016, p. 253.

de ideologias e a superficialidade não esgotam as possibilidades do processo legislativo.

Perante o Congresso Nacional, há ao menos três meios pelos quais discussões técnicas podem penetrar o processo legislativo: a convocação de especialistas, o recurso a órgãos que funcionam como "agências de assessoramento técnico", e o subsídio informal fornecido pelos grupos interessados em uma determinada discussão.

O primeiro grupo de instrumentos para discussão técnica no processo legislativo é a convocação de especialistas, ou dos representantes das próprias agências reguladoras, para participar de audiências nas comissões temáticas. Na verdade, a própria existência de comissões especializadas já indica a abertura do debate legislativo a setores e discussões mais técnicas.[142]

No âmbito da Câmara dos Deputados, a Comissão Permanente de Minas e Energia é um bom exemplo. A Comissão é competente para discutir propostas relacionadas tanto ao setor de energia, que inclui energia elétrica e óleo e gás, quanto ao setor minerário. São, todos esses, setores altamente regulados no Brasil, abrangendo o escopo de atuação de três agências reguladoras diferentes: a Aneel, a Agência Nacional do Petróleo – ANP – e a Agência Nacional de Mineração – ANM. A Comissão funciona como um fórum especializado para debate de temas afetos a tais setores, contando com seis subcomissões temáticas.

Em 2019, a Comissão realizou trinta e duas audiências,[143] dentre as quais vinte e uma (65%) contaram com a participação de representantes das agências reguladoras, mostrando a existência de um espaço reconhecido às agências para disseminação de conhecimento técnico

---

[142] Nesse sentido, Acir Almeida, nota que as comissões temáticas funcionam como agentes informacionais, favorecendo a especialização de parlamentares sobre um conjunto mais restrito de temas. Nesse sentido: "A solução organizacional mais comum [para produzir decisões bem informadas] consiste em delegar o exame das políticas públicas a comissões de parlamentares, cada uma com competência exclusiva sobre um ou poucos temas. Isso permite que os membros de cada comissão se concentrem em um subconjunto bem delimitado de questões relacionadas e tenham mais oportunidade de influenciar a formulação das políticas correspondentes, o que incentiva a especialização parlamentar, tornando mais eficiente a aquisição de informação" (ALMEIDA, Acir. Heterogeneidade de preferências e o uso de evidências na Câmara dos Deputados. *In*: PINHEIRO, Maurício Mota Saboya *et al.* (Orgs.). *Boletim de Análise Político Institucional*. Usos de evidências em políticas públicas federais. Brasília: Instituto de Pesquisa Econômica Aplicada – Ipea, 2020, p. 115). Almeida afirma, contudo, que a alta frequência com que projetos são aprovados sem passar pelas comissões técnicas indica que, a despeito da importância desses espaços institucionais, sua relevância prática é limitada.

[143] De acordo com os dados divulgados no site da Câmara dos Deputados (https://www2.camara.leg.br/atividade-legislativa/comissoes/comissoes-permanentes/cme/apresentacoes-em-eventos/2019?b_start:int=0). Acesso em: 29 maio 2021.

sobre o setor e, especialmente, uma abertura, ao menos formal, do Legislativo à influência desses órgãos. Entre essas audiências, foram realizadas sessões específicas para discutir a atuação das três agências reguladoras relacionadas tematicamente ao papel da Comissão, em que as agências prestaram contas de sua atuação no exercício anterior e apresentaram os temas da agenda regulatória para o exercício corrente.

Outro grupo de instrumentos para viabilizar o debate técnico no âmbito do Poder Legislativo diz respeito ao auxílio de órgãos ou instituições, internos ou externos, que prestam assessoria técnica em assuntos específicos.

Os arts. 275 e 276 do Regimento Interno da Câmara de Deputados, por exemplo, dispõem sobre o funcionamento do Sistema de Consultoria e Assessoramento Legislativo. Destaca-se, nessa estrutura, o Centro de Estudos e Debates Estratégicos, órgão técnico-consultivo destinado a promover estudos para definição de políticas legislativas e análise de viabilidade e riscos. Além disso, o art. 278 do Regimento permite que a Câmara celebre contrato ou convênio com profissional ou instituição especializada diante de questões de elevada complexidade técnico-científica.

No âmbito do Senado, como na Câmara, também existem órgãos especializados na elaboração de estudos e relatórios técnicos destinados a subsidiar o trabalho parlamentar, como a Consultoria Legislativa e a Consultoria de Orçamento, Fiscalização e Controle do Senado Federal, referenciadas no artigo 96-B do Regimento Interno do Senado Federal. Outro exemplo é a Instituição Fiscal Independente, órgão vinculado ao Senado, criado em 2016, com objetivo de ampliar a transparência nas contas públicas.

Também nesse grupo destaca-se o papel do Tribunal de Contas da União. O art. 71 da Constituição reconhece ao TCU a função de órgão auxiliar do Poder Legislativo, atribuindo-lhe competência para realizar, por iniciativa da Câmara ou do Senado, inspeções e auditorias de natureza operacional em órgãos do Poder Executivo, Legislativo e Judiciário, incluindo, portanto, agências reguladoras, ministérios, e empresas estatais. Sendo assim, diante de uma questão que demande a compreensão de dados técnicos, o Poder Legislativo, por qualquer de suas casas, pode solicitar ao TCU a realização de uma auditoria no setor regulado, produzindo relatórios com informações relevantes para a tomada de decisão.[144]

---

[144] Em outubro de 2021, por exemplo, o TCU finalizou auditoria solicitada pela Comissão de Defesa do Consumidor da Câmara dos Deputados com objetivo de fiscalizar a atuação da

Por fim, o terceiro mecanismo de introdução de temas técnicos no debate legislativo é a própria atuação dos grupos de interesse. É dizer: diante de controvérsias políticas, grupos de pressão organizados também atuarão para suprir o *gap* de capacidade técnica do legislador, munindo-o das informações e argumentos técnicos necessários a justificar a edição de um ato normativo em um ou outro sentido. Tudo para concluir que o Poder Legislativo federal possui diversas ferramentas que permitem que sua intervenção na política regulatória não seja pautada em um debate puramente ideológico. Isso, contudo, não significa dizer que tais ferramentas serão bem empregadas (ou empregadas de todo).

A crítica, tal como formulada por seus defensores, parece, portanto, estar mal enquadrada. Não se trata de reconhecer a *incapacidade* do legislador para tratar de temas técnicos, mas sim de se avaliar em quais circunstâncias e sob quais incentivos o Poder Legislativo efetivamente emprega os instrumentos de avaliação técnica à sua disposição, e como esses instrumentos influenciam o resultado da deliberação política. Ou seja, não se trata de uma análise da *capacidade* do legislador, mas da *conveniência* do uso de dados técnicos e empíricos.

De uma perspectiva prática, há estudos que mostram que expor agentes políticos a pesquisas e evidências empíricas surte um efeito limitado sobre a ação pública.[145] Uma hipótese verossímil é a de que a tradução de evidências empíricas em políticas públicas concretas vai ser mais bem sucedida quanto menores forem os custos relacionados à sua implementação, a sua complexidade e a sua sensibilidade política.

Pesquisas também indicam que a qualidade das informações usadas para subsidiar políticas públicas depende da heterogeneidade dos interesses em jogo.[146] Quanto maior a divergência, maiores os incentivos para que os diferentes atores políticos ou institucionais

---

Aneel com relação a diversos temas com impacto sobre os consumidores de energia, como a exigência de determinados parâmetros regulatórios das distribuidoras e a verificação do cumprimento das metas de investimento pelas concessionárias e dos critérios de reajuste das tarifas. O TCU concluiu que houve aperfeiçoamento no arcabouço regulatório nos temas analisados e esses avanços refletiram-se em melhoria na qualidade do serviço. V. TCU, Acórdão nº 2525/2021, Rel. Min. Benjamin Zymler, Plenário, j. 20.10.2021.

[145] V. HJORT, Jonas *et al.* How research affects policy: experimental evidence from 2,150 Brazilian municipalities. *National Bureau of Economic Research – NBER*, [s. l.], Jun.2019. Working Paper Series, p. 23-24.

[146] ALMEIDA, Acir. Heterogeneidade de preferências e o uso de evidências na Câmara dos Deputados. *In:* PINHEIRO, Maurício Mota Saboya *et al.* (Orgs.). *Boletim de Análise Político Institucional.* Usos de evidências em políticas públicas federais. Brasília: Instituto de Pesquisa Econômica Aplicada – Ipea, 2020, p. 115-124.

manipulem informações, em uma estratégia de convencimento. Nesse cenário, também serão maiores os incentivos para que desconfiem uns dos outros, ou seja, que os dados apresentados em uma discussão altamente polarizada inspirem menos credibilidade em oponentes políticos. Por conta desse movimento, e diante do risco de manipulação de informação, também serão maiores os incentivos dos mesmos atores políticos para buscarem informações de alta qualidade, a partir de dados objetivos que sejam pouco suscetíveis a contestações. Assim, em síntese, "embora a divergência reduza a capacidade [...] de transmitir informação crível, ela gera incentivos para que esta adquira informação de mais qualidade".[147]

No mesmo sentido, sustenta-se que agentes políticos tendem a rejeitar evidências que contrariem suas propensões iniciais.[148] Apesar disso, quanto mais numerosas e robustas forem as evidências apresentadas, maior será a tendência a superar as propensões originais que as contrariem. O resultado da ação pública, portanto, será definido por uma ponderação entre os elementos empíricos e emocionais relevantes para a tomada de decisão.

O que essas pesquisas parecem demonstrar é que o uso de dados técnicos e evidências empíricas sempre servirá a propósitos estratégicos, dada a própria natureza do fenômeno político.[149] Como nota Acir Almeida, "o fato de incluir múltiplos atores com interesses conflitantes e pouco ou nenhum conhecimento especializado faz do parlamento uma arena especialmente fértil ao uso estratégico de informação".[150] Isso,

---

[147] ALMEIDA, Acir. Heterogeneidade de preferências e o uso de evidências na Câmara dos Deputados. *In*: PINHEIRO, Maurício Mota Saboya *et al.* (Orgs.). *Boletim de Análise Político Institucional*. Usos de evidências em políticas públicas federais. Brasília: Instituto de Pesquisa Econômica Aplicada – Ipea, 2020, p. 115-124.

[148] BAEKGAARD, Martin *et al*. The Role of Evidence in Politics: Motivated Reasoning and Persuasion among Politicians. *British Journal of Political Science*, [s. l.], v. 49, n. 3, p. 1117-1140, 2019. Também nesse sentido, Sheila Jasanoff, parafraseando David Collingridge e Colin Reeve, afirma que o impacto da ciência na construção de políticas públicas mais racionais é negligenciável, porque ou os dados científicos serão debatidos em um ambiente pouco crítico (em que um consenso político existe antes mesmo da discussão dessas evidências), ou em um ambiente extremamente crítico, em que as evidências científicas também serão alvo de intensos debates sobre sua correção e não servirão para indicar um direcionamento claro da ação política. V. JASANOFF, Sheila. *The fifth branch*: Science Advisers as Policymakers. Cambridge: Harvard University Press, 1998, posição 177.

[149] Sobre o ponto, v. o tópico 2.3.1, abaixo.

[150] ALMEIDA, Acir. Heterogeneidade de preferências e o uso de evidências na Câmara dos Deputados. *In*: PINHEIRO, Maurício Mota Saboya *et al.* (Orgs.). *Boletim de Análise Político Institucional*. Usos de evidências em políticas públicas federais. Brasília: Instituto de Pesquisa Econômica Aplicada – Ipea, 2020, p. 115.

contudo, não é o mesmo que afirmar a incapacidade do legislador para tomar decisões informadas em contextos de incerteza e complexidade.

Tampouco parece correto dizer que o processo legislativo não permite aos parlamentares fornecer respostas ágeis aos problemas enfrentados por setores regulados. A ideia de uma atuação legislativa morosa em contraponto a agências reguladoras ágeis ignora as diferenças essenciais entre os dois processos decisórios.

O processo legislativo, à diferença do processo deliberativo das agências, se baseia em uma lógica de relevância política. Significa dizer que o Congresso só se manifestará sobre temas que justifiquem a mobilização da maioria parlamentar. Não existe, por parte do Legislativo, um dever de decidir, nos moldes daquele oponível à Administração Pública.[151] A grande maioria dos projetos de lei propostos sequer chegará a ser analisada[152] (o que não indica morosidade, mas irrelevância).

Enquanto o processo deliberativo das agências desenvolve-se de acordo com etapas e requisitos bem determinados em lei, de relativa rigidez procedimental, o processo legislativo é essencialmente flexível,[153] o que permite que temas de grande relevância sejam, quando necessário, rapidamente submetidos à deliberação parlamentar conclusiva.[154]

---

[151] O art. 48 da Lei nº 9.784/99, que trata do processo administrativo federal, estabelece o dever da Administração Pública de "explicitamente emitir decisão nos processos administrativos e sobre solicitações ou reclamações, em matéria de sua competência".

[152] Isso se dá porque, em primeiro lugar, os prazos estipulados pelos regimentos internos das casas legislativas para deliberação dos seus órgãos internos são considerados impróprios. Além disso, o Regimento Interno da Câmara dos Deputados traz, em seu art. 105, a regra de que, finda a legislatura, todas as proposições que ainda se encontrem em tramitação serão arquivadas, salvo aquelas que possuírem pareceres favoráveis de todas as comissões, já tiverem sido aprovadas em primeiro, segundo ou turno único, forem de iniciativa popular ou de iniciativa de outro poder. O Regimento Interno do Senado Federal traz regra similar no seu art. 332.

[153] Nesse sentido, Roberta Simões Nascimento nota que "O direito parlamentar, cujos regimentos internos são a fonte por excelência, tem natureza flexível. Por mais que tais normas regimentais tenham a função essencial de dirigir os procedimentos, facilitar a iniciativa legislativa e regular os debates e os diversos trâmites até a aprovação das leis, haverá ocasiões em que tais disposições se tornam acessórias ou meramente instrumentais quando a decisão for alcançada com independência dessas previsões. Por isso, os regimentos não podem engessar a tomada de decisões" (NASCIMENTO, Roberta Simões. Devido processo legislativo e qualidade da deliberação legislativa. *Revista da Advocacia do Poder Legislativo*, Brasília, v. 2, p. 141-170, 2021b). Com base no reconhecimento dessa flexibilidade, a autora qualifica como "ingênua e idealizada" a noção de que a atuação das casas legislativas estaria condicionada à "deliberação suficiente" dos projetos submetidos por seus membros, a partir de requisitos procedimentais rígidos.

[154] Basta pensar, como exemplo, na atuação do Poder Legislativo federal sobre a pandemia da Covid-19. Em março de 2021, o Congresso Nacional aprovou, em três dias, a proposta de emenda constitucional que viabilizava o pagamento do auxílio emergencial. Trata-se da espécie legislativa com requisitos procedimentais mais rigorosos, o que não impediu a

Por outro lado, quando a métrica de avaliação deixa de ser a permeabilidade do processo decisório a razões técnicas, há outras características da deliberação legislativa que a qualificam como foro de discussão de políticas regulatórias.

Em primeiro lugar, discussões políticas possuem alcance maior e mais diversificado do que deliberações em agências reguladoras.[155] Como a deliberação parlamentar serve como filtro do debate técnico, por vezes traduzindo questões complexas em termos políticos mais simples, discussões no Congresso têm maior potencial de promover participação social do que as audiências públicas nas agências. No limite, ainda que a decisão parlamentar seja criticável e que haja algum grau de consenso em torno da proposta da agência reguladora, o processo legislativo e as decisões tomadas por lei são mais permeáveis a críticas e ao debate da opinião pública e da sociedade – também ela uma instância de controle.

Em segundo lugar, a existência de um grupo de oposição é característica ínsita ao debate político, diferentemente do que ocorre nas agências (em cujos espaços, como se discutiu acima, decisões são em geral tomadas por unanimidade). Isso permite jogar luz e combater casos de insinceridade deliberativa,[156] em que decisões tomadas previamente são submetidas a debate apenas como fator de legitimação. Além disso, a existência de partidos de oposição permite que grupos de interesse menos organizados tenham acesso e possam influenciar o processo deliberativo, mitigando o risco de captura epistêmica.[157]

---

celeridade da atuação parlamentar. A matéria também não era banal, já que o mérito da proposta dizia respeito a regras de orçamento público e política fiscal. Difícil imaginar que uma agência reguladora conseguisse aprovar norma de tamanha repercussão em prazo tão exíguo, sobretudo considerando os diversos requisitos procedimentais exigidos pela Lei nº 13.848/19.

[155] Em geral, a participação em audiências e consultas públicas realizadas por agências reguladoras tende a se limitar aos agentes regulados, que possuem mais capacidade técnica e recursos do que grupos representantes de interesses difusos, como cidadãos, usuários ou consumidores. Sobre o tema, v., por exemplo, OLIVEIRA Renato Lima de. *Regulação participativa*: Interação do Parlamento e da sociedade civil no processo decisório e normativo das agências reguladoras brasileiras. 2015. 92 f. Dissertação (Mestrado Profissional) – Câmara dos Deputados, Centro de Formação, Treinamento e Aperfeiçoamento (Cefor), Brasília, 2015. Disponível em http://bd.camara.gov.br/bd/handle/bdcamara/25599#. Acesso em: 08 set. 2019. Nesse trabalho, o autor realiza um levantamento da participação nas audiências públicas, contabilizando a participação dominante dos agentes econômicos regulados sobre a sociedade civil, que responde por menos de 2% das contribuições nos casos estudados.

[156] Sobre o tema, v. MENDONÇA, José Vicente Santos de. *Direito Constitucional Econômico*: a intervenção do Estado na economia à luz da razão pública e do pragmatismo. 2. ed. Belo Horizonte: Fórum, 2018, p. 365.

[157] V.VERMEULE, Adrian. Local and global knowledge in the Administrative State. *Harvard Public Law Working Paper*, [s. l.], n. 13-01, nov. 2012. O autor descreve a captura epistêmica

A existência de uma oposição promove, ao contrário, uma pluralidade epistêmica.[158]

E, em terceiro lugar, o processo legislativo pode corrigir eventuais vieses de foco das agências. Explica-se: a especialização dos agentes técnicos favorece um conhecimento aprofundado, mas também restrito, com foco exclusivo no setor regulado. Em troca, desprestigia análises mais abrangentes, ainda que superficiais, que possam agregar elementos externos à decisão. A generalidade, por outro lado, é favorecida no ambiente político, justamente pela diversidade de perfis dos parlamentares e pela pluralidade de razões admitidas no debate.[159]

O que se busca realçar, portanto, é que os processos decisórios das agências e do Legislativo possuem natureza diversa, cada qual com seus gargalos por onde a racionalidade escorre, ao tempo em que também qualificam o debate de maneiras diferentes. Por isso, não é razoável hierarquizar, em abstrato, a deliberação de cada um desses fóruns em prol da criação de espaços de reserva.

Por fim, o próprio argumento da eficiência, que por vezes fundamenta a crítica da incapacidade do ponto de vista dogmático, também pode ser invocado para justificar o controle político sobre a atuação do regulador. É dizer: o papel ativo do Legislativo no processo de construção da política regulatória, ou a simples possibilidade, em potencial, da sua intervenção, serve como incentivo para a atuação rigorosa dos entes reguladores.[160]

---

da seguinte maneira: "the dominance of well-funded interests may result in a form of 'epistemic capture', in which agencies act with a marked bias in favor of industry and other regulated parties, not because of corrupt motivations, but because the information agencies receive is itself skewed". No Brasil, v. MENDONÇA, José Vicente Santos de. *Direito Constitucional Econômico*: a intervenção do Estado na economia à luz da razão pública e do pragmatismo. 2. ed. Belo Horizonte: Fórum, 2018, p. 364.

[158] Como observa Ana Paula de Barcellos "A despeito das críticas recorrentemente dirigidas ao Legislativo, a verdade é que as Casas Legislativas são concebidas para dar lugar ao dissenso, à crítica, à oposição, ao debate, tendo em conta, com a exceção do Senado, sua composição proporcional e a natural disputa política entre os diferentes partidos e parlamentares que as compõem. Além disso, a submissão dos projetos de lei às diferentes comissões internas que fazem parte do processo legislativo pode ensejar discussões mais específicas. Ou seja: em tese, a probabilidade de haver debate acerca de projetos de lei deliberados pelo Legislativo é maior do que no âmbito dos demais Poderes" (BARCELLOS, Ana Paula de. *Direitos fundamentais e direito à justificativa*. Belo Horizonte: Fórum, 2016, p. 83-84).

[159] MENDONÇA, José Vicente Santos de. *Direito Constitucional Econômico*: a intervenção do Estado na economia à luz da razão pública e do pragmatismo. 2. ed. Belo Horizonte: Fórum, 2018, p. 364-365.

[160] Marçal Justen Filho discute a questão, apontando acertadamente que há um balanço entre democracia e aptidão técnica. Em suas palavras: "A ausência de democracia gera tendência ao descompromisso com a eficiência, tanto quanto se poderia argumentar que o excesso

A crítica da incapacidade ignora essas nuances e naturaliza o modelo de regulação por agências, como se essa fosse a solução óbvia para um fenômeno global, de complexificação das relações sociais. Ignora-se o fato de que diferentes países adotam e adotaram múltiplos arranjos institucionais para executar suas atividades e não há motivos para imaginar que, com as agências reguladoras, tenhamos de alguma forma alcançado o "fim da história".

A mesma tendência de naturalização é notada por Mathew McCubbins, olhando para o contexto norte-americano, a qual o autor responde com a constatação de que a delegação de prerrogativas normativas a agências administrativas não é um fenômeno universal, tendo o Congresso americano optado por lidar diretamente com diversos problemas de natureza regulatória, quando conveniente.[161]

Perspectiva similar é desenvolvida pelo cientista político Morris Fiorina, para quem a criação de agências reguladoras é uma opção de política regulatória, entre outras possíveis, em especial como alternativa à regulação por meio de incentivos legais ao mercado,[162] definidos diretamente pelo legislador e que prescindem da atuação de órgãos de regulação.

A escolha corrente do primeiro modelo sobre o segundo, afirma Fiorina, poderia ser justificada a partir de duas vantagens principais. A primeira, de que a delegação de autoridade regulatória à burocracia administrativa seria preferível do ponto de vista do legislador, preocupado em fazer valer suas intenções políticas, à opção pelo *enforcement* de dispositivos legais pelo Judiciário. Em outras palavras, é mais fácil monitorar e controlar a atuação de órgãos administrativos do que as decisões de órgãos jurisdicionais. A interpretação legal descentralizada conduzida por agentes jurisdicionais levaria a inconsistências que podem ser minimizadas pela delegação a um agente regulador central.

A segunda vantagem seria a flexibilidade permitida pelo processo regulatório-administrativo sobre a opção pela adoção de incentivos

---

de democracia poderia impedir a adoção das decisões recomendáveis pelo conhecimento técnico científico". V. JUSTEN FILHO, Marçal. Agências reguladoras e democracia: existe um déficit democrático na "regulação independente"? *In*: ARAGÃO, Alexandre Santos de. (Coord.). *O poder normativo das agências reguladoras*. Rio de Janeiro: Forense, 2011, p. 243. O balanço desses valores será obtido por meio do processo de interação entre os atores institucionais envolvidos na elaboração da política regulatória, que exerce, sobre o seu objeto, um papel coordenativo. Sobre o ponto, v. tópico 2.3.2.

[161] MCCUBBINS, Mathew D. The Legislative Design of Regulatory Structure. *American Journal of Political Science*, [s. l.], v. 29, n. 4, p. 721-748, nov. 1985, p. 722.

[162] FIORINA, Morris P. Legislative Choice of Regulatory Forms: Legal Process or Administrative Process. *Public Choice*, [s. l.], v. 39, n. 1, p. 33-66, 1982.

regulatórios legais. Assim, "ao invés de editar uma lei inflexível e detalhada, o Congresso pode declarar sua intenção política em termos gerais, permitindo à agência sua adequação aos pressupostos sociais, econômicos e tecnológicos em constante transformação".[163]

Seja como for, se é certo que o argumento da complexificação tem sua razão de ser, do mesmo modo não parece suficiente para dar conta das diversas dinâmicas envolvidas na opção política pela adoção do modelo de regulação por agências. Como sugere Fiorina, "quando existem incentivos, os legisladores escolhem lidar com a complexidade e encontram tempo para fazê-lo".[164]

2.2.2.2 A crítica da irracionalidade

O terceiro grupo de argumentos contrários à atuação parlamentar em matéria de regulação afirma a incompatibilidade entre a lógica da política majoritária, que pauta o processo político, e a lógica econômica, que deveria prevalecer no ambiente regulado.[165] Essa incompatibilidade decorreria do fato de o legislador responder a incentivos de curto prazo, inconciliáveis com a racionalidade da regulação, afirmação que está no centro da teoria da escolha pública (*public choice*).

Em linhas gerais, a teoria da escolha pública propõe uma leitura de ações públicas e decisões de agentes institucionais, individuais ou coletivos, a partir da lente da racionalidade econômica, isto é, da premissa de que esses agentes agirão para promover e maximizar seus interesses. Superando uma visão altruísta e, de certo modo, ingênua da

---

[163] FIORINA, Morris P. Legislative Choice of Regulatory Forms: Legal Process or Administrative Process. *Public Choice*, [s. l.], v. 39, n. 1, p. 33-66, 1982, p. 44. O trecho entre aspas é uma tradução livre de "Rather than write an inflexible, detailed law, Congress can state its intent in general terms and allow the agency or commission to fine-tune the law to fit changing social, economic and technological conditions".

[164] Tradução livre de "Where politicians have the incentive, they manage to deal with complexity, and they find the time to do it" (FIORINA, Morris P. Legislative Choice of Regulatory Forms: Legal Process or Administrative Process. *Public Choice*, [s. l.], v. 39, n. 1, p. 33-66, 1982, p. 60-61).

[165] Esse conflito é bem retratado por Marçal Justen Filho, "a natureza do processo político-eleitoral subordina a produção das decisões governativas à sobrevivência política dos envolvidos. Determinadas decisões podem ser necessárias sob o ponto de vista técnico, mas insustentáveis em vista da rejeição popular. O risco da derrota eleitoral influencia a formulação das decisões regulatórias. Pode supor-se que a soberania popular impõe que a política regulatória reflita as aspirações populares, mas não é possível produzir regulação mediante a subordinação de todas as decisões a uma espécie de plebiscito permanente. Portanto, a regulação pode resultar num conjunto de decisões inadequadas e tecnicamente indefensáveis" (JUSTEN FILHO, Marçal. *O direito das agências reguladoras independentes*. São Paulo: Dialética, 2002, p. 359).

política, que pressupõe uma atuação voltada ao bem comum, a teoria da escolha pública prefere assumir que agentes políticos visam à sua própria reeleição, sendo este o móvel que influenciará suas ações.[166]

Como afirmam Paulo Correa *et al.*, o efeito pernicioso da interferência política no campo da regulação se dá diante do contraste entre os ganhos de curto prazo buscados por agentes políticos e o planejamento de longo prazo demandado por setores regulados, em especial os setores de infraestrutura.[167] Na formulação de Bruce Ackerman, "a burocracia não pode funcionar se suas decisões estiverem à venda a quem fizer a maior oferta".[168]

Por outro lado, a estabilidade dos mandatos dos dirigentes de agências reguladoras e a própria lógica da sua atuação (centrada na abertura do seu processo decisório ao público e no reforço da motivação dos seus atos) criam incentivos diversos daqueles que condicionam a atuação do legislador. Práticas que foram incorporadas ao regime jurídico das agências com o advento da Lei nº 13.848/19 reforçam o ponto, como o dever de elaborar análises de impacto regulatório e divulgar previamente uma agenda regulatória, com os temas que serão objeto de deliberação ao longo do ano.

Nesse contexto, a legitimidade da atuação do regulador passa pela transparência e motivação de suas deliberações, o que garante, em alguma medida, previsibilidade à sua atuação. A estabilidade da atuação

---

[166] A discussão é especialmente desenvolvida por Daniel A. Farber e Philip P. Frickey, que tratam a teoria da escolha pública como "the economic study of nonmarket decision-making, or simply the application of economics to political science" (FARBER, Daniel A.; FRICKEY, Philip P. *Law and Public Choice*: a critical introduction. Chicago: The University of Chicago Press, 1991).Vale destacar a crítica feita, dentre outros, por Amartya Sen, que descarta uma visão puramente individualista do comportamento humano, ao realçar o processo de formação de valores que subjaz às interações sociais, mas é negado pela ideia de que agentes individuais atuam como o *homo economicus* (SEN, Amartya. Rationality and social choice. *American Economic Review*, v. 85, n. 1, p. 1-24, mar. 1995). Vale notar, também, o contraponto de André Cyrino, que comenta que "A imagem pessimista da formação da vontade legislativa não significa que sempre seja assim. Há e – espera-se – sempre existirão políticos movidos por interesses justos e altruístas" (CYRINO, André. *Delegações legislativas, regulamentos e Administração Pública*. Belo Horizonte: Fórum, 2018, p. 168).

[167] CORREA, Paulo *et al.* Political interference and regulatory resilience in Brazil. *Regulation and Governance*, [s. l.], v. 13, n. 4, p. 540-560, 2019, p. 4.

[168] ACKERMAN, Bruce. The new separation of powers. *Harvard Law Review*, [s. l.], v. 113, n. 3, p. 633-729, jan. 2000, p. 691. O trecho é uma tradução livre de: "Bureaucracy cannot work if bureaucratic decisions are up for sale to the highest bidder". V. também Cyrino: "quanto mais os políticos intervenham na implementação das leis, menor será a imparcialidade de suas aplicação (a preocupação será a obtenção de votos) e maior será a ignorância sobre os seus efeitos sistêmicos" (CYRINO, André. *Direito constitucional regulatório*: elementos para uma interpretação institucionalmente adequada da Constituição econômica brasileira. 2. ed. Rio de Janeiro: Processo, 2018b, p. 238).

das agências também decorre do fato de que a legitimidade e o prestígio do órgão se confundem, em grande medida, com o de seus diretores e de seu corpo técnico, reforçando certo *esprit de corps* e a tendência a uma regulação incremental, sem grandes mudanças de curso.[169]

Em oposição, regimes democráticos são marcados por uma desejável alternância periódica das maiorias políticas, o que, por outro lado, dificulta a assunção de compromissos políticos de longo prazo. Como nota Giandomenico Majone, "sob a expectativa de alternância de poderes, políticos democratas têm poucos incentivos para desenvolver políticas cujo sucesso apenas virá depois da eleição seguinte".[170] De certo modo, a tese é intuitiva. Se agentes políticos, em geral, estão dispostos a sacrificar regras de boa governança regulatória em prol de ganhos de curto prazo, a intervenção congressual na política regulatória (ou o controle parlamentar da atuação das agências) tende a minar a estabilidade e segurança jurídica necessárias aos mercados regulados.[171] Ainda assim, a crítica da irracionalidade esbarra em algumas ressalvas.

---

[169] Como nota Bruce Ackerman, "Professional bureaucrats have a different time-horizon. They are interested in life-time service and recognize that they will be serving many different political masters over their careers. Therefore, they will suffer a long-term cost if they become overtly partisan and attach themselves passionately to the present cabinet's goals. At some indeterminate time in the future, the cabinet will lose an election, and the next bunch of reigning politicians will exact retribution on bureaucrats who have ostentatiously committed themselves to the ideology of the previous regime" (ACKERMAN, Bruce. The new separation of powers. *Harvard Law Review*, [s. l.], v. 113, n. 3, p. 633-729, jan. 2000). Constatação similar é feita por Marcelo Baird em análise específica sobre a ANS (BAIRD, Marcello Fragano. *Saúde em jogo*: atores e disputas de poder na Agência Nacional de Saúde Suplementar (ANS). Rio de Janeiro: Editora Fiocruz, 2020, p. 199). O autor comenta que a indicação de diretores de viés ideológico divergente do predominante na agência (que o autor chama de sanitarista, em oposição a um viés mais liberal) não alterou o curso regulatório da agência e sua diretoria vota, de forma consistente, por unanimidade de votos. Mariana Mota Prado nota que o fato de o órgão de cúpula das agências brasileiras ser sempre uma diretoria colegiada reforça sua independência frente a pressões políticas externas, já que se aumentam os custos para influenciar decisões tomadas por diversos atores e dispersam-se os custos dessa tomada de decisão (por vezes desfavorável aos interesses de grupos de pressão ou agentes políticos) por todos os envolvidos. V. PRADO, Mariana Mota. The Challenges and Risks of Creating Independent Regulatory Agencies: A Cautionary Tale from Brazil. *Vanderbilt Journal of Transnational Law*, [s. l.], v. 41, n. 2, p. 435-504, mar. 2008, p. 483. V. ainda, a discussão objeto do tópico 2.3.3, tratando da evolução incremental de políticas públicas pela teoria do equilíbrio pontuado.

[170] No original: "under the expectation of alternation, democratic politicians have few incentives to develop policies whose success, if at all, will come after the next election" (MAJONE, Giandomenico. Temporal Consistency and Policy Credibility: Why Democracies Need Non-Majoritarian Institutions. *European University Institute*, Working Paper RSC, n. 96/57, p. 1-14, 1996).

[171] MCCUBBINS, Mathew D.; SCHWARTZ, Thomas. Congressional Oversight Overlooked: Police Patrols versus Fire Alarms. *The American Journal of Political Science*, [s. l.], v. 28, n. 1, p. 165-179, 1984, p. 169. Os autores referem-se à formulação da crítica da irracionalidade da seguinte forma: "To serve the public interest, Congress has established regulatory and

A primeira é de que, tendo a arena regulatória uma dimensão eminentemente conflitual, interpretar movimentos de contestação legislativa como manifestação de uma intenção deliberada de infirmar a governança regulatória é dar a esses conflitos um sentido unívoco, que ignora sua complexidade.

Em alguns casos, a atuação legislativa sobre um setor regulado pode representar não uma contestação direta à autonomia da agência, mas uma disputa com outro agente institucional com influência sobre o regulador. A despeito da baixa credibilidade do Poder Legislativo (que faz com que seja visto como fonte de instabilidade),[172] intervenções externas no sistema regulatório também se originam frequentemente de outros atores institucionais. Essa percepção já é disseminada na literatura em relação ao Poder Executivo e ao Judiciário[173] e, mais recentemente, também ganham espaço os estudos sobre intervenções agressivas do Tribunal de Contas da União no mérito da política regulatória.[174] Nesses casos, a intervenção do legislador torna-se até mesmo bastante natural em um ambiente de separação de poderes, como um mecanismo de contrapeso à atuação do Executivo. No modelo brasileiro, que tende a privilegiar as prerrogativas do Executivo sobre as do Legislativo, este passa a ser um instrumento fundamental para evitar a captura da ação regulatória das agências.

A depender do contexto de cada caso, a intervenção legislativa também pode representar uma tentativa de desmobilizar vieses da

---

other executive-branch agencies based on expertise and divorced from politics. Because these agencies are designed to serve the public interest, whereas Congress is influenced by special-interest lobbies, oversight not only is unnecessary but might be regarded as political meddling in processes that ought to remain nonpolitical".

[172] Cecília Olivieri comenta que análises tradicionais sobre a formação do Estado brasileiro costumam reforçar a visão da política como domínio do clientelismo, o que, inclusive, explica em parte o baixo desenvolvimento teórico sobre os controles democráticos da burocracia. As soluções tradicionalmente apresentadas na literatura são em sentido oposto, de tirar a política da burocracia e insular a burocracia da política (OLIVIERI, Cecília. Os controles políticos sobre a burocracia. *Revista de Administração Pública*, Rio de Janeiro, v. 45, n. 5, p. 1395-1424, out. 2011, p. 1415).

[173] V., por exemplo, PEREIRA NETO, Caio Mario da Silva; LANCIERI, Filippo Maria; ADAMI, Mateus Piva. O diálogo institucional das agências reguladoras com os poderes Executivo, Legislativo e Judiciário: uma proposta de sistematização. *In*: SUNDFLED, Carlos Ari; ROSILHO, André (Orgs.). *Direito da regulação e políticas públicas*. São Paulo: Malheiros, 2014, p. 140-185.

[174] V., por exemplo, DUTRA, Pedro; REIS, Thiago. *O soberano da regulação*: o TCU e a infraestrutura. São Paulo: Singular, 2020.

agência,[175] resultado de captura[176] por parte de outros atores ou de seu próprio corpo técnico.[177]

Paulo Correa *et al.* apresentam a atuação do Poder Executivo na crise energética de 2001 como um exemplo de intervenção política na regulação com objetivo de equacionar problemas relevantes que não estavam recebendo um tratamento adequado pelas instâncias técnicas. Naquela ocasião, comentam os autores, o Poder Executivo nomeou um comitê que acabou esvaziando a competência da Aneel, em uma intervenção que efetivamente permitiu o alcance de uma solução à crise.[178]

Outro exemplo interessante, dessa vez de intervenção regulatória do Poder Legislativo, surgiu no curso da pandemia da Covid-19, envolvendo a comercialização de álcool líquido em concentração de 70%.

---

[175] Nesse sentido, afirmam Guerra e Salinas, "Os riscos já mencionados da outorga de poderes normativos aos órgãos reguladores estariam, assim, mitigados por outras estratégias à disposição dos agentes políticos. Uma delas seria uma atuação superveniente dos agentes políticos para editar leis que restringissem ou alterassem as competências normativas dos órgãos reguladores. Outra, mais drástica, corresponde à competência do Poder Legislativo para sustar atos normativos do poder executivo" (GUERRA, Sérgio; SALINAS, Natasha Schmitt Caccia. Controle político da atividade normativa das agências reguladoras no Brasil. *Revista de Direito Econômico e Socioambiental*, Curitiba, v. 9, n. 3, p. 402-430, set./dez. 2018, p. 411). Ao lado da possibilidade da edição superveniente de lei alterando aspectos estruturais das agências, referida pelos autores, acrescenta-se a edição de lei para alterar o próprio mérito da política regulatória.

[176] A teoria da captura regulatória define esse fenômeno como uma falha governamental, em que agências são capturadas pelos interesses econômicos que regulam, e não pelo interesse público. O trabalho que disseminou a teoria da captura regulatória é de George Stigler: "A central thesis of this paper is that, as a rule, regulation is acquired by the industry and is designed and operated primarily for its benefit" (STIGLER, George. The theory of economic regulation. *The Bell Journal of Economics and Management Science*, v. 2, n. 1, p. 3-21, 1971, p. 3).

[177] Cf. RIBEIRO, Leonardo Coelho. O direito administrativo como caixa de ferramentas e suas estratégias. *Revista de Direito Administrativo*, Rio de Janeiro, v. 272, p. 209-249, nov. 2016. O autor aborda como a escolha de ferramentas do direito administrativo pode ser influenciada pela ideologia dos agentes; por influência de grupos de interesse; pela maioria ocasional que elegeu seus representantes; e pelos interesses pessoais dos próprios agentes envolvidos ao longo do processo.

[178] "Nevertheless, not every attempt to make regulatory changes is undesirable or illegitimate. There are situations in which political interference can redress important problems that were not being addressed in the previous situation, such as when the regulation of electricity in Brazil was taken over by an Executive-appointed committee, sidelining the effective regulatory agency. Brazilians were surprised by a series of power blackouts and energy shortages in 2001, which led the Cardoso's administration to interfere in the energy regulatory sector by instituting nine months of compulsory energy rationing on household and businesses. The executive-appointed committee, which temporarily overruled the regulatory agency's authority (ANEEL), decided that consumers must cut consumption by 20 percent or face rolling blackouts and unscheduled power interruptions. This intervention effectively leads to a solution the crisis" (CORREA, Paulo *et al*. Political interference and regulatory resilience in Brazil. *Regulation and Governance*, [s. l.], v. 13, n. 4, p. 540-560, 2019, p. 7).

Por conta do grande número de acidentes envolvendo a substância, a Anvisa proibiu a sua comercialização em 2002.[179] A pandemia, contudo, trouxe a necessidade de constante higienização de espaços públicos e privados, com crescente demanda pela compra de álcool nesse fator de concentração. Com base nessa justificativa, foi apresentado na Câmara dos Deputados o Projeto de Decreto Legislativo nº 87/2020, com objetivo de sustar a resolução da Anvisa que vedava a comercialização do álcool líquido por um período de 90 dias. O projeto foi apresentado em 17.03.2020 e aprovado em plenário na mesma data, quando foi remetido ao Senado. Três dias depois, a própria Anvisa editou nova resolução tratando do tema, autorizando, de forma temporária, a fabricação e comercialização de álcool 70%.[180] Apesar de não ser possível estabelecer uma relação de causalidade direta entre a aprovação do veto legislativo e a adoção de providências similares pela Anvisa três dias depois, não parece exagerado supor que a iniciativa da Câmara dos Deputados possa ter provocado, ou ao menos reforçado, a decisão tomada pela agência reguladora, com um efeito de *feedback*.[181] Do mesmo modo, em um exercício hipotético, acaso a decisão não tivesse sido tomada pela Anvisa e o decreto fosse aprovado também no Senado, também não parece haver fundamento para defender que tal decisão macularia a racionalidade da política regulatória.

Se há incentivos para que agentes políticos atuem a favor da instabilidade regulatória, é preciso reconhecer que incentivos também podem existir para que ajam como fiadores do sistema, sobretudo porque a criação das agências decorre de uma escolha legislativa e, portanto, representa algum benefício àqueles que concorreram para essa decisão.

É verdade que os interesses do principal (nesse caso, dos políticos eleitos) tendem a variar no tempo, influenciados pela sucessão nas legislaturas e mudança conjunturais.[182] Em outras palavras, há uma

---

[179] Agência Nacional de Vigilância Sanitária, Resolução da Diretoria Colegiada nº 46/2002.

[180] Agência Nacional de Vigilância Sanitária, Resolução da Diretoria Colegiada nº 350/2020, art. 3º: "Fica permitida de forma temporária e emergencial, sem prévia autorização da Anvisa, a fabricação e comercialização das preparações antissépticas ou sanitizantes oficinais dispostas a seguir: álcool etílico 70% (p/p); [...]".

[181] V. tópico 3.3 sobre o tema.

[182] Cf. JORDÃO, Eduardo *et al*. A produção legislativa do Congresso Nacional sobre agências reguladoras. *Revista de Informação Legislativa*, v. 56, n. 222, p. 75-107, abr./jun. 2019. Há uma tendência de incremento de iniciativas legislativas sobre agências reguladoras em períodos pós-eleitorais e em situações de crise, períodos em que, tradicionalmente, as preferências políticas assumem contornos mais casuísticos e apaixonados. Nessas hipóteses, portanto,

tendência natural de enfraquecimento ou ressignificação de compromissos legislativos firmados por legislaturas anteriores.[183] Partindo das premissas da teoria do principal – agente, no entanto, pode-se supor que a atuação legislativa visando ao enfraquecimento sistemático das agências reguladoras tende a minar os mesmos interesses políticos que justificaram a sua criação e, assim, encontrar alguma resistência na arena política.

Assim, se é certo dizer que a heterogeneidade e a "cacofonia"[184] que marcam o processo de deliberação legislativa facilitam iniciativas visando infirmar parâmetros de governança regulatória, também é verdade que tais propostas só prosperam se ganharem aderência das maiorias parlamentares, quando é mais provável que enfrentem resistência daqueles que se proponham a apoiar, também por interesses políticos, o modelo de agências. A racionalidade regulatória é percebida como um valor a ser protegido quando, e na medida em que, se aproxima também da racionalidade política.

Essa dependência é ainda mais acentuada em regimes presidencialistas (em especial, no presidencialismo brasileiro, com alta fragmentação partidária), que favorecem a politização da burocracia em comparação com regimes parlamentares.[185] Como destaca Bruce Ackerman, agentes burocráticos atuando em regimes presidencialistas são mais dependentes de estratégias para maximizar o apoio do Executivo e do Legislativo à sua instituição. Nesses cenários, Ackerman argumenta que a prioridade do burocrata será articular uma missão política que possa angariar o apoio dos poderes em disputa, responsáveis por decisões legislativas e de financiamento.[186]

Essa é, com efeito, uma dinâmica que resiste à autonomia formal garantida por lei às agências, já que independência formal não se confunde com neutralidade. Natasha Salinas nota que a autonomia formalmente reconhecida em lei às agências "não as coloca

---

identifica-se maior intervenção legislativa na política regulatória, com o intuito de adaptá-la a novas contingências e interesses.

[183] Sobre o ponto, v. PRZEWORSKI, Adam. Sobre o desenho do Estado: uma perspectiva agent x principal. *In*: BRESSER-PEREIRA, Luiz Carlos; SPINK, Peter (Orgs.). *Reforma do Estado e Administração Pública gerencial*. 7. ed. Rio de Janeiro: FGV, 2003.

[184] CHAFETZ, Josh. *Congress's Constitution*: Legislative Authority and the Separation of Powers. New Haven: Yale University Press, 2017, p. 52.

[185] NAPOLITANO, Giulio. Conflicts in Administrative Law: struggles, games and negotiations between political, institutional and economic actors. *Jean Monnet Working Paper Series*. Nova Iorque, 2013, p. 7.

[186] ACKERMAN, Bruce. The new separation of powers. *Harvard Law Review*, [s. l.], v. 113, n. 3, p. 633-729, jan. 2000, p. 696.

necessariamente em posição contrária aos interesses dos agentes políticos", o que reforça a necessidade e conveniência do controle legislativo, mesmo em face de agências formalmente independentes.[187]

De forma mais específica, a literatura em ciência política traz evidências de que diferentes comportamentos político-estratégicos são adotados pelas agências como forma de angariar prestígio e executar sua missão institucional, a depender da forma como está organizado o setor regulado. A existência de um grupo dominante favorável aos objetivos da agência tende a gerar uma regulação do tipo clientelista, que concentra benefícios em um pequeno grupo e distribui custos a um grupo maior. Já em situações nas quais o grupo dominante é hostil à atuação da agência, esta tende a implementar uma regulação do tipo empreendedora, que consiste em buscar o apoio de grupos sociais ou políticos para promover sua missão institucional.[188] Em qualquer cenário, a atuação das agências refletirá as peculiaridades do setor regulado e será permeável às dinâmicas próprias dos conflitos de interesse estabelecidos nessa arena.

Essas constatações evidenciam diversos espaços em que a competência técnica do regulador poderá ser instrumentalizada em favor de interesses políticos, mesmo sem a atuação direta do legislador. A autonomia regulatória (conceito central para a ideia de racionalidade na regulação) é, portanto, resultado das interações institucionais e do jogo político.[189] Ou, tal como afirma Mariana Mota Prado, o grau de

---

[187] SALINAS, Natasha Schmitt Caccia. A intervenção do Congresso Nacional na autonomia das agências reguladoras. *REI – Revista Estudos Institucionais*, v. 5, n. 2, p. 586-614, 2019, p. 590. De acordo com a autora: "O fato de agências usufruírem de autonomia financeira, administrativa, patrimonial e decisória não as coloca necessariamente em posição contrária aos interesses dos agentes políticos. É possível identificar agências que, não obstante usufruam de independência formal, agem de forma alinhada com os interesses dos agentes políticos e de seus constituintes. Essas agências seriam independentes do ponto de vista formal, mas suas ações não seriam propriamente autônomas. Admite-se, portanto, a possibilidade de controle político das agências reguladoras mesmo quando essas são dotadas de autonomia institucional e independência decisória e vice-versa".

[188] PÓ, Marcos Vinicius; ABRUCIO, Fernando Luiz. Desenho e funcionamento dos mecanismos de controle e accountability das agências reguladoras brasileiras: semelhanças e diferenças. *Revista de Administração Pública*, Rio de Janeiro, v. 40, n. 4, p. 679-698, ago. 2006, p. 688.

[189] No mesmo sentido, Pereira Neto, Lancieri, e Adami, "Assim, é necessário compreender que as agências reguladoras estão inseridas em um ambiente político-institucional complexo, no qual as garantias legais devem ser analisadas como um componente na questão da autonomia, mas sempre considerando que a autonomia efetiva é fruto de interações dinâmicas com outros atores institucionais" (PEREIRA NETO, Caio Mario da Silva; LANCIERI, Filippo Maria; ADAMI, Mateus Piva. O diálogo institucional das agências reguladoras com os poderes Executivo, Legislativo e Judiciário: uma proposta de sistematização. *In*: SUNDFELD, Carlos Ari; ROSILHO, André (Orgs.). *Direito da regulação e políticas públicas*. São Paulo: Malheiros, 2014, p. 165).

independência de uma agência reguladora é determinado pela existência de garantias institucionais, pelo seu desenho e pela sua efetividade.[190]

Assim, a perspectiva da teoria da escolha pública, naturalmente, também se estende ao regulador e aos agentes do setor, pondo em dúvida a identificação entre o ambiente regulatório e uma racionalidade econômica objetiva.[191] A ideia de um agente regulador atuando em um espaço de neutralidade é tão factível quanto a do legislador a serviço do bem comum.

Uma segunda ressalva à crítica da irracionalidade diz respeito a um aparente paradoxo no desenvolvimento institucional do modelo de regulação por agências. É razoável acreditar em uma relação de retroalimentação entre o amadurecimento desse sistema e o incremento de ações de contestação por parte de outros atores institucionais. Explica-se: se problemas de agência surgem de uma situação de assimetria de informação e incerteza no processo de construção da política regulatória, o principal terá mais ferramentas para reagir e intervir na medida em que o processo deliberativo das agências se torne mais previsível. Quanto mais o modelo de agências reguladoras se consolida e se desenvolvem os instrumentos de participação e transparência na sua atuação, maior interesse suas decisões tenderão a suscitar.[192]

A despeito da percepção difusa quanto à crescente intervenção política na governança das agências, estudos indicam que o amadurecimento do modelo de agências trouxe também um incremento da

---

[190] PRADO, Mariana Mota. The Challenges and Risks of Creating Independent Regulatory Agencies: A Cautionary Tale from Brazil. *Vanderbilt Journal of Transnational Law*, [s. l.], v. 41, n. 2, p. 435-504, mar. 2008, p. 469.

[191] Como discute Sérgio Varella Bruna, "Da mesma forma que é necessário evitar a falsa concepção de que todo indivíduo e, em especial, os agentes públicos, procurariam, constantemente, promover o bem comum, há evidências empíricas em abundância de que essa racionalidade exclusivamente hedonista é tão equivocada nos dias atuais como já o era nos tempos de Adam Smith" (BRUNA, Sérgio Varella. *Agências reguladoras*: poder normativo, consulta pública, revisão judicial. São Paulo: Revista dos Tribunais, 2003, p. 42).

[192] Em sentido similar, v. Correa *et al.*: "[...] paradoxically, while politicization increased, there simultaneously took place a process of regulatory governance institutionalization. Meritocratic recruitment strengthened the junior echelons of the bureaucracy, oversight by public prosecutors improved, and media scrutiny became more robust" (CORREA, Paulo *et al.* Political interference and regulatory resilience in Brazil. *Regulation and Governance*, [s. l.], v. 13, n. 4, p. 540-560, 2019). V. também Sheila Jasanoff: "Public debate over the legitimacy of science policy decisions intensified as both the production and analysis of scientific knowledge were increasingly drawn into public view through governmentally sponsored research, administrative rulemaking, judicial review, and, frequently, media coverage of controversies" (JASANOFF, Sheila. *The fifth branch*: Science Advisers as Policymakers. Cambridge: Harvard University Press, 1998, p. 555).

resiliência dessas entidades.[193] Nessa linha, Paulo Correa *et al.* desenvolveram um índice para mensurar a governança regulatória no Brasil entre 2005 e 2016, a partir de indicadores sobre a autonomia, o processo decisório e a *accountability* das agências.

Apesar de esse ser um período de grande contestação política da atuação das agências, os achados da pesquisa apontam para uma estabilidade do índice de governança regulatória nesse período. Os autores sugerem, portanto, que antes de identificar reações políticas como uma evidência de descompromisso com o ambiente regulado, é preciso olhar para esses processos também como um sinal de aprendizagem institucional.[194]

A terceira e última ressalva diz respeito à própria definição do parâmetro de racionalidade que origina a crítica sobre a sua deturpação. Esse parâmetro, em geral, identifica a racionalidade regulatória como uma discussão técnica e objetiva, para a qual a política é um fator de desvirtuamento.[195]

Os pontos discutidos acima, contudo, sugerem que o sucesso da empreitada regulatória está intimamente relacionado à credibilidade

---

[193] De acordo com os autores: "The main result that emerged from the exercise of comparing the 2005 and the 2016 rounds of the RGI was that on average the quality of regulatory governance had not changed significantly, in spite of political interference. This result is consistent with the idea of resilience and preservation of bureaucratic political power" (CORREA, Paulo *et al.* Political interference and regulatory resilience in Brazil. *Regulation and Governance*, [s. l.], v. 13, n. 4, p. 540-560, 2019).

[194] "What this suggests is that when we see political and institutional conflicts and tension flare up in regulatory issues in Brazil, we should not immediately jump to the conclusion that governance is hopelessly out of control. Rather we should investigate in what ways the governance mechanisms reacted to the crisis and how well they managed the conflicts. While the events might be a sign of regulatory weakness, they can just as well signal a process of learning and maturing that is leading to a stronger and more effective regulatory state" (CORREA, Paulo *et al.* Political interference and regulatory resilience in Brazil. *Regulation and Governance*, [s. l.], v. 13, n. 4, p. 540-560, 2019).

[195] V. nesse sentido, Valter Shuenquener de Araújo aponta que "Todo o discurso doutrinário é apresentado neste sentido: melhor que a regulação seja feita por agências reguladoras, pois elas são dotadas de características que permitem sua autonomia necessária para a edição de normas técnicas imparciais. Elas podem originar uma regulação capaz de compor, por meio de uma discricionariedade técnica desinteressada politicamente, os mais distintos interesses atingidos pela regulação" (ARAÚJO, Valter Shuenquener de. Os quatro pilares para a preservação da imparcialidade técnica das agências reguladoras. *Revista Jurídica da Presidência*, Brasília v. 20, n. 120, p. 64-91, fev. 2017, p. 69). Também Picciotto "One response [ao dilema entre autonomia e accountability posto pela regulação] is to rely frankly on the authority of expertise and specialized knowledge. This has been justified on the grounds that the issues dealt with are non-political, since they do not affect income redistribution, but aim merely to achieve economic efficiency, an argument especially relevant to the European Union" (PICCIOTTO, Sol. Regulation: Managing the Antinomies of Economic Vice and Virtue. *Social and Legal Studies*, [s.l.], 26, n. 6, p. 676-99, 2017, p. 687).

das agências perante os agentes políticos, que, por seu turno, fornecem as bases materiais para o desenvolvimento de sua missão institucional. Assim, enquanto os fundamentos usados por agências reguladoras não penetrarem o debate público, não forem assimiláveis à luz da experiência concreta dos agentes afetados[196] e não forem suficientes para convencer os destinatários de suas políticas, será difícil imaginar um caminho não turbulento para agências reguladoras exercerem sua independência.

Trata-se, portanto, do que Sol Picciotto chamou de "passar de um conceito objetivo a um conceito democrático de racionalidade, baseado em uma interação deliberativa entre diferentes especialidades e perspectivas, com a percepção por parte de especialistas de que o seu conhecimento e os julgamentos que dele decorrem possuem natureza condicional ou contingente".[197]

Discussões regulatórias podem ser traduzidas em termos de conveniência, oportunidade, equidade, razoabilidade ou relevância pública: todos próprios do campo político. A concorrência, por exemplo, pode ser promovida com maior ou menor intensidade, ao lado de outros valores igualmente prestigiados pela Constituição e pela política pública. O modelo de exercício do poder de polícia regulatório pode ser mais ou menos rígido, seja em prol da liberdade dos consumidores, seja da atuação responsável dos agentes regulados. Além disso, normas de regulação terão consequências distributivas, opondo vencedores e perdedores em um conflito com reflexos políticos mais ou menos evidentes. O fator político não é, portanto, estranho à racionalidade regulatória, mas a constitui.

Nesse sentido, Mariana Mota Prado nota que conceder autonomia para agentes da burocracia estatal pode aumentar a proteção de investidores contra medidas políticas oportunistas, mas também limitar, por exemplo, a habilidade do Poder Público de tomar medidas de controle

---

[196] Afirma Sol Picciotto que a atribuição de um peso superior a cálculos e abstrações pode por vezes distanciar decisões tomadas por agentes reguladores da experiência dos agentes regulados (PICCIOTTO, Sol. Regulation: Managing the Antinomies of Economic Vice and Virtue. *Social and Legal Studies*, [s.l.], 26, n. 6, p. 676-99, 2017, p. 687).

[197] O trecho é uma tradução livre de "this debate requires a shift from an objectivist to a democratic concept of rationality, based on a deliberative interaction between different specialisms and perspectives, and awareness by specialists of the conditional or contingent nature of their expert knowledge and judgments" (PICCIOTTO, Sol. Regulation: Managing the Antinomies of Economic Vice and Virtue. *Social and Legal Studies*, [s.l.], 26, n. 6, p. 676-99, 2017, p. 688). Sobre o tema, v. também DRYZEK, John S. Democratizing Rationality. *Discursive Democracy*, [s. l.], p. 3-26, out. 2018.

da inflação, ou de proteger interesses legítimos de consumidores. Para a autora, seria necessário superar o que qualifica como uma "visão simplista" comum a processos de reforma institucional, substituindo-a por uma análise mais abrangente.[198] Até porque, como notam Pedro Abramovay e Gabriela Lotta, reformas institucionais gerencialistas não raro recorrem ao argumento da tecnocracia, favorecendo a perenidade de escolhas políticas vistas como neutras, mas que beneficiam e visam à manutenção de privilégios determinados.[199]

A constatação de que agentes políticos são pouco influenciáveis por discussões técnicas não permite, por si, descredibilizar a deliberação democrática como espaço legítimo de discussão sobre problemas de política regulatória.[200] Ainda que agentes políticos atuem para maximizar seus interesses eleitorais, como propõe a teoria da escolha pública, isso não deve servir para menosprezar a premissa democrática de que a política é o meio por excelência para negociação e concretização do interesse público.[201] Essa constatação ressalta a importância de se

---

[198] Nas palavras da autora: "A presunção de que toda interferência política na regulação de setores de infraestrutura será oportunista é o pressuposto básico por trás de todas essas reformas [no sentido do insulamento da burocracia estatal]. Esta visão simplista das reformas institucionais precisa ser substituída por uma análise mais abrangente em larga escala das opções institucionais que os países do terceiro mundo podem perseguir [em termos de reforma do Estado]" (PRADO, Mariana Mota. The Challenges and Risks of Creating Independent Regulatory Agencies: A Cautionary Tale from Brazil. *Vanderbilt Journal of Transnational Law*, [s. l.], v. 41, n. 2, p. 435-504, mar. 2008, p. 442).

[199] Nas próprias palavras dos autores: "a crença no gerencialismo ou na tecnocracia costuma encobrir relações de poder ao tratar como únicas soluções possíveis escolhas que são políticas e que muitas vezes não passam da manutenção de determinados grupos no poder". Assim, o insulamento burocrático poderia também ser descrito como "uma estratégia das elites de driblar a arena controlada pelos partidos, apartando determinadas áreas do governo que interessam a essas elites. Assim, a partir da suposta primazia da competência técnica (e de sua proteção de influências vindas da arena política), as elites garantiram um espaço dentro do Estado para satisfazer seus interesses" (ABRAMOVAY, Pedro; LOTTA, Gabriela. *A democracia equilibrista*: políticos e burocratas no Brasil. São Paulo: Companhia das Letras, 2022, p. 23).

[200] TOSTA, André Ribeiro. *Instituições e o Direito Público*. Rio de Janeiro: Lumen Juris, 2019, p. 119-120. No mesmo sentido, Cyrino "As falhas [do processo decisório legislativo] não devem conduzir ao afastamento, mas à melhora das instituições, que podem ser mais ou menos aptas a garantir um modelo de intervenção econômica sensata. Os possíveis riscos não são suficientes para se desacreditar nos processos, mas apontam para que se desenvolvam meios de neutralização ou minimização dos problemas" (CYRINO, André. *Direito constitucional regulatório*: elementos para uma interpretação institucionalmente adequada da Constituição econômica brasileira. 2. ed. Rio de Janeiro: Processo, 2018, p. 155).

[201] Como ressaltam novamente Abramovay e Gabriela Lotta, "há um limite na racionalidade técnica para resolver conflitos sociais, e, portanto, menos que uma exclusão recíproca, é necessária uma combinação de racionalidades e inteligências técnicas e políticas para decisões em ambientes democráticos" (ABRAMOVAY, Pedro; LOTTA, Gabriela. *A democracia equilibrista*: políticos e burocratas no Brasil. São Paulo: Companhia das Letras, 2022, p. 63).

discutir como essas instituições interagem na prática e quais são as premissas para calibrar essa interação.

2.3 Pressupostos para uma teoria do controle legislativo sobre o mérito das decisões das agências reguladoras

As ressalvas discutidas acima põem em perspectiva as objeções frequentemente suscitadas na literatura jurídica e na jurisprudência brasileiras ao controle do Legislativo sobre o mérito da atuação das agências reguladoras. Se essas ressalvas não permitem afastar, de todo, as críticas as quais elas fazem referência; indicam, por outro lado, a necessidade de alguns aprimoramentos na teoria jurídica da regulação estatal, que a torne mais adequada ao tratamento da interação entre agências e Poder Legislativo na construção da política regulatória.

Neste tópico são discutidos três desses aprimoramentos teóricos. O primeiro diz respeito ao estatuto epistêmico da regulação e ao espaço de juízos políticos e técnicos nas deliberações das agências reguladoras. O segundo trata do caráter dialógico do processo de construção da política regulatória, substituindo perspectivas que enxergam a regulação como a justaposição entre os valores definidos pelo Legislativo e executados tecnicamente pelas agências. O terceiro pressuposto discute o papel estratégico da distinção entre política e técnica na disputa institucional entre reguladores e parlamentares pelo poder de dar a última palavra.

2.3.1 O estatuto epistêmico da regulação entre a ciência e a política

No tópico anterior, ficou clara a existência de um debate em torno do estatuto epistêmico da regulação. Quanto de objetividade há no espaço de discricionariedade das agências? Qual a extensão do seu componente político?

A ideia, ainda reproduzida na literatura jurídica, de que o conhecimento científico se estrutura em torno da observação neutra da realidade é vista como ingênua e um tanto quanto simplória à luz de perspectivas desenvolvidas há décadas no campo da filosofia da ciência. Não obstante a extensão desse campo do conhecimento, cuja investigação ultrapassa os limites desta pesquisa, vale aqui discutir um dos principais marcos teóricos do movimento de contestação a uma visão tida como "purista"[202] do conhecimento científico, identificado com as ideias desenvolvidas por Thomas Kuhn na década de 1960.

Kuhn encara o estatuto epistemológico da ciência distanciando-se de ideias antes predominantes, desenvolvidas em especial por Karl Popper, que propunham que conclusões científicas decorrem de uma análise objetiva de fatores repetíveis, que as tornam falseáveis, o que emprestaria à ciência um valor de neutralidade e imparcialidade.[203]

Para Thomas Kuhn, a sociologia e a psicologia social desempenham papéis relevantes no processo de produção do conhecimento científico. O filósofo questiona a crença na racionalidade científica neutra, objetiva, repetível e falseável, ao propor que a criação do conhecimento científico não é plenamente explicada por razões lógicas e evidências empíricas, demandando também o entendimento de fatores psicossociais. Evidências científicas assumidas como corretas não seriam aquelas que melhor refletem o que pode ser constatado na realidade, mas aquelas que melhor se encaixassem no paradigma dominante em um determinado momento.

Kuhn atribui especial ênfase ao conceito de "comunidade científica", formada por pesquisadores que partilham um dado contexto sociopolítico, condições institucionais e uma mesma realidade econômica. A evolução da ciência passa a ser vista, portanto, a partir da associação entre os aspectos cognitivos (lógico-empíricos) e sociológicos, sem que um determine integralmente o outro.[204]

Esse marco teórico permite afirmar que falsear uma conclusão científica não é uma tarefa tão simples e mecânica como se supõe. A discussão acerca da falseabilidade ou não de uma proposição vez por outra descamba para uma disputa acerca da competência dos cientistas envolvidos,[205] que, por sua vez, "se aproxima de discussões sobre visões divergentes em questões não científicas da vida".[206] Isso não implica equiparar a ciência ao saber não científico e nem negar o valor do método científico, pois dados técnicos ainda poderão ser

---

[202] KUHN, Thomas S. *A Estrutura das Revoluções Científicas*. São Paulo: Perspectiva, 1998, posição 118.

[203] OLIVA, Alberto. *Filosofia da Ciência*. 3. ed. Rio de Janeiro: Zahar, 2003, posição 191.

[204] OLIVA, Alberto. *Filosofia da Ciência*. 3. ed. Rio de Janeiro: Zahar, 2003, p. 344.

[205] COLLINS, Harry, *et al*. *Experts and the Will of the People*: Society, Populism and Science. Cham: Palgrave Pivot, 2019, posição 1124-1128.

[206] O trecho entre aspas é uma tradução livre de "claims about replication and non-replication turn into arguments about the competence of the scientists involved and these will resemble judgements of competing views in non-scientific areas of life" (COLLINS, Harry, *et al*. *Experts and the Will of the People*: Society, Populism and Science. Cham: Palgrave Pivot, 2019, posição 1124-1128).

comparáveis em bases comuns e condições não puramente subjetivas, mas também não permite reduzir a ciência a uma função meramente descritiva e imparcial.

Tais contribuições são especialmente relevantes para o tema aqui tratado, pois jogam luz sobre o fato de que também o campo da ciência é marcado por disputas e conflitos que, ao fim e ao cabo, remetem de volta à política e à sua carga inerente de subjetividade.

De forma oposta à ideia de que a discricionariedade técnica revelaria ao gestor público a solução científica para os problemas da Administração, Kuhn reconhece "a insuficiência das diretrizes metodológicas para ditarem, por si só, uma única conclusão substantiva para várias espécies de questões científicas".[207] Do ponto de vista epistemológico, portanto, conclusões científicas não são imunes a considerações políticas nem traduzem percepções isentas de juízos valorativos.

Em comparação, o fenômeno político é essencialmente subjetivo, baseado, no nível individual, nas crenças e idiossincrasias pessoais e, no nível coletivo, na formação de identidades de grupo e na interação entre eles. Nesse sentido, portanto, a política é um fenômeno não racional. Tem a ver, antes, com emoções e experiências não compartilháveis ou comparáveis a partir de critérios objetivos.

A preocupação imediata da política não é a conformidade de uma proposição com a realidade, mas o julgamento acerca de uma determinada proposição como boa ou ruim.[208] O mecanismo democrático por excelência para a resolução de problemas políticos é o voto, ou seja, a agregação de preferências dos responsáveis pela tomada de decisão, sejam eleitores, parlamentares ou membros de órgãos colegiados administrativos. A afirmação parece trivial, mas revela uma diferença essencial entre problemas técnicos e políticos: em regra, a solução dos primeiros depende de análise de evidências e se altera conforme forem refutadas por novas pesquisas ou pela comunidade científica, enquanto a solução do problema político é eminentemente conjuntural: diz respeito às preferências manifestadas em um determinado

---

[207] KUHN, Thomas S. *A Estrutura das Revoluções Científicas*. São Paulo: Perspectiva, 1998, posição 678.

[208] V. KELSEN, Hans. Science and Politics. *The American Political Science Review*, [s. l.], v.45, n. 3, p. 641-661, set. 1951, p. 641: "Scientific statements are judgments about reality; by definition they are objective and independent of wishes and fears of the judging subject because they are verifiable by experience. They are true or false. Value judgments, however, are subjective in character because they are based, in the last analysis, on the personality of the judging subject in general, and on the emotional element of his consciousness in particular".

momento pelos tomadores de decisão. Consensos políticos, portanto, tendem a se basear em elementos menos estáveis e ser mais frágeis do que consensos científicos.

As democracias liberais contemporâneas, contudo, não se contentam simplesmente com a agregação de preferências. Os padrões normativos e os arranjos institucionais que subjazem a tomada de decisão na esfera pública preveem espaços e oportunidades para que os atores políticos se informem sobre as questões em discussão e debatam os pontos controversos na tentativa de formar algum consenso. As referências mais evidentes são a previsão de um período de campanha prévia às eleições, em que se espera que candidatos exponham suas ideias e que o eleitor se informe sobre os temas em jogo, além dos espaços de debate parlamentar que antecedem a votação de projetos de lei em órgãos legislativos.

Do ponto de vista da teoria da deliberação, costuma-se relacionar a qualidade do debate público a algum nível de aderência entre o que se discute e a realidade dos fatos. Daí, por exemplo, Hannah Arendt afirmar que a "verdade factual" é a própria "textura do domínio político".[209] Sob a matriz teórica das democracias liberais, a política é vista como um espaço de deliberação que, por sua vez, depende em alguma medida da apreensão adequada das evidências da realidade.

Do ponto de vista descritivo, no entanto, a abordagem racionalista de matriz liberal tem limites claros. Em contraposição ao modelo liberal, teóricos como Chantal Mouffe veem na política essencialmente um espaço de poder, conflito e antagonismo. Tal concepção ecoa certa concepção weberiana do fenômeno político, descrito como o "conjunto de esforços feitos com vistas a participar do poder ou a influenciar a divisão do poder".[210] Nessa perspectiva, qualificar uma questão como "política" significaria dizer que sua discussão e deslinde passa pela divisão, conversão ou transferência do poder.

Chantal Mouffe propõe uma abordagem diversa daquela adotada por teóricos liberais, que realça a dimensão conflitual da política e defende a irrelevância de consenso argumentativo para a descrição da sua prática. Mouffe vai afirmar que o consenso democrático se baseia não no exercício da razão, como quer a teoria liberal, mas em *atos de exclusão*.[211]

---

[209] ARENDT, Hannah. Verdade e Política. *The New Yorker*, 1967.

[210] WEBER, Max. *Ciência e política* – Duas vocações. São Paulo: Cultrix, 2011, p. 52.

[211] MOUFFE, Chantal. *Sobre o político*. São Paulo: WMF Martins Fontes, 2015, posição 412.

Partindo da premissa de que o convencimento é menos determinante do que se supõe em teoria, perde força a descrição da atividade política como uma prática deliberativa voltada à solução de problemas práticos. Como afirma Chantal Mouffe, "questões políticas não são simplesmente problemas técnicos que devem ser resolvidos por especialistas",[212] refutando certa "ilusão tecnocrática"[213] em torno da deliberação pública voltada à solução de problemas de interesse geral.

A despeito da verossimilhança das abordagens de caráter mais realista acerca do funcionamento político da democracia liberal, parece certo assumir que a ordem jurídica dispõe de instrumentos para evitar que a prática política seja completamente indiferente às evidências e à realidade dos fatos, exigindo-se algum grau de racionalidade em relação à deliberação normativa parlamentar. As exigências de que decisões estatais sejam proporcionais e possam ser reconduzidas a critérios de razão pública[214] são alguns desses parâmetros.

Afinal, parâmetros de racionalidade da ação estatal são um dos traços que distinguem regimes democráticos de formas autoritárias de governo. Assim como a imprensa livre, o trabalho de especialistas, pesquisadores e da comunidade científica funciona como um mecanismo de constrangimento ao arbítrio estatal em democracias pluralistas e consensuais.[215] O conhecimento científico limita a capacidade de líderes políticos alçarem sua interpretação idiossincrática dos fatos à condição de verdade, funcionando como um elemento de *accountability*, como o lastro empírico da tomada de decisão pelo Estado.

Nesse contexto, questiona-se: entre a ciência que vê frustrada uma pretensão de absoluta neutralidade e uma prática política da qual se exige algum nível de adesão à realidade dos fatos, onde se situa a regulação estatal? Uma resposta a esse questionamento é proposta

---

[212] MOUFFE, Chantal. *Sobre o político*. São Paulo: WMF Martins Fontes, 2015, posição 380.

[213] KLÜGER, Elisa. A contraposição das noções de técnica e política nos discursos de uma elite burocrática. *Revista de Sociologia e Política*, [s.l.], v. 23, n. 55, p. 75-96, set. 2015, p. 12.

[214] RAWLS, John. *O liberalismo político*. São Paulo: Ática, 2000, p. 247. Exigir razões públicas, contudo, não é o mesmo que exigir objetividade ou neutralidade. A ação pública obedece a um programa político, que resulta da vontade da maioria. Não é possível pensar em uma defesa do "interesse público" como algo alheio a essa disputa política, à revelia dos interesses de grupos organizados. A exigência de que a ação política seja baseada em evidências, contudo, é o contrapeso que garante que as escolhas políticas não estejam simplesmente alicerçadas em interesses particulares do grupo no poder.

[215] COLLINS, Harry, *et al. Experts and the Will of the People*: Society, Populism and Science. Cham: Palgrave Pivot, 2019, posição 129; JACKSON, Vicki. Knowledge Institutions in Constitutional Democracies: of Objectivity and Decentralization. *Harvard Law Review Blog*, 29 ago. 2019. Disponível em: https://blog.harvardlawreview.org/knowledge-institutions-in-constitutional-democracies-of-objectivity-and-decentralization/. Acesso em: 10 set. 2019.

por Sheila Jasanoff, ao referir-se ao conceito de "ciência regulatória" para descrever um domínio específico do conhecimento científico, em que a técnica é a matéria de decisões estatais, que também trazem, em si mesmas, julgamentos de valor sobre como o Estado deve atuar em determinado setor ou sobre como regular atividades privadas.[216]

A ciência regulatória, para Sheila Jasanoff, é composta de três funções preponderantes: a *produção* de conhecimento, a *síntese* do conhecimento e uma atividade de *predição*, pela qual o regulador, a partir do conhecimento disponível, precisa determinar quão sério ou relevante é o risco criado por determinado produto, por exemplo.[217] Sob essa perspectiva, a tomada de decisão em matéria regulatória sempre lidará com cargas políticas e técnicas em potencial conflito, em maior ou menor grau.[218] Essas cargas podem ser mais ou menos realçadas, a depender das circunstâncias da deliberação e do ambiente que a condiciona.

A "falácia da teoria da solução única"[219] parte da premissa de que os problemas submetidos às agências são problemas lineares, ou seja, de implicações e soluções previsíveis, que podem ser deduzidas logicamente. Ocorre que, no mais das vezes, as controvérsias que se põem na esfera pública são, antes, fenômenos complexos, envolvem diversos agentes e elementos que se inter-relacionam de formas variáveis em função de contextos específicos.

Não é possível, nesse caso, atribuir relações causais entre normas e suas consequências, pois problemas ou objetos complexos apenas podem ser descritos por juízos de correlação. Há, portanto, um espaço indissociável de incerteza que, para ser preenchido, demanda um julgamento discricionário, de base eminentemente subjetiva.[220] Nessa situação, reduzir a incerteza não implica diminuir o potencial de conflito. O conhecimento científico não fornece caminhos objetivos sobre

---

[216] JASANOFF, Sheila. *The fifth branch*: Science Advisers as Policymakers. Cambridge: Harvard University Press, 1998.

[217] JASANOFF, Sheila. *The fifth branch*: Science Advisers as Policymakers. Cambridge: Harvard University Press, 1998, posição 1031.

[218] Como notam Gustavo Binenbojm e André Rodrigues Cyrino, "não há matérias inteiramente assépticas à política em seus aspectos técnicos, nem tampouco escolhas totalmente políticas que prescindam de alguma consideração técnica" (BINENBOJM, Gustavo; CYRINO, André Rodrigues. Entre política e expertise: a repartição de competências entre o governo e a Anatel na Lei Geral de Telecomunicações. *Revista de Direito do Estado*, n. 15, p. 151-173, 2009, p. 167).

[219] A referência ao termo consta em MASTRODI, Josué; COSTA, Lucas Rocha Mello Emboaba da. A discricionariedade técnica e o controle político das agências reguladoras no Brasil. *A&C – Revista de Direito Administrativo & Constitucional*, v. 15, n. 62, p. 165-191, 2015.

[220] JASANOFF, Sheila. *The fifth branch*: Science Advisers as Policymakers. Cambridge: Harvard University Press, 1998, p. 168.

como tomar essas decisões, mas pode contribuir com evidências ou modelos que permitem fazer previsões informadas. O espaço de subjetividade inerente a esse tipo de análise, que não se limita à descrição ou compilação de dados e informações, coincide com o espaço de discricionariedade administrativa existente em instituições regulatórias.

Outra forma de se pensar o fenômeno regulatório é proposta, em termos mais abrangentes, por Eduardo Jordão, quando afirma que o direito administrativo é um fenômeno de três dimensões: legal, gerencial e política.[221] Em sua dimensão legal, o direito administrativo preocupa-se em regular as relações entre os cidadãos e o Poder Público, com intuito de resguardar direitos fundamentais. A dimensão gerencial ocupa-se de definir a estrutura do Poder Público de modo a favorecer o exercício eficiente da função administrativa. A dimensão política, por fim, volta-se a perquirir os critérios de legitimidade das opções postas perante autoridades públicas. O direito administrativo, nessa dimensão, busca resguardar a aderência do exercício da função administrativa aos anseios dos cidadãos através, por exemplo, de regras de participação e transparência nos processos decisórios.

De acordo com Eduardo Jordão, promover uma dentre essas três dimensões pode tanto gerar um reforço mútuo (*mutual reinforcement*), quanto um prejuízo à realização das demais (*clashing dimensions*).[222] E, de fato, como sinaliza Paulo Otero, conciliar a dimensão política, representada na atuação do Poder Legislativo, e a dimensão gerencial, concretizada pela atuação das estruturas tecno-burocráticas, é um dos conflitos mais representativos do direito administrativo contemporâneo.[223]

---

[221] V. JORDÃO, Eduardo. The three dimensions of administrative law. *A&C – Revista de Direito Administrativo & Constitucional*, n. 75, 2019.

[222] Cf. JORDÃO, Eduardo. The three dimensions of administrative law. *A&C – Revista de Direito Administrativo & Constitucional*, n. 75, 2019, p. 8: "The three dimensions presented above are not separate realities. They converse with each other, and this may produce either a mutual reinforcement or the weakening of one dimension to the benefit of the other. In short, the attention to one dimension can bolster or undermine another".

[223] Cf. OTERO, Paulo. *Legalidade e Administração Pública*: o sentido da vinculação administrativa à juridicidade. Lisboa: Almedina, 2003, p. 297: "Há aqui, em resultando de tudo, dois movimentos contraditórios no desenvolvimento do Direito Administrativo que, provocando uma inquietante dúvida sobre a determinação do centro efectivo de decisão, projectam uma interrogação dilemática na construção da legalidade administrativa: como conciliar a legitimidade política da decisão, a qual confere protagonismo decisório aos órgão democraticamente representativos da colectividade, com as acrescidas exigências de qualificação técnica e eficiência na satisfação das necessidades colectivas a cargo da moderna Administração Pública, sabendo-se que estas apontam para a centralidade decisória das estruturas tecno-burocráticas?".

A construção da política regulatória, portanto, é atividade estatal que, seja no domínio parlamentar, seja no âmbito das entidades reguladoras, decorre de uma escolha, com cargas inerentes de subjetividade[224] e valoração das metas e instrumentos extraíveis do "bloco de legalidade",[225] a partir dos incentivos próprios de cada ambiente institucional. Nesses termos, não é possível traçar linhas distintivas claras e aprioristicas entre os espaços de decisão acerca de "valores básicos" daqueles em que deve prevalecer a técnica e a neutralidade. A fronteira entre ciência e política não é predeterminada, mas resultado do processo de construção da regulação e é esse contexto institucional e cultural que diferencia a ciência regulatória de outros domínios do conhecimento técnico-científico e da prática política.

2.3.2 O caráter dialógico do processo de construção da política regulatória

Na concepção weberiana, a relação entre agentes políticos e burocracia estatal segue uma lógica linear, a partir de uma cadeia de transmissão de legitimidade democrática do agente eleito para a burocracia especializada. O papel do direito administrativo seria fornecer as bases para a estabilidade e previsibilidade desse processo: um regime unificado, informado por princípios gerais e regras de competência bem definidas.[226]

Para o modelo de regulação por agências, essa lógica se reflete na concepção de um procedimento sequencial e unívoco, que se inicia

---

[224] Como destaca Marçal Justen Filho, ao rejeitar a ideia de uma discricionariedade técnica, descolada da discricionariedade administrativa: "ainda quando se trata de decisões acerca de questões técnicas, haverá um componente político na decisão. O conhecimento técnico poderá funcionar como instrumento de delimitação das alternativas disponíveis, mas dificilmente eliminará a pluralidade de alternativas. Haverá uma margem de escolhas, a qual propiciará um juízo de conveniência e oportunidade por parte da autoridade encarregada de promover a aplicação da norma geral". V. JUSTEN FILHO, Marçal. *O direito das agências reguladoras independentes*. São Paulo: Dialética, 2002, p. 528.

[225] "[…] vigoraria atualmente uma noção de legalidade ampliada, não ligando a Administração somente à lei formal, mas sim a todo um bloco de legalidade, integrado pela Constituição e pelas demais normas e valores constantes do Ordenamento Jurídico" (SCHIRATO, Victor Rhein. Algumas considerações atuais sobre o sentido de legalidade na Administração Pública. *In*: ARAGÃO, Alexandre Santos de (Org.). *O poder normativo das agências reguladoras*. Rio de Janeiro: Forense, 2011, p. 510).

[226] NAPOLITANO, Giulio. Conflicts in Administrative Law: struggles, games and negotiations between political, institutional and economic actors. *Jean Monnet Working Paper Series*. Nova Iorque, 2013, p. 5.

em um ato legislativo de delegação de competências ao ente regulador, que "esgota"[227] a decisão congressual.[228] A partir daí, os temas objeto de delegação passariam a ser normatizados pelos entes delegatários. Trata-se, portanto, de uma concepção cujo efeito é negar um espaço legítimo de sobreposição de competência.[229]

No contexto de implementação de agências reguladoras no Brasil, essa lógica fazia sentido, ao pressupor uma participação legislativa pontual,[230] restrita à aprovação da lei de criação das agências, de iniciativa do Poder Executivo.[231] A segregação entre a função legislativa

---

[227] "A intervenção do Poder Legislativo se esgota, em regra, no ato formal de delegação, que, por natureza, é posto 'a priori'" (FERRAZ, Anna Cândida da Cunha. *Conflito entre poderes*: o poder congressual de sustar atos normativos do Poder Executivo. São Paulo: Revista dos Tribunais, 1994, p. 108).

[228] Essa posição é endossada por Floriano de Azevedo Marques Neto, "Parece-nos absolutamente relevante que a atividade do órgão regulador seja protegida das vicissitudes do poder político. Bem é verdade que será no âmbito governamental (envolvendo Executivo e Legislativo) que serão definidas as pautas, as balizas, da atividade regulatória: as leis que suportam os instrumentos regulatórios e as macro-políticas para o setor. Porém, definidos estes marcos, devem as Agências desenvolver sua atividade com um grau elevado de independência em face do poder político, sob pena de se converterem em meras longa manus do núcleo estratégico estatal" (MARQUES NETO, Floriano de Azevedo. *Agências reguladoras*: instrumentos do fortalecimento do estado. Porto Alegre: Associação Brasileira de Agências de Regulação – ABAR, 2004, p. 31).

[229] "No elaborar a lei esgota o Poder Legislativo, em regra, suas atribuições; a partir daí começam as do Executivo. [...] Na prática, ou se tem invasão do Poder Legislativo nas funções do Executivo, ou se tem forte redução das competências próprias de um dos ramos do Poder" (FERRAZ, Anna Cândida da Cunha. *Conflito entre poderes*: o poder congressual de sustar atos normativos do Poder Executivo. São Paulo: Revista dos Tribunais, 1994, p. 87-88).

[230] Essa é uma particularidade do modelo brasileiro, que o diferencia de maneira relevante do modelo americano. Sobre o ponto, v. BINENBOJM, Gustavo. Agências reguladoras independentes e democracia no Brasil. *Revista Direito Administrativo*, Rio de Janeiro, v. 240, p. 147-165, 2005.

[231] Também nesse sentido, v. ARAUJO, Luiz Eduardo Diniz. O controle das agências reguladoras pelo Poder Legislativo. *Revista de Informação Legislativa*, [s. l.], v. 55, n. 217, p. 203-221, jan./mar. 2018, p. 207: "[...] contrariamente à intensa participação do Poder Legislativo norte-americano no longo processo de desenvolvimento e amadurecimento das agências reguladoras e da própria regulação, o Poder Legislativo brasileiro teve atuação apenas nos procedimentos tendentes à aprovação das leis de criação das agências reguladoras". Em oposição a essa ideia, Regina Silvia Pacheco, ao tratar do processo de criação da Aneel, comenta o relevante papel desempenhado pelo Congresso Nacional na definição do desenho institucional da agência. De acordo com a autora, o projeto de lei de criação da Aneel, enviado pelo Executivo ao Congresso em 1995, previa a criação de uma autarquia convencional. Assim: "Coube ao Congresso a iniciativa de questionamento do modelo tradicional e a busca de modelos alternativos, a partir da experiência internacional". Citando Paulo César Lima de Farias, afirma que "nesse caso [da Aneel], o Congresso Nacional assumiu uma posição de vanguarda, forçando o Executivo a avançar em alguns pontos e incorporando ideias que não estavam colocadas no projeto original" (PACHECO, Regina Silvia. Regulação no Brasil: desenho das agências e formas de controle. *Revista de Administração Pública*, Rio de Janeiro, v. 40, n. 4, p. 523-543, jul./ago. 2006, p. 528).

e a função regulatória estava, portanto, na gênese do modelo: a atuação parlamentar sobre a política regulatória terminaria assim que aprovada a lei de criação da agência reguladora, que passaria a atuar de forma autônoma.[232] Diogo de Figueiredo Moreira Neto sintetiza esse raciocínio quando afirma que o próprio racional da introdução das agências reguladoras no Direito Público contemporâneo seria "subtrair as decisões cujo fundamento deva obedecer a regras técnico-científicas, de competência direta dos centros de decisão político-administrativa, que se pautam por juízos de oportunidade e conveniência".[233]

A primeira quebra desse paradigma se dá com o reconhecimento de uma administração pública multipolar, em oposição ao modelo piramidal weberiano, substituindo uma visão estruturalista por uma concepção funcional das entidades estatais, que tem por foco as obrigações e finalidades da ação pública.[234] A ideia de uma administração multipolar joga luz sobre a dimensão conflitual e negocial das relações estatais, promovendo um redimensionamento do papel do direito administrativo ao realçar sua função instrumental. Giulio Napolitano traduz essa ideia quando afirma que "uma parte significa do direito administrativo está à disposição de diferentes atores políticos, institucionais e econômicos. Cada um deles atua como um agente racional, tentando maximizar seu bem-estar por meio do manuseio do direito administrativo".[235]

---

[232] Nesse sentido, comentam Caio Mario da Silva Pereira Neto, Filippo Maria Lancieri, e Mateus Piva Adami, "Um ponto fundamental para sedimentar o avanço em direção à 'Administração Gerencial' era a garantia de autonomia decisória e financeira, bem como capacidade normativa aos novos órgãos reguladores. Apenas assim seria possível estabelecer uma segregação efetiva entre a definição das políticas públicas, a regulação cotidiana (em síntese, normatização e fiscalização de atividades) e a atuação empresarial propriamente dita" (PEREIRA NETO, Caio Mario da Silva; LANCIERI, Filippo Maria; ADAMI, Mateus Piva. O diálogo institucional das agências reguladoras com os poderes Executivo, Legislativo e Judiciário: uma proposta de sistematização. *In*: SUNDFLED, Carlos Ari; ROSILHO, André (Orgs.). *Direito da regulação e políticas públicas*. São Paulo: Malheiros, 2014, p. 145).

[233] MOREIRA NETO, Diogo de Figueiredo. Natureza jurídica, competência normativa, limites de atuação. *Revista de Direito Administrativo*, [S. l.], v. 215, p. 71-83, 1999, p. 81.

[234] A propósito, v. BINENBOJM, Gustavo. *Uma teoria do direito administrativo*: direitos fundamentais, democracia e constitucionalização. Rio de Janeiro: Renovar, 2014 e MARQUES NETO, Floriano de Azevedo. A bipolaridade do direito administrativo e sua superação. *In*: SUNDFLED, Carlos Ari; JURKSAITIS, Guilherme Jardim (Orgs.). *Contratos Públicos e Direito Administrativo*. São Paulo: Malheiros, 2015. Também CASSESE, Sabino. New paths for administrative law: A manifesto. *International Journal of Constitutional Law*, [s. l.], v. 10, n. 3, p. 603-613, jul. 2012. Comparando o direito constitucional ao administrativo, o autor afirma que, enquanto aquele é ainda organizado em torno de um marco central, o direito administrativo perdeu seu centro e se tornou fragmentado e multipolar.

[235] O trecho é uma tradução livre de "But a significant part of administrative law is at disposal and in the hands of different political, institutional and economic actors. Each of them

Na arena regulatória, se é verdade que o direito da regulação já incorporou essa dimensão conflitual e multipolar em relação ao exercício executivo da função regulatória, em temas como o fomento à consensualidade, a substituição de sanções punitivas por acordos integrativos e a criação de sanções premiais,[236] também é verdade que há pouco desenvolvimento dessa perspectiva teórica no que tange ao processo de definição da escolha regulatória, ou, em outras palavras, dos elementos constitutivos da política regulatória, seus meios, suas métricas, seus objetivos.

Nesse sentido, Julia Black[237] defende que a regulação é, em grande parte, um processo comunicativo e que a interação entre os agentes participantes desse processo desempenha, em relação à regulação, três papéis: constitutivo, funcional e coordenativo. *Constitutivo* porque essas interações não apenas refletem, mas constroem os sentidos e entendimentos que moldam a regulação estatal. Mais do que um veículo, a política regulatória e sua efetividade são resultado direto dessa interação.[238] *Funcional* porque essas interações são voltadas à concretização de objetivos específicos, dentre os quais a persuasão dos atores e do público. E *coordenativa* porque é por intermédio dessa interação discursiva que são formadas expectativas entre os agentes envolvidos.[239]

Partindo dessa premissa, a autora defende que a compreensão da regulação, para além da análise de suas normas escritas,[240] também depende da análise discursiva da atuação dos agentes reguladores e

---

acts as a rational agent, trying to maximize its welfare through the manipulation of administrative law" (NAPOLITANO, Giulio. Conflicts in Administrative Law: struggles, games and negotiations between political, institutional and economic actors. *Jean Monnet Working Paper Series*. Nova Iorque, 2013, p. 6).

[236] A propósito, v. BINENBOJM, Gustavo. *Poder de polícia, ordenação, regulação*: transformações político-jurídicas, econômicas e institucionais do direito administrativo ordenador. Belo Horizonte: Fórum, 2016.

[237] BLACK, Julia. Regulatory conversations. *Journal of Law and Society*, Malden, v. 29, n. 1, p. 163-196, mar. 2002.

[238] Jasanoff argumenta, no mesmo sentido, que "scientific advisory proceedings – no less than administrative proceedings of a nontechnical kind – are most effective in building consensus and guiding policy when they foster negotiation and compromise" (JASANOFF, Sheila. *The fifth branch*: Science Advisers as Policymakers. Cambridge: Harvard University Press, 1998, posição 2937).

[239] BLACK, Julia. Regulatory conversations. *Journal of Law and Society*, Malden, v. 29, n. 1, p. 163-196, mar. 2002, p. 165.

[240] Julia Black argumenta que uma análise restrita às normas regulatórias será insuficiente, dado que normas escritas estão limitadas tanto temporalmente ("they speak from the past or present but purport to govern the future") quanto estruturalmente ("they are linguistic structures which require interpretation") (BLACK, Julia. Regulatory conversations. *Journal of Law and Society*, Malden, v. 29, n. 1, p. 163-196, mar. 2002, p. 172).

regulados, ou, em suas palavras, do estudo dos "diálogos regulatórios" (*regulatory conversations*), ou seja, "a comunicação que ocorre entre reguladores, regulados e outros envolvidos no processo regulatório, acerca do funcionamento do sistema".[241]

Errol Meidinger, em análise complementar, ressalta o papel da "cultura regulatória", moldada no âmbito da comunidade composta pelos atores públicos e privados envolvidos no processo de construção da regulação, a partir de fontes como a cultura geral de uma sociedade, sua estrutura social e o arcabouço legal existente.[242] As interações discursivas no âmbito da "comunidade regulatória" ocorreriam, em suas palavras, de acordo com a seguinte lógica:

> [...] os membros das comunidades regulatórias têm relações contínuas entre si. Nessas relações, perseguem seus próprios, muitas vezes inconsistentes, interesses, e disputam para definir uma visão compartilhada do bem coletivo. Como vivem partes significativas de suas vidas um com o outro, os membros da comunidade frequentemente influenciam um ao outro, agem com referência um ao outro e desejam o respeito um do outro. Portanto, além de serem arenas para a consecução de interesses preexistentes, as comunidades regulatórias parecem ter a capacidade de ser "constitutivas" – ou seja, de serem fóruns nos quais o comportamento individual e coletivo apropriado (e os interesses) são definidos e refinados.[243]

---

[241] BLACK, Julia. Regulatory conversations. *Journal of Law and Society*, Malden, v. 29, n. 1, p. 163-196, mar. 2002, p. 171. A alusão a uma interação dialógica não deve ser entendida como referência a uma relação construída sobre bases consensuais. Como nota Felipe Derbli, "[...] a relação entre os Poderes, conquanto seja denominada dialógica, não é construída em bases consensuais. Ao revés, as interações entre órgãos políticos máximos do Estado se dá em tons adversariais e de forma estratégica [...]" (DERBLI, Felipe. Interações estratégicas entre os poderes no controle de constitucionalidade: aplicações da teoria dos jogos nos diálogos constitucionais. *In*: BRANDÃO, Rodrigo; BAPTISTA, Patrícia (Orgs.). *Direito Público*. Rio de Janeiro: Freitas Bastos, 2015. p. 178). No presente estudo, a referência a uma interação dialógica não quer denotar uma interação "pacífica", mas reforçar a relevância do seu componente discursivo e o uso estratégico de categorias linguísticas. No sentido atribuído por Paulo Todescan Lessa Mattos, discurso alude a uma argumentação com vistas à persuasão e à reprodução de padrões ideológicos. V. MATTOS, Paulo Todescan Lessa. Autonomia decisória, discricionariedade administrativa e legitimidade da função reguladora do Estado no debate jurídico brasileiro. *In*: ARAGÃO, Alexandre Santos de (Org.). *O poder normativo das agências reguladoras*. Rio de Janeiro: Forense, 2011. p. 254.

[242] MEIDINGER, Errol. Regulatory culture: a theoretical outline. *Law and Policy*, [s. l.], v. 9, n. 4, p. 355-386, 1987, p. 365.

[243] Tradução livre de "[...] members of regulatory communities have ongoing relationships with each other. In those relationships, they both pursue their own, often inconsistent interests and struggle to define a shared vision of the collective good. Because they live significant parts of their lives with each other, members of the community frequently influence each other, act with reference to each other, and desire each other's respect.

Essa perspectiva interacional substitui a ideia de um processo unívoco, promovendo a percepção de uma competição com múltiplas rodadas e sentidos, entre diversos agentes institucionais e econômicos, que buscam influenciar o processo de construção da regulação de modo que o seu resultado seja o mais próximo possível de suas preferências. Nesse jogo, a ação política dos poderes eleitos é também um elemento determinante das normas editadas pelas agências. Como notam Calvert, Mccubbins e Weingast "[a] escolha burocrática está inserida em um jogo no qual o poder de nomeação do executivo e do legislativo, juntamente com a ameaça de sanções, proporciona uma influência política potencialmente decisiva".[244]

Pereira Neto, Lancieri e Adami também reforçam uma perspectiva discursiva sobre os estudos brasileiros acerca da regulação estatal, defendendo a necessidade de se passar de uma abordagem institucional estática ("na qual as discussões giram em torno de mecanismos de garantia de autonomia e de alocação de competência"), para uma abordagem institucional dinâmica. Isso porque, em suas palavras, "os órgãos reguladores devem ser vistos como um dos polos de atuação dentro de um ambiente mais complexo, no qual o espaço regulatório é moldado pela interação entre os diversos atores institucionais e *stakeholders*".[245]

A premissa de que a regulação é construída por meio das interações entre os atores institucionais envolvidos permite infirmar tanto a ideia de que o ato de delegação esgota a atuação parlamentar, quanto a suposição de que não haveria interseções entre os espaços de atuação dos diferentes atores institucionais, que permitisse uma concorrência legítima na tomada de decisão. Pensar o processo de construção da política regulatória é, portanto, vislumbrar a existência de camadas legítimas e superpostas de deliberação e de centros de decisão,

---

Therefore, as well as being arenas for the pursuit of preexistent interests, regulatory communities appear to have the capacity to be 'constitutive' – that is, to be forums in which appropriate individual and collective behavior (and interests) are defined and refined" (MEIDINGER, Errol. Regulatory culture: a theoretical outline. *Law and Policy*, [s. l.], v. 9, n. 4, p. 355-386, 1987, p. 365).

[244] Tradução livre de: "Bureaucratic choice is embedded in a game in which the appointment power of the executive and legislature, together with the threat of sanctions, provides a potentially decisive influence over policy" (CALVERT, Randall L.; MCCUBBINS, Mathew D.; WEINGAST, Barry R. A Theory of Political Control and Agency Discretion. *American Journal of Political Science*, [s. l.], v. 33, n. 3, p. 588-611, ago. 1989, p. 589).

[245] PEREIRA NETO, Caio Mario da Silva; LANCIERI, Filippo Maria; ADAMI, Mateus Piva. O diálogo institucional das agências reguladoras com os poderes Executivo, Legislativo e Judiciário: uma proposta de sistematização. *In*: SUNDFLED, Carlos Ari; ROSILHO, André (Orgs.). *Direito da regulação e políticas públicas*. São Paulo: Malheiros, 2014, p. 150.

os quais se alternam em um processo dinâmico de diálogo e disputa institucional, que gera sucessivas rodadas de adaptação, correção ou imposição de novos rumos.

2.3.3 O uso estratégico da distinção entre técnica e política

Afirmou-se acima que a "ciência regulatória" é composta por cargas imanentes de juízos técnicos e políticos, que se tornam mais ou menos salientes a depender do contexto em que a questão seja discutida. Também, que a política regulatória é formada através da interação dinâmica de diferentes atores institucionais e econômicos, que irão adotar comportamentos estratégicos para que o resultado desse processo esteja o mais próximo possível de suas preferências.[246]

Sob tais circunstância, é mais evidente que o uso da dicotomia entre técnica e política para qualificar debates em torno de questões regulatórias assume uma função estratégica na disputa política em torno da prerrogativa de dar a última palavra.

A constatação ganha densidade a partir de aportes da teoria de políticas públicas sobre o modo como agendas governamentais são formuladas e alteradas. Uma das teorias que ajudam a explicar o uso estratégico da técnica e da política como qualificadores do debate regulatório é a teoria do equilíbrio pontuado, desenvolvida por Baumgartner e Jones.[247] A teoria do equilíbrio pontuado realça o tempo como elemento relevante do processo de construção de políticas públicas, corroborando sua dinamicidade. Seu objetivo é descrever o modo como processos políticos alternam momentos de estabilidade com outros de rápida mudança a partir de dois fatores determinantes: a definição do problema e a formulação de agenda.[248]

---

[246] V., sobre o ponto, "Regulation is a process, not a one-shot disbursement of benefits and costs, and diverse political actors must calculate their anticipated returns as that process unfolds in an uncertain future. Everyone may calculate carefully and conscientiously, but the dice may simply come up wrong for some" (FIORINA, Morris P. Legislative Choice of Regulatory Forms: Legal Process or Administrative Process. *Public Choice*, [s. l.], v. 39, n. 1, p. 33-66, 1982, p. 39).

[247] BAUMGARTNER, Frank R.; JONES, Bryan D. Punctuated equilibrium theory: explaining stability and change in American policymaking. *In*: SABATIER, Paul A. (Orgs.). *Theories of the policy process*. Oxford: Westview Press, 1999, p. 1-57.

[248] BAUMGARTNER, Frank R.; JONES, Bryan D. Punctuated equilibrium theory: explaining stability and change in American policymaking. *In*: SABATIER, Paul A. (Orgs.). *Theories of the policy process*. Oxford: Westview Press, 1999, p. 59.

Como explica Ana Cláudia Capella, o modelo do equilíbrio pontuado parte da existência de relações de agência entre o governo e a burocracia, as quais originam subsistemas políticos em que são discutidas as matérias objeto da delegação. Enquanto o governo ocupa-se de questões proeminentes do debate público (macrossistema), outras discussões permanecem restritas a subsistemas formados por comunidades de especialistas.[249]

Sob essa perspectiva teórica, o objetivo de todo grupo político é estabelecer um monopólio (*policy monopoly*), em que prevalecem interesses relativamente homogêneos, compartilhados pelos participantes do processo decisório em um subsistema. Isso depende, naturalmente, da existência de uma estrutura institucional que restrinja e delimite, tanto formal como substancialmente, a deliberação.

Para a teoria do equilíbrio pontuado, a chave para explicar o modo pelo qual períodos de estabilidade e construção política incremental são interrompidos por mudanças abruptas está na forma como uma questão de política pública é definida, ou, no conceito cunhado pelos autores, na *policy image*, ou a "imagem da política", em uma tradução livre. Quer-se, com o conceito, referir ao modo como uma política é entendida e comunicada, seja a partir de informações empíricas, seja por apelos emocionais (*tone*).[250]

Quando uma política é retratada de um modo amplamente aceito e disseminado, o monopólio em torno de sua discussão se mantém.[251] Cria-se, assim, uma situação de equilíbrio incremental, marcada por uma imagem compartilhada da política pública, cuja disseminação fica restrita aos limites de um subsistema (digamos, o âmbito de influência de determinada agência reguladora).

Pelos seus contornos institucionais, o espaço das agências reguladoras configura um subsistema atuando em situação de equilíbrio incremental (ou seja, de relativa estabilidade e evolução incremental da política regulatória), favorecendo a criação de um monopólio de

---

[249] CAPELLA, Ana Cláudia N. Perspectivas teóricas sobre o processo de formulação de políticas públicas. *BIB – Revista Brasileira de Informação Bibliográfica em Ciências Sociais*, São Paulo, n. 61, p. 25-52, 2006, p. 40.

[250] CAPELLA, Ana Cláudia N. Perspectivas teóricas sobre o processo de formulação de políticas públicas. *BIB – Revista Brasileira de Informação Bibliográfica em Ciências Sociais*, São Paulo, n. 61, p. 25-52, 2006, p. 41.

[251] CAPELLA, Ana Cláudia N. Perspectivas teóricas sobre o processo de formulação de políticas públicas. *BIB – Revista Brasileira de Informação Bibliográfica em Ciências Sociais*, São Paulo, n. 61, p. 25-52, 2006, p. 41.

política pública e a definição de uma imagem compartilhada acerca da missão institucional e das competências atribuídas à agência.[252] Esse nível de estabilidade pode ser pontuado por momentos de inflexão, ou de mudanças abruptas, quando determinadas discussões extrapolam o ambiente regulatório para o macrossistema político.

A redefinição de problemas de política pública pode quebrar monopólios políticos, alargando a discussão para além das fronteiras do subsistema em que estava restrita, atraindo novos atores, que passam a se sentir autorizados a participar do debate e definir a melhor solução para o problema posto. Nesse caso, uma questão antes retratada como eminentemente técnica pode ser posta em debate em termos substancialmente políticos. Assim, por mais que um determinado processo decisório em torno de uma política pública esteja associado a um lócus institucional específico, a redefinição da sua *policy image* pode alterar o foro em que a decisão será tomada (*policy venue*).[253]

A redefinição da imagem de um problema de política pública e a sua extrapolação do subsistema de uma agência reguladora para o macrossistema político está associada a três tipos de fatores, que podem alterar a percepção do público e dos atores políticos sobre um problema de política pública.

O primeiro é a disponibilidade de indicadores ou dados empíricos acerca de uma determinada política pública (custos orçamentários, valor de tarifas, índice de inflação ou desemprego etc.). A divulgação de

---

[252] Como nota Capella, "nos subsistemas, prevalecem mudanças lentas, graduais e incrementais, configurando uma situação de equilíbrio, reforçada pela constituição de um monopólio de políticas, uma imagem compartilha e feedback negativo (questões que não se difundem para além dos limites deste subsistema). As decisões, em muitos subsistemas, são dominadas por um número pequeno de participantes que compartilham um entendimento comum sobre uma questão, criam monopólios, limitando o acesso de novos atores e restringindo o surgimento de novas ideias. Subsistemas são caracterizados pela estabilidade, e propostas de mudanças são desencorajadas pelo feedback negativo – pouco ganho dos atores políticos em relação aos investimentos –, resultando em equilíbrio e mudança incremental" (CAPELLA, Ana Cláudia N. Perspectivas teóricas sobre o processo de formulação de políticas públicas. *BIB – Revista Brasileira de Informação Bibliográfica em Ciências Sociais*, São Paulo, n. 61, p. 25-52, 2006, p. 42).

[253] "As the issue is redefined, or as new dimensions of the debate become more salient, new actors feel qualified to exert their authority whereas previously they stayed away. These new actors may insist on rewriting the rules and on changing the balance of power, which will be reinforced by new institutional structures as previously dominant agencies and institutions are forced to share their power with groups or agencies that gain new legitimacy" (BAUMGARTNER, Frank R.; JONES, Bryan D. Punctuated equilibrium theory: explaining stability and change in American policymaking. *In*: SABATIER, Paul A. (Orgs.). *Theories of the policy process*. Oxford: Westview Press, 1999, p. 159).

indicadores pode fazer com que a percepção sobre aspectos negativos de determinada controvérsia alcance novos atores, que antes não percebiam o problema e não estavam envolvidos na tomada de decisão. O segundo fator são os eventos focais (*focusing events*), como as crises, que concentram a atenção pública sobre uma determinada questão que era antes despercebida. O terceiro fator está associado a mecanismos de *feedback*, associados ao monitoramento de ações governamentais por agentes institucionais (na aferição do cumprimento de metas, por exemplo) ou pela sociedade civil (por meio da apresentação de reclamações ou da judicialização de uma controvérsia, por exemplo).[254]

Como notam Calvert, Mccubbins e Weingast, a medida da discricionariedade atribuída à atuação da agência reguladora (ou, em outros termos, o potencial de criação de um "monopólio político") é inversamente proporcional à relevância das questões ali discutidas para os atores políticos.[255]

Nessas circunstâncias, a oposição entre técnica e política diz respeito mais a uma disputa de território e menos à referência a domínios dissociados, que deveriam se prestar a tarefas distintas.[256] Nessa disputa, agentes técnicos buscam realçar a importância de sua especialização para a definição de determinada questão, que pode ser deturpada acaso submetida ao crivo político e, assim, torna-se menos suscetível à contestação. Como nota Elisa Klüger, "a desvalorização do político em contraposição ao técnico [ser] convergente com o senso comum *é um trunfo poderoso de neutralização da ação política dos técnicos*".[257]

---

[254] CAPELLA, Ana Cláudia N. Perspectivas teóricas sobre o processo de formulação de políticas públicas. *BIB – Revista Brasileira de Informação Bibliográfica em Ciências Sociais*, São Paulo, n. 61, p. 25-52, 2006, p. 27.

[255] "[…] all else equal, the more important a policy area to politicians, the lower the amount of agency discretion. This follows because in those areas in which they care the most, politicians will expend greater effort and resources in reducing the uncertainty that affords bureaucrats the opportunity for discretion" (CALVERT, Randall L.; MCCUBBINS, Mathew D.; WEINGAST, Barry R. A Theory of Political Control and Agency Discretion. *American Journal of Political Science*, [s. l.], v. 33, n. 3, p. 588-611, ago. 1989, p. 590).

[256] KLÜGER, Elisa. A contraposição das noções de técnica e política nos discursos de uma elite burocrática. *Revista de Sociologia e Política*, [s.l.], v. 23, n. 55, p. 75-96, set. 2015, p. 6.

[257] A autora prossegue: "A crença na racionalidade da ciência, da técnica e das formas de gestão modernas acabaria por proteger as escolhas apresentadas como técnicas da crítica, impedindo que os fundamentos da ciência e da técnica e as finalidades que movem a ação dos técnicos fossem julgadas em suas dimensões políticas, ou seja, em sua irracionalidade" (KLÜGER, Elisa. A contraposição das noções de técnica e política nos discursos de uma elite burocrática. *Revista de Sociologia e Política*, [s.l.], v. 23, n. 55, p. 75-96, set. 2015, p. 12).

De outro lado, agentes políticos valem-se de suas credenciais democráticas e da sua proximidade com o eleitorado como ferramenta estratégica para defender a prerrogativa de dar a última palavra. O fato de a deliberação de uma agência reguladora tornar-se objeto de debate legislativo permite presumir a existência de elevada carga política da matéria em discussão. O raciocínio é propositalmente tautológico: uma questão torna-se política quando passa a constituir objeto da deliberação parlamentar.[258]

Assim, se, em grande medida, o dia a dia da regulação não atrairá o interesse dos políticos instalados no Congresso Nacional,

---

[258] Há, aqui, uma aproximação com o *big deal principle*, referido por José Vicente Santos de Mendonça como o critério empregado no debate norte-americano para analisar a legitimidade da produção normativa legislativa sobre matérias delegadas às agências reguladoras. Segundo José Vicente Santos de Mendonça, trata-se da definição empregada pelo *justice O'Connor em FDA v. Williamson Tobacco Corp* (U.S. 120 [2000]), encampada pela maioria da Suprema Corte, de que não se pode presumir que assuntos importantes, de grande significado político ou econômico, tenham sido delegados pelo Congresso às agências, excluindo a possibilidade de o Legislativo vir a normatizá-los posteriormente. Neste caso, a construção do *big deal principle* foi apresentada como uma exceção à regra da deferência, formulada em *Chevron U.S.A., Inc. v. Natural Resources Defense Council, Inc.* (467 U.S. 837 [1984]). V. MENDONÇA, José Vicente Santos de. *Direito Constitucional Econômico*: a intervenção do Estado na economia à luz da razão pública e do pragmatismo. 2. ed. Belo Horizonte: Editora Fórum, 2018, p. 363. Recentemente, o tema voltou ao debate norte-ameriano com a decisão proferida pela Suprema Corte no caso *West Virginia v. EPA* (597 U.S. ___ [2022]), que tratava da interpretação do Clean Air Act e das prerrogativas da Environmental Protection Agency americana de regular a emissão de gases estufa relacionados ao aquecimento global. Com base na chamada *"major questions doctrine"*, a Corte entendeu que a lei não confere explicitamente à agência a autoridade de regular o tema e, sendo este um tema de alta sensibilidade política, a agência seria incompetente para tratar do assunto. A *"major questions doctrine"* exigiria, justamente, que o Congresso fosse explícito em casos excepcionais de delegação legislativa. Comentaristas afirmaram que a decisão ataca o centro do Estado regulador americano, desenvolvido e aprofundado pelo próprio Congresso, com o aval da Corte, nos últimos 200 anos. Nesse caso particular, a Corte teria inviabilizado a tomada de ações relevantes pela EPA para combater o aquecimento global. É interessante notar que, após a decisão, o Congresso aprovou o *Inflation Reduction Act* de 2022 que, entre outros pontos, concede à EPA prerrogativas explícitas para regular a emissão de gases estufa, o que permitiria à agência contornar a decisão judicial. Sobre o caso, v. o comentário do professor Blake Emerson em: EMERSON, Blake. The Real Target of the Supreme Court's EPA Decision. *SLATE*. 30 jun. 2022. Disponível em: https://slate.com/news-and-politics/2022/06/west-virginia-environmental-protection-agency-climate-change-clean-air.html. Acesso em: 9 out. 2022. É interessante notar que, no Brasil, a existência da competência sustatória congressual poderia funcionar como um poderoso argumento em favor das normas editadas pelas agências, ainda que com base em delegações legislativas vagas. É dizer, a possibilidade de veto e o não exercício dessa prerrogativa poderiam ser interpretados como uma sinalização de que a regulação editada, ao fim e ao cabo, harmoniza-se com a intenção legislativa, privilegiando a perspectiva dinâmica sobre a afirmação de zonas de reserva, como se tem defendido neste livro.

a definição de escolhas regulatórias poderá, eventualmente, tratar de temas com grande repercussão social, nos quais estarão em jogo interesses públicos e privados relevantes. É natural, portanto, que o Congresso, como instância de representação de múltiplos interesses, reivindique autoridade normativa nessas hipóteses, caso a condução da política regulatória por determinada agência distancie-se das preferências políticas.

CAPÍTULO 3

AVOCAÇÃO LEGISLATIVA DA ESCOLHA REGULATÓRIA COMO MECANISMO DE CONTROLE POLÍTICO DAS AGÊNCIAS REGULADORAS

3.1 Justificativa: tipologia do controle congressual sobre as agências reguladoras

Como antecipado acima, a partir da perspectiva da teoria de agência, o Poder Legislativo, como principal, dispõe de instrumentos de controle político *ex ante* e *ex post* para assegurar que a atuação do agente ocorra de acordo com seus interesses. A premissa é que haverá um *trade off* inescapável entre delegação e responsabilização. Quanto maior o grau de insulamento burocrático, menor tende a ser o espaço para o controle político. Quanto maior o controle político, menor o espaço de autonomia do agente, e menores tendem a ser os benefícios decorrentes da delegação.[259]

A literatura apresenta alguns tipos ideais do controle político sobre a burocracia estatal, que permitem uma análise comparativa do funcionamento desses mecanismos entre diferentes contextos institucionais.[260]

---

[259] Cf. Thatcher e Sweet: "[...] the benefits of delegation decline the more the principal limits the agent's discretion, the trick is to delegate just the amount of power to enable agents to achieve desired outcomes with minimal agency loss" (THATCHER, Mark; SWEET, Alec Stone. Theory and Practice of Delegation to Non-majoritarian Institutions. *In*: THATCHER, Mark; SWEET, Alec S. (Ed.). *The Politics of Delegation*. Londres: Frank Cass, 2002, p. 4).

[260] Em levantamento empírico sobre instrumentos previstos em 83 países para o exercício da supervisão congressual, Pelizzo e Stapenhurst identificam, por exemplo, uma correlação

O controle político *ex ante*, por vezes denominado de controle estrutural ou estatutário (*statutory control*),[261] ocorre quando o Poder Legislativo edita a norma geral estabelecendo o desenho institucional da agência, em seu aspecto administrativo, financeiro e funcional, o seu processo decisório, e as diretrizes originais da política regulatória – em maior ou menor detalhamento.[262]

O controle político por meio da normatização do processo deliberativo das agências busca moldar a atuação do regulador no plano estrutural,[263] limitando sua margem de atuação por meio de restrições procedimentais.[264] Por meio do desenho do processo administrativo das agências, o legislador pode criar um ambiente decisório que mimetize o contexto político em que determinada política pública foi gestada, privilegiando os interesses preponderantes que foram internalizados na escolha legislativa.

Regras que exigem, por exemplo, que os agentes do setor sejam previamente ouvidos, ou que a agência quantifique os impactos ambientais de uma proposta de regulação, criam incentivos para que os resultados da deliberação sejam aderentes a uma determinada pauta de valores, em benefício de determinados grupos de interesse, ainda que parlamentares não tenham clareza sobre qual resultado concreto

---

entre o número de instrumentos de supervisão congressual e variáveis como a forma de governo, nível de desenvolvimento econômico e maturidade democrática de cada país. De acordo com a pesquisa, países parlamentaristas tendem a prever mais instrumentos de supervisão congressual do que países presidencialistas, assim como países com maior nível de renda per capta e maior grau de maturidade democrática (PELIZZO, Riccardo; STAPENHURST, Rick. Tools for legislative oversight: an empirical investigation. *Quaderni di Scienza Politica*, [s. l.], v. 11, n. 1, p. 175-188, set. 2004).

[261] Em pesquisa empírica sobre a produção legislativa do Congresso Nacional sobre agências reguladoras, Jordão *et al.* dão destaque às iniciativas que buscaram ampliar o controle político sobre as agências, divididas em iniciativas de controle interno e externo. Os temas ali tratados confundem-se com o que, neste estudo, denomina-se controle estatutário (JORDÃO, Eduardo *et al.* A produção legislativa do Congresso Nacional sobre agências reguladoras. *Revista de Informação Legislativa*, v. 56, n. 222, p. 75-107, abr./jun. 2019).

[262] Sérgio Guerra e Natasha Salinas classificam como *material* o controle prévio do Congresso sobre a atividade das agências, quando se edita lei tratando de aspectos do mérito da regulação, e como procedimental, quando se edita lei sobre o processo de produção normativa das agências. V. GUERRA, Sérgio; SALINAS, Natasha Schmitt Caccia. Controle político da atividade normativa das agências reguladoras no Brasil. *Revista de Direito Econômico e Socioambiental*, Curitiba, v. 9, n. 3, p. 402-430, set./dez. 2018, p. 414.

[263] BAWN, Kathleen. Choosing strategies to control the bureaucracy: Statutory constraints, oversight, and the committee system. *Journal of Law, Economics, and Organization*, [s. l.], v. 13, n. 1, p. 101-126, abr. 1997, p. 102.

[264] Nesse sentido, v. MCCUBBINS, Mathew D., NOLL, Roger G.; WEINGAST, Barry R. Administrative procedures as instruments of political control. *The Journal of Law, Economics, and Organization*, v. 3, n. 2, p. 243-277, out. 1987, p. 243.

lhes é mais vantajoso.[265] [266] A vantagem desse mecanismo procedimental indireto sobre mecanismos de supervisão direta, que atuam no mérito da política regulatória, está no seu custo reduzido para agentes políticos, que não precisam despender tempo para avaliar, por si mesmos, a atuação de agentes delegatários de atribuições legais.

O controle *ex post*, a seu turno, está relacionado a mecanismos de supervisão congressual (*oversight*), também referidos como mecanismos *operacionais*. Estes pressupõem o monitoramento da atividade dos agentes pelo Poder Legislativo para identificar pontos de inconsistência entre as decisões tomadas pela agência e a vontade política majoritária. O monitoramento é combinado com instrumentos de recompensa e sanção com objetivo de criar os incentivos adequados para que a atuação do agente favoreça os interesses do principal. Exemplo desse tipo de mecanismo é o trabalho exercido por comissões legislativas temáticas, bem como iniciativas legislativas que buscam alterar normas sobre funcionamento e fontes de custeio de agências reguladoras.

Mathew McCubbins e Thomas Schwartz classificam instrumentos de controle *ex post* em função do modo como funcionam. Nessa proposta, haveria mecanismos do tipo "patrulha de polícia" (*police patrol*) e de

---

[265] V. MCCUBBINS, Mathew D., NOLL, Roger G.; WEINGAST, Barry R. Administrative procedures as instruments of political control. *The Journal of Law, Economics, and Organization*, v. 3, n. 2, p. 243-277, out. 1987, p. 244. Os autores dão alguns exemplos de mecanismos de controle político do tipo procedimental instituídos para satisfazer determinados grupos de interesse, dentre os quais as regras do *National Environmental Policy Act* (NEPA) de 1969, que favoreciam grupos de ambientalistas que se tornavam mais organizados e relevantes politicamente à época, mas cujos interesses não eram bem representados perante as diversas agências executivas americanas. O NEPA passou a exigir que todas as agências federais apresentassem declarações de impacto ambiental acerca de suas propostas, o que fez com que as agências tivessem que passar a mensurar custos ambientais, inaugurando um novo canal para participação de grupos ambientalistas.

[266] A literatura afirma que a incerteza quanto a preferências de política regulatória é uma das razões pelas quais legisladores editam instrumentos de delegação genéricos e vagos em prol de agências reguladoras, criando uma espécie de "loteria" quanto ao resultado da política pública dela decorrente. Nesse caso, como indica Jerry Mashaw, "who gains and who loses among these contending interests will then be determined by administrative action". V. MASHAW, Jerry L. Prodelegation: Why administrators should make political decisions. *Journal of Law, Economics, and Organization*, [s.l.], v. 1, n. 1, p. 81-100, mar. 1985, p. 85. A ideia de loteria tem aplicação limitada, contudo, quando se pensa a edição do instrumento legal de delegação de poderes a agências reguladoras em conjunto com outros instrumentos de controle político de sua atuação, como o processo de indicação e aprovação de seus diretores. É dizer: ainda que a lei trace apenas objetivos vagos, reconhecendo formalmente um amplo espaço de discricionariedade à agência, parece certo dizer que há outros instrumentos de supervisão que limitam as possibilidades dessa loteria, condicionando previamente a tomada de decisão em determinado sentido. A ideia de loteria, portanto, parece mais adequada a um contexto em que o ente regulador desempenha sua função com alto grau de independência efetiva, o que não se verifica no caso brasileiro.

"alarme de incêndio" (*fire alarm*).[267] A classificação é relevante para a compreensão do mecanismo de avocação legislativa, de que aqui se tratará. Ambos os casos designam estratégias de supervisão congressual do trabalho das agências reguladoras, pelas quais o Legislativo busca detectar e remediar divergências entre as decisões burocráticas e as diretrizes de política regulatória.

No modelo de patrulha de polícia, essa supervisão é exercida de forma sistemática e abrangente por órgãos políticos específicos, como as comissões parlamentares. Por meio desses mecanismos de supervisão, o Legislativo monitora diretamente a atuação das agências reguladoras, suprindo um déficit informacional para facilitar a adoção de ações corretivas contra decisões indesejadas.[268] No modelo de alarme de incêndio, por outro lado, o controle político é exercido de forma dispersa e seletiva, apenas sobre desvios específicos. Isso se dá de forma indireta, a partir das informações coletadas por grupos de pressão, que, por sua vez, agem por meio dos instrumentos de participação no processo deliberativo das agências. A procedimentalização da atividade das agências cria "sinais de alerta" (*early warnings*) de que uma decisão potencialmente desviante pode ser tomada.[269]

Como esse é um sistema de monitoramento indireto, é também menos custoso e mais eficiente na perspectiva dos agentes políticos. Por conta disso, McCubbins e Schwartz afirmam que a supervisão via *fire alarm* tende a ser favorecida sobre modelos do tipo *police patrol*. Essa constatação conflita com a imagem idealizada que se tem da atividade de supervisão parlamentar, normalmente associada ao trabalho de comissões que se debruçam sobre diversos aspectos da atuação dos órgãos

---

[267] MCCUBBINS, Mathew D.; SCHWARTZ, Thomas. Congressional Oversight Overlooked: Police Patrols versus Fire Alarms. *The American Journal of Political Science*, [s. l.], v. 28, n. 1, p. 165-179, 1984.

[268] BAWN, Kathleen. Choosing strategies to control the bureaucracy: Statutory constraints, oversight, and the committee system. *Journal of Law, Economics, and Organization*, [s. l.], v. 13, n. 1, p. 101-126, abr. 1997, p. 102.

[269] MCCUBBINS, Mathew D., NOLL, Roger G.; WEINGAST, Barry R. Structure and Process, Politics and Policy: Administrative Arrangements and the Political Control of Agencies. *Virginia Law Review*, [s.l.], v. 75, n. 2, p. 431-482, mar. 1989, p. 444. Essa lógica também é descrita por Napolitano: "Grupos de interesse auxiliam os legisladores na seleção de preferências coletivas e na elaboração de leis. Em troca, eles ganham o direito de participação perante as agências reguladoras que terão a competência de implementar e fazer cumprir tais leis. Ao proteger seus direitos e interesses, os grupos de pressão auxiliarão os agentes políticos (na qualidade de principal) a monitorar o comportamento dos agentes burocráticos delegatários" (NAPOLITANO, Giulio. Conflicts in Administrative Law: struggles, games and negotiations between political, institutional and economic actors. *Jean Monnet Working Paper Series*. Nova Iorque, 2013, p. 17, tradução livre).

administrativos. Modelos de supervisão do tipo *fire alarm* costumam ocorrer de maneira mais informal (ou seja, não regulados formalmente pelo Direito) e espontânea. Isso, no entanto, não permite concluir que o Legislativo negligencie sua função de controle do Poder Executivo[270] – afirmação também por vezes compartilhada na literatura brasileira.[271]

Há, contudo, um componente intrinsecamente contextual quando se fala na relação institucional entre poderes, que por vezes escapa da análise dessas relações a partir dos tipos ideais de controle congressual comumente estudados.[272] Acima discutiu-se alguns desses elementos contextuais, peculiares ao contexto brasileiro, que fomentam práticas próprias na relação entre as agências independentes e o Congresso Nacional. Esse contexto reflete um modelo de governança que alia desconfiança em relação à atuação parlamentar, baixa institucionalização política do compromisso regulatório assumido nos anos 1990 e um superdimensionamento das garantias de autonomia formal das agências reguladoras.[273]

---

[270] V. MCCUBBINS, Mathew D.; SCHWARTZ, Thomas. Congressional Oversight Overlooked: Police Patrols versus Fire Alarms. *The American Journal of Political Science*, [s. l.], v. 28, n. 1, p. 165-179, 1984, p. 168 e THATCHER, Mark. Delegation to Independent Regulatory Agencies: Pressures, Functions and Contextual Mediation. *In*: THATCHER, Mark; SWEET, Alec Stone (Orgs.). *The Politics of Delegation*. Londres: Frank Cass, 2003, p. 131.

[271] V., por exemplo, MENEZES, Monique. O papel do Congresso Nacional e do Tribunal de Contas de União na fiscalização das agências reguladoras: abdicação ou delegação de poderes? *Revista Debates*, Porto Alegre, v. 6, n. 3, p. 29-52, set./dez. 2012, p. 30: "Por outro lado, o Congresso Nacional teria abdicado da função de controle dessas instituições, na medida em que raras vezes os diretores dessas agências foram convocados pelas Comissões Parlamentares ou foram alvo de investigação direta pelo Congresso Nacional".

[272] V. nesse sentido THATCHER, Mark. Delegation to Independent Regulatory Agencies: Pressures, Functions and Contextual Mediation. *In*: THATCHER, Mark; SWEET, Alec Stone (Orgs.). *The Politics of Delegation*. Londres: Frank Cass, 2003, p. 111.

[273] Ou seja, um superdimensionamento da ideia de autonomia das agências como solução importada para todos os males e disfuncionalidades da política brasileira. Como nota Mariana Mota Prado, "[…] instead of rushing to design institutional structures well suited to Brazil that would increase the level of independence of Brazilian IRAs, Brazil – and other developing countries – should be engaging in a more thorough discussion of the benefits and costs of bureaucratic independence in key infrastructure sectors. Independence is not always the best design choice" (PRADO, Mariana Mota. The Challenges and Risks of Creating Independent Regulatory Agencies: A Cautionary Tale from Brazil. *Vanderbilt Journal of Transnational Law*, [s. l.], v. 41, n. 2, p. 435-504, mar. 2008, p. 499). Gesner José de Oliveira Filho, em pesquisa empírica sobre o tema, analisa instrumentos de independência formal em agências reguladoras de telecomunicações e eletricidade de 27 países, atribuindo-lhes pontuações para obtenção de um indicador de independência. Dentre as variáveis analisadas estão as regras de mandato dos diretores, a existência de autonomia orçamentária, a forma de decisão (individual ou colegiada), a existência de mecanismos de transparência etc. Dentre todos os países que compõem a amostra, o Brasil é o sexto que mais garante independência formal às agências. Para o autor, uma possível explicação para esse resultado seria "a falta de credibilidade das instituições dos países em desenvolvimento",

A avocação legislativa da escolha regulatória é uma resposta a esse cenário. Esse tipo de instrumento traduz um problema de inconsistência temporal (*time inconsistency*), identificado por Giandomenico Majone como uma das principais dificuldades enfrentadas por sistemas regulatórios fortemente apoiados na lógica da sinalização de credibilidade, como o brasileiro. A inconsistência temporal ocorre quando objetivos políticos de longo prazo são infirmados por objetivos políticos de curto prazo, criando incentivos para que o legislador abandone seus compromissos mais duradouros.[274]

A avocação é um fenômeno inserido no gênero amplo do controle político da burocracia, mas que não se adequa de forma precisa aos tipos ideais comumente identificados pela literatura (o controle estatutário *ex ante* e o controle via supervisão congressual *ex post*).[275]

---

que "implicaria a necessidade de agências com maior grau de independência"(OLIVEIRA FILHO, Gesner José de. *Desenho regulatório e competitividade: efeitos sobre os setores de infra-estrutura.* Relatório de pesquisa nº 26 /2005, São Paulo: FGV-EAESP/GVPESQUISA, 2005. Disponível em https://pesquisa-eaesp.fgv.br/sites/gvpesquisa.fgv.br/files/publicacoes/ P00338_1.pdf. Acesso em 30 out. 2019). Mariana Mota Prado observa, contudo, que, a despeito desses instrumentos, as agências reguladoras brasileiras não conseguem exercitar essa autonomia na prática, o que ela atribui a problemas na importação do modelo americano à realidade brasileira. V. PRADO, Mariana Mota. The Challenges and Risks of Creating Independent Regulatory Agencies: A Cautionary Tale from Brazil. *Vanderbilt Journal of Transnational Law*, [s. l.], v. 41, n. 2, p. 435-504, mar. 2008, p. 441: "In particular, the Article suggests that IRAs are not very independent in Brazil for three reasons. First, some institutional features of U.S agencies were not implemented or fully transplanted to Brazil. Second, some successful institutional features of the U.S. political and legal system were unsuccessful in Brazil. Finally, some problematic features of the U.S. system were transplanted to Brazil, replicating many of the problems that have long existed in the United States". No mesmo sentido, Gustavo Binenbojm faz referência à importação de institutos "com sinais trocados e objetivos diametralmente opostos" a reclamar um "acerto de contas" (BINENBOJM, Gustavo. Agências reguladoras independentes e democracia no Brasil. *Revista Direito Administrativo*, Rio de Janeiro, v. 240, p. 147-165, 2005, p. 148).

[274] MAJONE, Giandomenico. Two logics of delegation. Agency and Fiduciary Relations in EU Governance. *European Union Politics*, [s. l.], 2, n. 1, p. 103-122, fev. 2001, p. 106.

[275] A despeito disso, há algumas referências na literatura brasileira ao controle político exercido por meio da edição de lei para tratar do mérito da política regulatória. Nesse sentido, v., por exemplo, DALLARI, Adilson Abreu. Controle político das agências reguladoras. *Revista Trimestral de Direito Público*, São Paulo, n. 38, p. 16-22, 2002, p. 17: "A primeira forma de controle parlamentar está, exatamente, no exercício da atividade propriamente legislativa; de produção da lei. A Administração Pública é exercida na forma da lei, nos limites da lei e para atingir finalidades assinaladas pela lei. Toda atividade da Administração Pública é instrumental, pois está voltada para a concretização de algo que a lei previamente qualificou como de interesse público. [...]". Também FERRAZ, Anna Cândida da Cunha. *Conflito entre poderes*: o poder congressual de sustar atos normativos do Poder Executivo. São Paulo: Revista dos Tribunais, 1994, p. 124: "Cabe salientar, por fim, que o controle parlamentar pode conduzir à revogação do ato de delegação [...] ou à elaboração de lei versando sobre a matéria contida na lei delegada, caso em que esta ficaria revogada. Os limites para atuação do Legislativo nesses casos, praticamente inexistem, com raras exceções".

O seu veículo é a legislação (e não a atuação de comissões, a realização de inquéritos ou o controle sobre as indicações para a diretoria das agências), mas a avocação manifesta uma interferência no mérito da política regulatória, e não em aspectos estruturais da agência ou do seu processo decisório. O tópico abaixo apresentará uma definição e detalhará o que se quer dizer com esse conceito.

3.2 Delimitação conceitual da avocação legislativa

A avocação legislativa da escolha regulatória designa *o controle político das agências reguladoras pelo Poder Legislativo, por meio do exercício da atividade normativa, de forma episódica, com foco restrito e particularístico, tendo por objetivo veicular uma decisão legislativa sobre matéria cuja competência para tomada de decisão fora previamente delegada à agência reguladora.* Apresentado o conceito, passa-se a explorar os seus elementos constitutivos.

A expressão avocação, tradicional do direito administrativo, é comumente empregada para designar o ato formal de transferência de competência de um ente ou agente público a outro que lhe é hierarquicamente superior. Trata-se do movimento inverso ao da delegação, em que a competência para o exercício de determinada prerrogativa ou função é transferida do órgão delegante para o delegatário.

A avocação legislativa da escolha regulatória, a seu turno, não designa um ato formal de assunção de competência emanado do Parlamento. Ela é, na verdade, um qualificador contextual do exercício da prerrogativa normativa do Legislativo, pertinente para os casos em que essa atuação implicar a reabertura de uma discussão legislativa objeto de prévia delegação ao regulador. O fundamento normativo para a avocação é a própria competência legislativa, outorgada pela Constituição ao Congresso.

O princípio da hierarquia é central ao instituto. Só existe avocação administrativa entre órgãos administrativos hierarquicamente subordinados.[276] No caso da avocação legislativa, a hierarquia se manifesta no sentido formal, como hierarquia da lei ou do decreto legislativo em relação à norma editada pela agência reguladora, e não no sentido subjetivo. É dizer, inexiste uma relação de controle hierárquico entre agências reguladoras e Poder Legislativo.

---

[276] Nesse sentido o art. 15 da Lei nº 9.784/99: "Será permitida, em caráter excepcional e por motivos relevantes devidamente justificados, a avocação temporária de competência atribuída a órgão hierarquicamente inferior".

A avocação legislativa como instrumento de controle diferencia-se de outros tipos de interação de natureza estritamente hierárquica, que se baseiam na relação de autoridade entre controlador e controlado.[277] Na avocação, ao contrário, não há controle hierárquico, na medida em que não existe subordinação funcional. A hierarquia que qualifica a avocação é acessória, e não constitutiva da relação entre controlador e controlado.

Do ponto de vista normativo, falar na possibilidade de avocação legislativa da escolha regulatória implica, de um lado, reconhecer que o ato prévio de delegação legal não denota uma transferência de poderes do Parlamento para a agência, como supõem algumas versões da teoria da deslegalização. A ideia de uma avocação legislativa ilustra o movimento inverso ao da delegação, dando ênfase à dinâmica do jogo regulatório.

Por outro lado, a expressão não significa legitimar qualquer ação parlamentar para reverter normas editadas pelas agências reguladoras. A teoria da avocação administrativa afirma que esta só poderá ocorrer em relação a competências não privativas. Seguindo a mesma lógica, a avocação legislativa será inconstitucional, por exemplo, quando o seu objeto (a escolha avocada) seja atribuído pela Constituição, expressa ou implicitamente, ao Poder Executivo.[278] A avocação também pode ser inconstitucional quando ficar caracterizado o uso abusivo dos instrumentos de controle.[279] O tema será desenvolvido adiante, mas

---

[277] PACHECO, Regina Silvia. Regulação no Brasil: desenho das agências e formas de controle. *Revista de Administração Pública*, Rio de Janeiro, v. 40, n. 4, p. 523-543, jul./ago. 2006, p. 539. Na literatura jurídica, a discussão sobre a existência de um controle hierárquico sobre as agências reguladoras refere-se, tradicionalmente, à relação entre estes órgãos e o Poder Executivo, e, em especial, ao cabimento de recurso hierárquico, dito impróprio, em face das decisões tomadas pela diretoria das agências. A controvérsia originou-se com o Parecer nº AC-51/2006, da AGU, que defendia a possibilidade de recurso hierárquico impróprio nesses casos. O legislador parece ter revisto essa posição quando editou a Lei nº 13.848/19, em cujo art. 3º reafirmou a ausência de tutela ou subordinação hierárquica e a autonomia decisória das agências.

[278] Remeta-se, aqui, à discussão desenvolvida no tópico 2.2.1.1 sobre o instituto da reserva de administração.

[279] Os institutos do abuso, excesso e desvio de poder, tradicionalmente aplicados aos atos administrativos, são também comumente estendidos aos atos legislativos, tanto pela jurisprudência quanto pela doutrina. A ideia de abuso legislativo, por exemplo, foi usada pelo Ministro Nunes Marques, no julgamento da ADIn nº 5.779, para se referir à lei que permitiu a produção e comercialização da "pílula do câncer", caso discutido no tópico 4.2.1, abaixo. Tratando da aplicação das figuras do abuso, excesso e desvio de poder aos atos praticados pelo Legislativo, Caio Tácito afirma que "o reconhecimento de limitações virtuais que emanam da essência mesma da competência constitucional, convizinha-se da noção de desvio de poder". V. TÁCITO, Caio. Anulação de leis inconstitucionais. *In*: TÁCITO, Caio. *Temas de direito público: estudos e pareceres*. Rio de Janeiro: Renovar, 1997. p. 1067-1073.

antecipa-se como exemplo de usurpação da competência regulatória a edição de decreto sustatório para vetar um ato não normativo editado por uma agência, como a concessão de um reajuste contratual.

À diferença da avocação administrativa, a avocação legislativa da escolha regulatória revela um instrumento de *controle* político, na medida em que busca limitar o espaço de discricionariedade da atuação das agências. Isso pode acontecer *ex ante*, quando o Congresso se antecipa a uma deliberação da agência reguladora. Nesse caso, a avocação legislativa tem uma eficácia inibitória da atuação do regulador, esvaziando a agência como *policy venue*,[280] isto é, como espaço de deliberação sobre determinada matéria que estaria dentro do escopo de sua competência, como se conceituou acima.

A avocação também pode ocorrer *ex post*, quando o Legislativo edita um ato normativo para rever uma deliberação da entidade reguladora, com objetivo de adequar a política regulatória à vontade política majoritária, que serve como parâmetro de controle nesse caso. Aqui, a avocação tem eficácia revogatória, pois a norma infralegal é revogada, tácita ou expressamente, pelo ato legislativo superveniente, seja ele uma lei ou um decreto legislativo.

Há, ainda, uma terceira eficácia possível para este tipo de controle político parlamentar: a eficácia dissuasiva, que independe do momento em que é exercido, se antes ou depois da decisão da agência. Nesse caso, a mera sinalização da possibilidade da avocação é suficiente para fazer a agência redirecionar o escopo de sua atuação em prol da direção pretendida pelo Parlamento. A sinalização pode ocorrer formalmente, com o início do processo legislativo pertinente, ou mesmo informalmente, por meio de pronunciamentos à imprensa, por exemplo. Em ambos os casos, a sinalização funciona como um mecanismo de *feedback* negativo à agência, que pode rever por conta própria a escolha regulatória pretendida ou já adotada, evitando que a avocação se consume.[281]

Falar em controle *político*, por sua vez, também indica a dinâmica, a linguagem e o tipo de discurso que pauta a avocação legislativa, diferenciando-a do controle jurídico, que se estabelece a partir da linguagem da legalidade. O objetivo do controle político não é identificar atos ilícitos e corrigi-los, mas exercer um controle de "conveniência, oportunidade, eficiência, adequação dos meios aos objetivos, enfim,

---

[280] CAPELLA, Ana Cláudia N. Perspectivas teóricas sobre o processo de formulação de políticas públicas. *BIB – Revista Brasileira de Informação Bibliográfica em Ciências Sociais*, São Paulo, n. 61, p. 25-52, 2006, p. 42.

[281] A propósito, v. tópico 3.3.

adequação da ação governamental à 'orientação política' cristalizada nas leis, nos planos de governos, nos planos orçamentários, cuja aprovação está afeta ao Poder Legislativo".[282]

Indo adiante, a avocação da escolha regulatória por parte do Legislativo pode ocorrer tanto de forma principal quanto de maneira incidental ao exercício da função normativa parlamentar, a depender do instrumento legislativo empregado como veículo. O ponto será tratado de forma específica no tópico seguinte, mas, como já antecipado, há dois instrumentos a partir dos quais a avocação da escolha regulatória pelo Parlamento se manifesta: a edição de uma lei em sentido estrito ou a edição de um decreto legislativo para sustar um ato normativo editado pela agência reguladora.

No primeiro caso, a avocação ocorre de forma incidental ao exercício da prerrogativa de legislar, sendo um efeito da edição da lei. A lei é o veículo usado pelo Legislativo para, de forma mais ou menos evidente, controlar a atuação da agência. A avocação, aqui, adquire um conteúdo *positivo*, na medida em que substitui a deliberação da agência por uma outra, de conteúdo diverso.

No segundo caso, dos decretos legislativos, a substituição da deliberação da agência pela vontade parlamentar ocorre de forma principal, isto é, o objetivo da edição do decreto é sustar o ato normativo editado pela agência. A avocação, nesse caso, é *ex post* e tem conteúdo *negativo*, já que o seu resultado é a supressão da deliberação da agência para restaurar o *status quo ante*. A despeito do seu conteúdo negativo, ainda assim cabe falar em avocação legislativa, já que o decreto sustatório é empregado como veículo por meio do qual o Congresso contrapõe o espaço de discricionariedade do regulador, atraindo para si a prerrogativa de definir a solução para determinado problema regulatório, fazendo prevalecer a posição política preferencial (nesse caso, identificada com o estado de coisas anterior à norma vetada).

A avocação legislativa também é um fenômeno episódico. Ao contrário de outros mecanismos de controle e supervisão congressual, como a prestação de contas por meio do envio de relatórios anuais pelas agências ao Congresso,[283] a avocação não diz respeito a uma prática

---

[282] FERRAZ, Anna Cândida da Cunha. *Conflito entre poderes*: o poder congressual de sustar atos normativos do Poder Executivo. São Paulo: Revista dos Tribunais, 1994, p. 154. A discussão sobre os atos normativos e os fundamentos que podem ensejar o uso do veto legislativo como instrumento de controle político da atuação das agências reguladoras é empreendida no tópico 3.2.1.

[283] A Lei nº 13.848/2019 prevê no seu art. 15 que as agências reguladoras elaborarão relatórios anuais circunstanciados de suas atividades, abordando o cumprimento da política do setor regulado, tal como definida pelo Legislativo e pelo Executivo.

periódica de interação entre agências e Parlamento. A sua ocorrência indica um tensionamento da relação institucional entre esses atores em determinada discussão.

Apesar de pressupor algum tensionamento político, a avocação não designa uma tentativa de desestruturação institucional do órgão regulador. Trata-se de um modelo agônico (e não antagônico) de interação institucional,[284] no qual o conflito se dá no campo do mérito da política regulatória, e não no enfraquecimento estrutural da agência – que se verifica, por exemplo, na operação estratégica das regras de indicação e aprovação dos membros da sua diretoria, ou mesmo no contingenciamento de seus recursos orçamentários.[285]

Quanto ao seu objeto, a referência a uma avocação *da escolha regulatória* designa um fenômeno que altera o mérito da política, e não os seus aspectos formais, estruturantes. Em geral, tratará de questões específicas e bem definidas, sendo, por isso, de foco restrito. Essa é uma das características que fazem deste um mecanismo relevante na dinâmica regulatória no contexto brasileiro. Em muitos casos, mudanças abrangentes em setores específicos podem se mostrar inviáveis ou extremamente custosas,[286] exigindo do legislador que selecione as brigas

---

[284] Como discute Chantal Mouffe, uma interação agônica se estabelece entre adversários e não entre inimigos. A contestação e o debate público são decorrentes do caráter pluralista da sociedade democrática e do confronto de diferentes projetos políticos. Há, portanto, uma dimensão conflituosa "inerradicável" da vida social, que precisa de canais institucionais pelos quais possa se expressar. Sem esses espaços, a dimensão agonista da política assume uma forma de antagonismo, em que problemas são formulados a partir da perspectiva de inimigos, que negam o pluralismo e buscam a hegemonia. V. MOUFFE, Chantal. *Sobre o político*. São Paulo: WMF Martins Fontes, 2015.

[285] Tornou-se comum os cargos da diretoria das agências permanecerem vagos por longos períodos, aguardando a indicação do Presidente da República, o que tem sido visto como uma fonte de enfraquecimento institucional das agências. Acredita-se que esse tipo de movimento legislativo (visando ao enfraquecimento institucional das agências) demanda um marco teórico próprio de análise, diverso daquele aqui explorado. Sobre o ponto, v. JORDÃO, Eduardo; RIBEIRO, Maurício Portugal. Como desestruturar uma agência reguladora em passos simples. *REI – Revista Estudos Institucionais*, [s. l.], 3, n. 1, p. 180-209, jun./jul. 2017, p. 180 e ARAÚJO, Valter Shuenquener de. Os quatro pilares para a preservação da imparcialidade técnica das agências reguladoras. *Revista Jurídica da Presidência*, Brasília v. 20, n. 120, p. 64-91, fev. 2017.

[286] Essa, por exemplo, é a percepção de Marcello Fragano Baird em relação à Agência Nacional de Saúde Suplementar (ANS). Para o autor, o setor da saúde suplementar é marcado por uma imobilidade das mudanças que o adequem melhor aos interesses dos diversos grupos de pressão, tanto por parte da ANS quanto por parte do próprio Congresso Nacional. V. BAIRD, Marcello Fragano. *Saúde em jogo*: atores e disputas de poder na Agência Nacional de Saúde Suplementar (ANS). Rio de Janeiro: Editora Fiocruz, 2020, p. 126.

que quer enfrentar.[287] Por ter foco restrito, a avocação permite driblar esses custos, viabilizando alterações pontuais na política regulatória, que privilegiem os interesses políticos contemplados, sem implicar reformulações abrangentes no marco regulatório de um setor específico. Por exemplo: a lei que autoriza a comercialização de um medicamento específico não altera o marco regulatório para aprovações de medicamentos, nem subtrai da agência reguladora a competência para realizar esse controle em todos os outros casos. Do mesmo modo, a lei que trata do prazo de transição de um determinado regime de geração de energia não altera as demais regras incidentes sobre a atividade nem, de forma geral, o funcionamento do setor. Ambos os exemplos serão melhor explorados no capítulo seguinte.

Pelo seu foco restrito, a avocação pode ser politicamente justificada sem que haja necessidade de se infirmar a autoridade ou a credibilidade das agências reguladoras, ou mesmo de se questionar a própria existência do modelo de regulação por agências. A avocação convive com o modelo, apesar de não se poder ignorar a possibilidade de o conflito evoluir para disputas mais amplas, em que o agonismo ceda espaço para o antagonismo e o embate sobre o mérito da política regulatória seja substituído por esforços para desestruturação institucional. Nesses casos, contudo, tal embate não mais se adequará ao quadro aqui delineado.

Também ao contrário de iniciativas mais amplas sobre política regulatória, a avocação tende a demandar menos dispêndio de tempo e recursos para a formação da vontade política majoritária. Por lidar com questões pontuais, o debate político em torno de sua aprovação gera menos dispersão, permitindo que forças convirjam em acordos políticos que permitam a aprovação da lei que vai rever o mérito da decisão da agência, sem que seja preciso questionar e enfrentar, de maneira mais ampla, a atuação de um determinado órgão técnico. Nesse

---

[287] Mariano-Florentino Cuéllar apresenta a questão da seguinte forma: "Despite all they can do to change statutes [...] lawmakers must contend with certain brute facts. Together agencies produce more rules than a diligent legislature and its staff can ever plausibly digest. And those agencies occasionally make concerted and successful efforts to forge autonomy from their congressional masters. In rare cases, the President and his staff explicitly shape agency regulatory rules too, thus forcing legislators to compete with Executive for bureaucratic control. All this happens while lawmakers' power to control regulatory outcomes is affected by their own internal divisions and external opposition from the President or interest groups opposed to intervention. Legislators and their staff must therefore decide where to spend their energy when they try to control the regulatory state" (CUÉLLAR, Mariano-Florentino. Rethinking regulatory democracy. *Administrative Law Review*, [s.l.], v. 57, n. 2, p. 411-499, 2016, p. 420).

CAPÍTULO 3
AVOCAÇÃO LEGISLATIVA DA ESCOLHA REGULATÓRIA COMO MECANISMO DE CONTROLE POLÍTICO... | 115

ponto, a avocação se aproxima do modelo de controle por alarme de incêndio (*fire alarm*), segundo a classificação proposta por McCubbins e Schwartz.[288]

Além de ter foco restrito, a avocação tende a ser particularística,[289] isto é, alinhar-se politicamente com o interesse de grupos de pressão específicos, que, tendo sido vencidos perante o órgão de regulação, veem nos agentes políticos a possibilidade de uma nova decisão. Esse movimento é denominado pela teoria em políticas públicas de *venue shopping*, isto é, a busca de arenas mais favoráveis a determinados grupos para a discussão de problemas e soluções específicas em matéria de políticas públicas.[290]

Reconhecer que o fenômeno é movido por interesses particularísticos não significa que a avocação não possa ser também justificada à luz de critérios de interesse público, ou que o interesse particularístico que motivou a ação legislativa não seja respaldado em valores constitucionais.[291] O ponto é relevante para se concluir que a avocação não implica necessariamente um prejuízo à racionalidade do processo regulatório, como discutido acima.[292]

Do ponto de vista funcional, a avocação pode ser lida como um instrumento legislativo para resistir a mudanças na política regulatória promovida pelas agências, quando contrariam a preferência majoritária parlamentar em determinado momento. A avocação, assim, funciona como um instrumento para subtrair determinados interesses do alcance

---

[288] MCCUBBINS, Mathew D.; SCHWARTZ, Thomas. Congressional Oversight Overlooked: Police Patrols versus Fire Alarms. *The American Journal of Political Science*, [s. l.], v. 28, n. 1, p. 165-179, 1984. A diferença entre a avocação legislativa da escolha regulatória e o controle político via *fire alarm* está no fato de este modelo pressupor que grupos de interesse recorrerão aos parlamentares a partir de ferramentas institucionais previstas em lei, reservando aos agentes políticos um papel preponderantemente passivo. Esse não é exatamente o cenário aqui delineado, já que a avocação legislativa da competência regulatória é vista, antes de tudo, como um modelo de interação operacionalizado por canais informais e que culmina na edição de um ato normativo.

[289] O termo também é empregado por McCubbins e Schwartz para qualificar o modelo de supervisão do Congresso americano sobre as agências do tipo *fire alarm*. V., MCCUBBINS, Mathew D.; SCHWARTZ, Thomas. Congressional Oversight Overlooked: Police Patrols versus Fire Alarms. *The American Journal of Political Science*, [s. l.], v. 28, n. 1, p. 165-179, 1984.

[290] CAPELLA, Ana Cláudia N. Perspectivas teóricas sobre o processo de formulação de políticas públicas. *BIB – Revista Brasileira de Informação Bibliográfica em Ciências Sociais*, São Paulo, n. 61, p. 25-52, 2006, p. 42.

[291] Esta é uma crítica relevante a algumas leituras da teoria da escolha pública, que pressupõem uma atuação pragmática de agentes políticos visando à promoção de interesses individuais, em prejuízo do interesse público.

[292] V. tópico 2.2.2.2.

das agências reguladoras. Esse elemento funcional é essencial para a identificação do fenômeno: a avocação é sempre uma ação dialógica. Não descreve simplesmente uma situação em que o Legislativo introduz novas diretrizes regulatórias, mas pressupõe uma resposta a uma deliberação, já tomada ou esperada, da agência, ou algum conflito político entre esses agentes, denotando uma contraposição dos seus respectivos espaços de discricionariedade. Há, portanto, uma competição entre essas instituições, motivada pelo fato de ambas compartilharem competência sobre a definição da política regulatória.

Julgar se a avocação favorece ou não parâmetros de governança regulatória vai depender de cada episódio e contexto específicos. A premissa deste estudo é de que não é possível definir aprioristicamente um valor, positivo ou negativo, para a avocação e que, em alguma medida, esse tipo de interação é constitucionalmente possível.

A partir desse conceito, os tópicos seguintes analisam de maneira detida os instrumentos da avocação legislativa e os custos diretamente associados a essa interação.

3.3 Instrumentos

O Congresso dispõe de dois instrumentos de avocação das escolhas regulatórias: a edição de decreto legislativo para sustar o ato normativo exorbitante dos limites da delegação e a edição de lei em sentido estrito. Há diferenças substanciais entre esses instrumentos, que serão aprofundadas neste tópico.

3.3.1 Veto legislativo: o controle negativo da escolha regulatória

O art. 49, V, da Constituição prevê a competência exclusiva do Congresso Nacional para sustar atos normativos do Poder Executivo que exorbitem do poder regulamentar ou dos limites da delegação legislativa. Na prática, a prerrogativa abre margem para uma inflexão no modelo hiperpresidencialista do sistema de governo brasileiro, marcado pelo domínio do Executivo sobre a pauta do Legislativo, ao prever uma competência exclusiva do Congresso para controlar diretamente a edição de normas pela Administração Pública. Para Anna Cândida da Cunha Ferraz, tratar-se-ia do caso mais singular de "invasão" constitucional de competências próprias e exclusivas.[293][294] Tal entendimento parece ecoar uma percepção um tanto fundacionalista da cláusula de separação de poderes, já comentada acima, que distingue sem base legal poderes típicos e atípicos e interpreta o direito positivo a partir dessa construção.

---

[293] FERRAZ, Anna Cândida da Cunha. *Conflito entre poderes*: o poder congressual de sustar atos normativos do Poder Executivo. São Paulo: Revista dos Tribunais, 1994, p. 61.

[294] A despeito das relevantes diferenças de contexto político, institucional e legal, instrumento similar ao veto legislativo também existe nos EUA, onde primeiro surgiu na forma de provisões esparsas incluídas em leis específicas, e não como uma previsão abrangente, como previsto na Constituição brasileira. A literatura jurídica americana comenta que a primeira vez que o Congresso americano editou uma cláusula de veto foi em 1932, quando da aprovação de lei atribuindo ao presidente a competência para reorganizar os departamentos administrativos, condicionada à possibilidade de veto, que poderia ser aprovado por apenas uma das casas legislativas. Até a década de 1980, diversas previsões similares foram incluídas em leis específicas. Em 1983, a Suprema Corte americana julgou inconstitucional uma dessas cláusulas legais autorizativas do veto legislativo, por violar o regime da separação de poderes inscrito na Constituição (*Immigration and Naturalization Service v. Chadha, 462 U.S. 919 (1983)*). Na hipótese, o Congresso havia vetado decisão do Advogado-Geral do Governo americano de manter no país um estrangeiro cujo visto havia expirado. A Suprema Corte entendeu, por maioria, que o veto legislativo era incompatível com a separação de poderes e, portanto, o Congresso não poderia editar uma lei conferindo a si mesmo a prerrogativa de vetar atos do Poder Executivo. A opinião divergente, elaborada pelo *Justice White*, considerava que o veto legislativo era um importante mecanismo de controle sobre o poder, em inevitável expansão, das agências americanas, que exercem autoridade delegada pelo Congresso. O veto legislativo poderia revelar-se, em concreto, inconsistente com o arranjo da separação de poderes, quando, por exemplo, buscasse controlar uma função "inerentemente executiva", como aquela de "iniciar a persecução". Para parte da doutrina, o julgado da Suprema Corte foi considerado excessivamente formalista, sobretudo diante da constatação da amplitude do "estado administrativo", inexistente quando da promulgação da Constituição americana. Nesse sentido, v. ELLIOTT, E. Donald. INS v. Chadha: the administrative constitution, the constitution, and the legislative veto. *The Supreme Court Review*, [s.l.], v. 1983, p. 125-176, 1983. Em resposta ao precedente de *Chadha*, o Congresso editou, em 1996, o *Congressional Review Act*, que obriga agências a submeterem ao Congresso grande parte das normas que editam, como requisito de efetividade. Em relação às regras que produzam um impacto econômico anual de, ao menos, 100 milhões de dólares, o Congresso possui um prazo determinado para exercer o veto, que depende da aprovação conjunta das duas casas legislativas e ainda pode ser objeto de veto presidencial (o que é apontado como a principal justificativa para ínfima utilização deste instrumento). A literatura aponta que o impacto do *Congressional Review Act*, desde sua edição, foi mínimo, senão imperceptível. Entre 1996 e 2008, as agências submeteram ao Congresso aproximadamente 48.000 normas regulatórias, das quais apenas 35 foram objeto de uma proposta de resolução legislativa visando ao veto. Dessas, apenas uma norma foi de fato vetada – uma resolução da *Occupational Safety and Health Administration (OSHA)* sobre ergonomia. O interessante é que, neste caso, a norma objeto de veto havia sido editada no governo Clinton, mas o veto legislativo foi submetido à aprovação do seu sucessor, o presidente Bush – o que pode ajudar a explicar o sucesso da iniciativa nesse caso. Sobre o tema, v. BREYER, Stephen G. *et al. Administrative law and regulatory policy*: problems, text and cases. Nova Iorque: Wolters Kluwer, 2017.

Cássio Casagrande e Dalton Tibúrcio[295] notam que tal competência, comumente referida como "veto legislativo", resgata uma previsão da Constituição brasileira de 1934, que permitia ao Senado suspender regulamentos ilegais e propor ao Executivo a revogação de atos administrativos, quando praticados contra a lei ou com abuso de poder. A Constituição de 1988 foi além, ao permitir que, mais do que propor, o Legislativo pudesse vetar as normas diretamente.

A partir de pesquisa empírica nos anais da Assembleia Constituinte, os autores traçam o histórico de votações em torno da previsão do veto legislativo, originalmente previsto no Anteprojeto da Subcomissão do Poder Legislativo, do deputado constituinte Victor Fontana, que justificava a proposta como um instrumento necessário "à salvaguarda do princípio da legalidade".[296]

A justificativa é interessante: partindo do princípio da legalidade, o relator faz referência à edição de normas regulamentares pelos órgãos administrativos que acabam se distanciando da proposição legal que lhes serve de parâmetro. Trata-se, como discutido acima, do fenômeno que a teoria do principal-agente chama de *agency loss*, isto é, a diferença entre o resultado pretendido pelo principal (o legislador, nesse caso) e a ação efetivamente levada a cabo pelo agente. Na lógica proposta, o veto legislativo seria um instrumento para permitir que o Senado (na proposta original) controlasse diretamente o exercício do poder regulamentar, sem precisar recorrer ao Judiciário, reconhecendo-se a legitimidade da sua função fiscalizadora.

O veto legislativo soma-se a outros dispositivos também incluídos na Constituição com objetivo de reafirmar a preponderância do

---

[295] CASAGRANDE, Cássio Luís; TIBÚRCIO, Dalton Robert. Arranjos institucionais no processo constituinte de 1987-1988: um estudo de caso a partir da competência congressual para sustar atos normativos do Poder Executivo. *Revista de Direito Brasileira*, v. 21, n. 8, p. 43-61, 2018.

[296] O texto integral da justificativa é o seguinte: "O chamado VETO LEGISLATIVO tem como principal objetivo a salvaguarda do princípio da legalidade. São comuns as práticas de administradores que, a título de regulamentar normas legais, legislam agredindo-as. Praticam atos sem condições de eficácia ou sustentação jurídica. Neste caso, muito mais rapidamente e com efeito imediato e aplicação geral, pode o Senado Federal, através de resolução, suspender a vigência da norma, sem se precisar usar do recurso judicial. A ação encontra respaldo na própria função fiscalizadora do Poder Legislativo, que sempre merece aprimorada [sic], ao lado de abrir aos representados a oportunidade de colaborar no cumprimento das leis, denunciando aos seus representantes as suas transgressões" (CASAGRANDE, Cássio Luís; TIBÚRCIO, Dalton Robert. Arranjos institucionais no processo constituinte de 1987-1988: um estudo de caso a partir da competência congressual para sustar atos normativos do Poder Executivo. *Revista de Direito Brasileira*, v. 21, n. 8, p. 43-61, 2018, p. 47).

Legislativo em matéria normativa, tais como o art. 48, *caput*, que reconhece ao Congresso a competência para dispor sobre todas as matérias de competência da União, o art. 49, X, que lhe atribui a prerrogativa de fiscalizar e controlar diretamente os atos do Poder Executivo, e o art. 49, XI, que reconhece a prerrogativa do Congresso para zelar pela preservação de sua competência legislativa em face da atribuição normativa de outros poderes. É verdade que, dentre os incisos V, X e XI do art. 49, o único que reconhece ao Congresso atribuições concretas de controle e fiscalização é, de fato, o inciso V, do veto legislativo. O inciso X é concretizado através de outras normas, constitucionais e infraconstitucionais, tais como aquelas que permitem a convocação de membros da Administração Pública para prestar esclarecimentos em audiências legislativas.

A ideia por trás do veto legislativo, portanto, era a de dotar o legislador de competências específicas para controlar a atuação normativa do Executivo, garantindo-lhe não só a primazia sobre a edição de normas, mas também poderes próprios para salvaguardar esta competência, em paralelo às atribuições de controle do Poder Judiciário. Não é exagerado imaginar que tal dispositivo tenha se beneficiado em alguma medida da discussão em torno da adoção de um sistema de governo parlamentarista, que também foi ponto central nos debates da Assembleia Constituinte.[297]

Por conta do modo pelo qual é descrito na Constituição, o decreto sustatório assume, no Brasil, uma natureza dúplice. É um ato eminentemente político, de competência exclusiva do Congresso e que se processa por meio da votação parlamentar. Por outro lado, sua utilização está sujeita à caracterização de uma hipótese constitucional autorizadora: a existência de um ato normativo editado pelo Poder Executivo que exorbite os limites da delegação ou do poder regulamentar. Nesse ponto o decreto sustatório revela sua face jurídica, já que a previsão constitucional vincula o motivo e o objeto do ato legislativo, constrangendo o uso puramente político desse instrumento ao limitar, ainda que apenas no plano da justificação, a esfera de discricionariedade parlamentar.[298]

---

[297] CASAGRANDE, Cássio Luís; TIBÚRCIO, Dalton Robert. Arranjos institucionais no processo constituinte de 1987-1988: um estudo de caso a partir da competência congressual para sustar atos normativos do Poder Executivo. *Revista de Direito Brasileiro*, v. 21, n. 8, p. 43-61, 2018, p. 57.

[298] Nesse sentido, também Ferraz: "O ato de sustação do Congresso Nacional é, do ponto de vista orgânico, ato político, porque emanado de um poder político por excelência,

Outra peculiaridade do veto legislativo como instrumento da avocação legislativa da escolha regulatória é o fato de, como antecipado acima, o legislador atuar negativamente, anulando a norma editada pela agência para restaurar o *status quo ante*, e não para substituí-la por outra com conteúdo diverso. Esse foi um dos principais objetos da crítica doutrinária em comentários à previsão do veto legislativo na Constituição de 1988, sobretudo logo após a promulgação do texto. Apesar de se reconhecer a legitimidade do controle exercido pelo Legislativo sobre a atuação do Executivo e, ainda, a possibilidade de a lei revogar tacitamente uma norma infralegal, enxergava-se essa espécie de "controle negativo" como um equívoco do constituinte.[299]

No que tange ao seu objeto, apesar de o modelo de regulação por agências ter sido instituído após a promulgação da Constituição de 1988, o fato de a atuação discricionária das agências ser exercida *intra legem*[300] legitima o veto legislativo como instrumento de controle dessa

---

e materialmente, ato de efeitos jurídicos, pois incide sobre ato normativo do Poder Executivo" (FERRAZ, Anna Cândida da Cunha. *Conflito entre poderes*: o poder congressual de sustar atos normativos do Poder Executivo. São Paulo: Revista dos Tribunais, 1994, p. 88). Apesar de também realçar a natureza dúplice, político-jurídica, do decreto sustatório, acredita-se que seu caráter jurídico está antes no plano da fundamentação, como defendido acima, do que no seu objeto, como defende a autora.

[299] V. Ferraz defende ser o veto legislativo figura aberrante, "que não se ajusta aos lindes do controle político para o qual o Poder Legislativo é vocacionado" (FERRAZ, Anna Cândida da Cunha. *Conflito entre poderes*: o poder congressual de sustar atos normativos do Poder Executivo. São Paulo: Revista dos Tribunais, 1994, p. 78).

[300] Convém mencionar a existência de alguma controvérsia na doutrina acerca da natureza do poder normativo exercido pelas agências reguladoras: se resultado de uma delegação legislativa, se manifestação de poder regulamentar, se se trata de regulamento autônomo etc. Concorda-se, aqui, com parte da doutrina que vê, nessa discussão, uma controvérsia meramente nominal (ao menos para os fins da presente pesquisa) já que, em qualquer desses casos, a norma editada pelas agências subordina-se à lei válida editada pelo Legislativo. Nesse sentido, v. GUERRA, Sérgio; SALINAS, Natasha Schmitt Caccia. Controle político da atividade normativa das agências reguladoras no Brasil. *Revista de Direito Econômico e Socioambiental*, Curitiba, v. 9, n. 3, p. 402-430, set./dez. 2018, p. 407-408. Na mesma linha: Clèmerson Merlin Clève, "Designados como regulamentos delegados ou como regulamentos de execução (como se prefere no presente estudo), os rótulos indicam realidade fenomênica única. Idênticos fenômenos, embora com nomes distintos. Ambos constituem regulamentos intra legem, aceitos não apenas pela doutrina, como também pela jurisprudência" (CLÈVE, Clèmerson Merlin. *Atividade legislativa do poder executivo*. São Paulo: Thomson Reuters Brasil, 2019, posição 8847). Também nesse sentido, André Cyrino argumenta que o veto legislativo pode incidir tanto sobre as delegações feitas com base no art. 68 da Constituição quanto sobre os regulamentos de modo geral, "sejam eles de execução em sentido amplo (aqui inseridos os regulamentos praeter legem), sejam eles regulamentos autônomos" (CYRINO, André. *Delegações legislativas, regulamentos e Administração Pública*. Belo Horizonte: Fórum, 2018a, p. 230).

CAPÍTULO 3
AVOCAÇÃO LEGISLATIVA DA ESCOLHA REGULATÓRIA COMO MECANISMO DE CONTROLE POLÍTICO... | **121**

atuação,[301] a despeito da existência de posicionamentos doutrinários em sentido contrário.[302]

Apesar das potencialidades desse instrumento, que, acreditava-se, desequilibraria o arranjo de separação de poderes em favor do Legislativo,[303] o histórico de uso do veto legislativo mostra que foi usado de maneira contida.[304] No caso das agências reguladoras, tal conclusão

---

[301] Gustavo Binenbojm, já em 2005, discutia o potencial de uso do veto legislativo como instrumento de controle face à atuação normativa das agências reguladoras, ao afirmar: "[...] o art. 49, inciso V, da Constituição brasileira prevê em linhas gerais a possibilidade de veto legislativo. Trata-se de uma salvaguarda do Poder legiferante, que atribuiu competência à agência, de suspender a eficácia dos atos regulamentares que ultrapassem os limites legais. Imagino que sua existência e uso eventual devem servir como desincentivos à prática de abusos" (BINENBOJM, Gustavo. Agências reguladoras independentes e democracia no Brasil. *Revista Direito Administrativo*, Rio de Janeiro, v. 240, p. 147-165, 2005, p. 158). No mesmo sentido, Marques Neto "Enquanto titular do poder de inovar na ordem jurídica, cabe ao Legislativo, com base na sua competência prevista no art. 49, V da Constituição, exercer o controle sobre os comandos gerais para o setor regulado editados pela agência" (MARQUES NETO, Floriano de Azevedo. *Agências reguladoras independentes*. Fundamentos e seu regime jurídico. Belo Horizonte: Fórum, 2009, p. 117).

[302] V., por exemplo, FERRAZ, Anna Cândida da Cunha. *Conflito entre poderes*: o poder congressual de sustar atos normativos do Poder Executivo. São Paulo: Revista dos Tribunais, 1994, para quem o objeto do veto legislativo haveria de ser, necessariamente, um decreto editado pelo chefe do Poder Executivo com intuito de regulamentar uma lei. Também nesse sentido, v. VALADÃO, Marcos Aurélio Pereira. Sustação de atos do Poder Executivo pelo Congresso Nacional com base no artigo 49, inciso V, da Constituição de 1988. *Revista de Informação Legislativa*, Brasília, v. 39, n. 153, p. 287-301, jan./mar. 2002. Em sentido contrário: Marques Neto, "Duas consequências podem ser extraídas do dispositivo. Primeira: o poder normativo pode ser exercido, na forma que a lei dispuser, pelo Poder Executivo que, na Constituição, é mais amplo que o seu Chefe (cf. artigo 76). Segunda: o constituinte admitiu, ainda que genericamente, a possibilidade de delegação legislativa (caso contrário não haveria sentido em se referir a ela ao prever o exercício pelo Congresso do controle da atividade normativa delegada)" (MARQUES NETO, Floriano de Azevedo. *Agências reguladoras*: instrumentos do fortalecimento do estado. Porto Alegre: Associação Brasileira de Agências de Regulação – ABAR, 2004, p. 49). Também Guerra argumenta que a atuação normativa das agências reguladoras não seria expressão nem de delegação legislativa nem de exercício de poder regulamentar. O autor, contudo, não discute a possibilidade de normas regulatórias serem sustadas pelo Congresso (GUERRA, Sérgio. *Discricionariedade, regulação e reflexividade*. Uma nova teoria sobre as escolhas administrativas. Belo Horizonte: Fórum, 2018, posição 6845).

[303] FERRAZ, Anna Cândida da Cunha. *Conflito entre poderes*: o poder congressual de sustar atos normativos do Poder Executivo. São Paulo: Revista dos Tribunais, 1994, p. 213.

[304] Essa é também a constatação de Anna Cândida da Cunha Ferraz ao escrever em 1994 sobre o tema. A autora afirma que, de 1988 até 1992, apenas quatro decretos legislativos sustatórios teriam sido promulgados, o que a leva a afirmar que "os parlamentares talvez não tivessem percebido, ou bem compreendido, desde logo, o inusitado e fortíssimo instrumento de controle de que dispunham frente ao Poder Executivo. V. FERRAZ, Anna Cândida da Cunha. *Conflito entre poderes*: o poder congressual de sustar atos normativos do Poder Executivo. São Paulo: Revista dos Tribunais, 1994, p. 88. Ao fim e ao cabo, a perspectiva de que o veto legislativo se mostraria fonte de conflitos políticos entre Executivo e Legislativo de fato não se concretizou, sobretudo por conta de mecanismos políticos de formação de coalizões que permitem o alinhamento entre os dois poderes, fazendo, do decreto sustatório, instrumento com poucas chances de sucesso diante dos seus requisitos procedimentais.

é ainda mais reforçada quando se compara a quantidade de decretos sustatórios à quantidade de normas editadas por agências reguladoras – o que corrobora o fato de a avocação (ao menos por meio desse instrumento) ser um modelo de interação episódica, tal como exposto acima.

De acordo com os sistemas de informações legislativas da Câmara dos Deputados e do Senado Federal, foram apresentados, até junho de 2021, 213 projetos de decreto legislativo (PDL) com objetivo de sustar atos emanados de agências reguladoras.[305] A principal agência cujas normas foram alvo dos projetos de decreto sustatório foi a Aneel, seguida da Anvisa, da Agência Nacional de Saúde Suplementar – ANS e da Anac. Juntas, essas quatro agências respondem por 74,4% dos projetos apresentados. A tabela abaixo relaciona a quantidade de projetos de decreto legislativo às respectivas agências reguladoras:

Tabela 1 – Quantidade de PDLs por agência reguladora

Agência reguladora	Quantidade de PDLs	
ANEEL	57	26,8%
ANVISA	40	18,8%
ANS	32	15%
ANAC	30	14,1%
ANATEL	18	8,5%
ANP	13	6,1%
ANTT	13	5,1%
ANCINE	4	1,9%
ANM	3	1,4%
ANTAQ	2	0,9%
ANA	1	0,5%
Total	213	100%

Fonte: Elaboração própria, com base nos dados dos sistemas de informação legislativa da Câmara dos Deputados e do Senado Federal

---

[305] A pesquisa foi realizada a partir da busca por palavras-chave no sistema de informações legislativas da Câmara dos Deputados e do Senado Federal, disponível em https://www.camara.leg.br/busca-portal/proposicoes/pesquisa-simplificada e em https://legis.senado.leg.br/sicon/index.html#/avancada, respectivamente. Nos dois casos, buscou-se atos normativos que mencionassem o nome das agências reguladoras e os resultados foram filtrados pela espécie normativa, resultando na listagem dos decretos legislativos editados para sustar normas provenientes de uma das agências. A pesquisa tem como referência a data de 14.06.2021.

Outra informação importante diz respeito à distribuição temporal desses projetos. Entre 2000 e 2010, apenas 20 PDLs haviam sido apresentados, metade desses apenas no ano de 2010. Em 2015, há um grande incremento nesse número, com 19 projetos apresentados, que alcança o pico em 2020, com 42 projetos.

Gráfico 1 – PDLs por ano

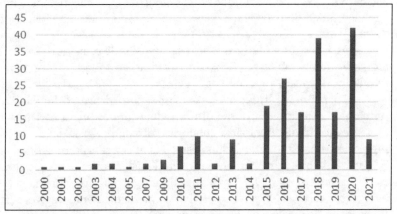

Fonte: Elaboração própria, com base nos dados dos sistemas de informação legislativa da Câmara dos Deputados e do Senado Federal

É interessante notar a evolução do quantitativo entre a década de 2000 e a década de 2010, com um amento significativo do número de PDLs a partir de 2015. Por outro lado, também é curioso notar que essa tendência não foi uniforme, já que tanto 2017 quanto 2019 (os anos imediatamente anteriores a anos eleitorais) registraram um número de novos projetos bastante inferior aos anos imediatamente anterior e posterior.

Dos 213 projetos de decreto legislativo apresentados com objetivo de sustar um ato originário de uma agência reguladora, apenas seis (2,8%) foram aprovados em ao menos uma das casas legislativas[306] e apenas um (0,4%) foi aprovado em ambas, tendo efetivamente entrado em vigor. Trata-se do Decreto Legislativo nº 273/2014, que sustou a Resolução nº52/2011 da Anvisa, que proibia o uso de anorexígenos.

---

[306] Dos seis PDLs aprovados em ao menos uma casa legislativa, metade foi aprovada na Câmara dos Deputados e a outra metade no Senado. Dois projetos buscavam sustar normas da Aneel, dois da Anvisa, um da ANAC e um da ANP. Todos foram propostos a partir de 2014, sendo dois naquele ano, e um nos anos de 2015, 2016, 2018 e 2020.

O caso, apresentado brevemente na introdução, será analisado detidamente adiante.[307]

Uma hipótese possível para explicar o aumento exponencial de novos decretos legislativos a partir de 2015 é a bem-sucedida trajetória do Decreto nº 273/14, aprovado em setembro de 2014. Não parece improvável supor que, por ter sido o primeiro a atingir o seu objetivo, os parlamentares passaram a conhecer melhor o instrumento do veto legislativo e suas potencialidades, passando a fazer mais uso dele nos anos seguintes. A investigação dessa hipótese, contudo, não foi objeto desta pesquisa.

Os dados quantitativos sobre as propostas de projetos de decreto legislativo com objetivo de sustar normas editadas por agências reguladoras trazem algumas conclusões.

Em primeiro lugar, eles revelam que o processo legislativo funciona como um importante filtro moderador das pretensões parlamentares acerca das escolhas regulatórias sob competência das agências reguladoras, mesmo quando não estão sujeitas à sanção presidencial. Se é verdade que o instrumento do veto legislativo foi proposto poucas vezes em comparação com a quantidade de normas editadas pelas agências, é certo que o seu uso efetivo como instrumento de avocação foi ainda mais raro (só tendo ocorrido uma vez).

As evidências também corroboram a qualificação da avocação legislativa de escolhas regulatórias como um fenômeno pontual, restrito a questões de maior expressão política que, portanto, convive com a ideia de autonomia das agências reguladoras.

Por outro lado, o aumento exponencial do número de decretos propostos a partir de 2015 permite supor que esse cenário poderá ser alterado nos próximos anos, caso o número de projetos continue aumentando e, sobretudo, caso mais decretos legislativos sejam aprovados. O baixo índice de aprovação dos PDLs, contudo, não deve levar à conclusão de que este é um instrumento irrelevante. Como visto acima, a avocação terá muitas vezes uma eficácia dissuasiva, quando a mera iniciativa parlamentar motiva a agência a reverter o curso da sua atuação ou a buscar uma solução de compromisso. Nesse sentido, a quantidade de PDLs propostos, comparada à quantidade daqueles que efetivamente são aprovados, pode indicar que o instrumento é usado por parlamentares justamente como veículo de sinalização de preferências, sem tanto compromisso com a sua efetiva aprovação.[308]

---

[307] V. tópico 4.2.1.

[308] Agradeço à professora Roberta Simões Nascimento pelas observações nesse sentido feitas em sua arguição quando da defesa da dissertação de mestrado que originou este livro.

Estudo empírico similar foi conduzido por Eduardo Jordão e Beatriz Scamilla, para avaliar a motivação por trás dos PDLs cujo objeto era a sustação de normas de agências reguladoras, propostos desde a criação da primeira agência reguladora até 2018.[309] A partir da análise da exposição de motivos do PDL, foram identificados cinco tipos de argumentos para sustação.

O mais comum deles, segundo os autores (71% dos casos), é o argumento de inconveniência da opção normativa adotada pela agência. O segundo mais frequente (que aparece em 52% dos PDLs do período pesquisado) é o de que a norma editada pela agência violaria dispositivos legais ou constitucionais. O terceiro argumento (presente em 23% dos PDLs) é o de que a norma editada "extrapolaria o espaço de liberdade conferido pela lei que delegou a competência normativa à agência".[310]

O quarto argumento, presente em 19% dos PDLs pesquisados, afirma que a norma que se pretende vetar teria usurpado a competência de outros órgãos – na maioria das vezes, do próprio Congresso Nacional. Um dado interessante é de que em 57% dos casos em que tal argumento foi empregado, o objetivo do PDL era sustar uma norma editada pela Anvisa. Por fim, o quinto argumento é o de "inovação no mundo jurídico" (11% dos casos), reproduzindo a lógica tradicional de que apenas a lei poderia servir de veículo à inovação no ordenamento.

A análise desses dados permite observar que, dos cinco argumentos identificados, o mais frequente deles parte de uma formulação extrajurídica, em que o parâmetro de controle é a conveniência do legislador. Para Jordão e Scamilla, essa motivação "ao menos numa primeira aproximação [...], parece extrapolar os limites da autorização constitucional".[311]

Os outros quatro argumentos, por outro lado, reproduzem um raciocínio jurídico, identificando, em maior ou menor grau, uma incompatibilidade entre a norma infralegal e a lei que lhe dá suporte. Para os autores, contudo, apenas o argumento de que a norma infralegal

---

[309] JORDÃO, Eduardo; SCAMILLA, Beatriz. Como o Congresso interpreta seu poder de sustar normas das agências? *Revista Conjuntura Econômica*, [s.l.], v. 74, n. 01, p. 62-63, jan. 2020.

[310] JORDÃO, Eduardo; SCAMILLA, Beatriz. Como o Congresso interpreta seu poder de sustar normas das agências? *Revista Conjuntura Econômica*, [s.l.], v. 74, n. 01, p. 62-63, jan. 2020, p. 63.

[311] JORDÃO, Eduardo; SCAMILLA, Beatriz. Como o Congresso interpreta seu poder de sustar normas das agências? *Revista Conjuntura Econômica*, [s.l.], v. 74, n. 01, p. 62-63, jan. 2020, p. 63.

teria extrapolado o espaço de liberdade conferido pela lei "parece se enquadrar rigorosamente nos termos estritos do dispositivo constitucional [o art. 49, V]". Jordão e Scamilla argumentam que, ao interpretar "generosamente" a hipótese constitucional autorizadora do exercício do veto legislativo, o Congresso poderia estar exorbitando do seu próprio poder.

A discussão remete imediatamente a outra, acerca da possibilidade e dos parâmetros do controle jurisdicional sobre decretos legislativos de sustação. Anna Cândida da Cunha Ferraz, enfatizando o caráter jurídico sobre a natureza política do decreto sustatório, defende a sua suscetibilidade ao controle pelo Poder Judiciário, não equiparando, portanto, o veto legislativo a outros atos eminentemente políticos, como os que autorizam o Presidente da República a declarar guerra ou celebrar paz (nos termos do art. 49, II, da Constituição).[312]

O fato de a Constituição ter imposto parâmetros específicos para exercício do veto legislativo faz com que, de fato, não pareça possível afastar integralmente a possibilidade de controle do ato sustatório. Isso significaria ignorar a redação do dispositivo constitucional, que prevê uma hipótese específica para o exercício do veto legislativo, ao contrário do que fez com outros atos também eminentemente políticos, como a declaração de guerra e paz, mencionada acima.

Por outro lado, o exercício de controle jurisdicional sobre o veto legislativo não deve levar à sua excessiva juridificação. O veto legislativo é um instrumento de controle político de um poder sobre outro. Nesse sentido, é um elemento essencial à dinâmica da separação de poderes adotada em concreto pela Constituição. Exigir uma motivação estritamente jurídica para o exercício do veto acabaria por desvirtuar o conteúdo funcional dessa prerrogativa atribuída pela Constituição ao Congresso.[313]

---

[312] FERRAZ, Anna Cândida da Cunha. *Conflito entre poderes*: o poder congressual de sustar atos normativos do Poder Executivo. São Paulo: Revista dos Tribunais, 1994, p. 92: "o controle jurisdicional poderá ser suscitado se houver, relativamente ao ato do Congresso Nacional, manifesta infringência às normas constitucionais. Nunca, contudo, será a 'discrição política' o objeto do controle". Posição similar também é adotada por Caio Tácito para quem: "quando, pois, a sustação do ato importar, a seu turno, em excesso de poder do Congresso, é indispensável a preservação do princípio da legalidade, em defesa do exercício da competência do Presidente da República no uso do poder regulamentar ou de delegação legislativa" (TÁCITO, Caio. O controle judicial da Administração Pública na nova Constituição. *Revista de Direito Administrativo*, [s. l.], v. 173, p. 25-33, jul. 1988, p. 26).

[313] Interessante notar a posição favorável de Diógenes Gasparini ao controle político-congressual do exercício "técnico" da função administrativa, ao comentar a possibilidade de se conceder ao Legislativo a prerrogativa de suspender ator normativos do Presidente da

Falar em um controle político é qualificar não apenas o sujeito que o exerce, mas também a gramática, os motivos e os objetivos desse instrumento – e os resultados da pesquisa empírica discutidos acima deixam evidente esse traço característico. Pressupor que, no exercício dessa prerrogativa, o legislador-controlador mimetizaria o juiz-controlador implica esvaziar o potencial do veto legislativo como instrumento de controle. Olhá-lo através de lentes enviesadas é buscar uma imagem distorcida.

O controle dos motivos do veto legislativo, apesar de ser constitucionalmente possível, deve levar em consideração o emprego desse instrumento de forma imbrincada à dinâmica política. Justifica-se, portanto, um controle *fraco* da adequação constitucional da motivação do veto legislativo, como técnica decisória para conciliar sua natureza de instrumento político com as exigências normativas que a Constituição lhe impõe. Isso significa que a redação constitucional torna possível exigir do Poder Legislativo que as razões do veto estejam de acordo com as categorias linguísticas empregadas pela Constituição. Isto é, o Congresso deverá identificar que a norma sustada ultrapassa os limites do poder regulamentar ou da delegação legislativa, mas não se deve esperar do legislador uma leitura eminentemente jurídica dessas categorias, até porque, mesmo pela gramática do Direito, estes são conceitos cuja densificação permite razoável margem de subjetividade ao intérprete.

Assim, o Judiciário pode avaliar a *existência* da motivação, de acordo com os parâmetros constitucionais, mas não a sua *correção*.[314] Nessas circunstâncias, parece certo dizer que a primazia reconhecida pela Constituição à prerrogativa normativa do Parlamento permite que o legislador tenha algum grau de discricionariedade para identificar

---

República, quando afirma "[...] tal critério visa atenuar os inconvenientes de um controle puramente técnico, levado a efeito pelo Poder Judiciário, já que o Senado, por ser órgão reconhecidamente político, adotava, no exame, critérios não jurídicos, mas simplesmente políticos". V. GASPARINI, Diógenes. *Poder regulamentar*. São Paulo: Revista dos Tribunais, 1982.

[314] *Mutatis mutandis*, a lógica parece seguir aquela do controle do processo de *impeachment* exercido pelo STF. Pela jurisprudência da Corte, não cabe ao STF reavaliar o mérito do julgamento político acerca da existência ou não de crime de responsabilidade. Nesse sentido, v. STF, 1ª T., Pet nº 8.811 AgR, Rel. Min. Roberto Barroso, DJe 10.08.2020: "[...] 2. Questões referentes à conveniência ou ao mérito de pedidos de impeachment não competem ao Poder Judiciário, sob pena de substituir-se ao Legislativo na análise eminentemente política que envolvem essas controvérsias. Precedentes. 3. Agravo regimental desprovido". A analogia justifica-se no fato de que, assim como o veto legislativo, o *impeachment* é um instrumento de controle político do Poder Legislativo, mas também depende da configuração da hipótese constitucional autorizadora (nesse caso, a constatação da prática de um crime de responsabilidade).

as normas infralegais que exorbitam, ou não, dos limites das leis que ele próprio edita.[315]

Se o controle judicial da *motivação* do veto demanda o exercício de certa autocontenção por parte do Judiciário, o texto constitucional justifica, por outro lado, maior abertura para um controle menos deferente quanto ao seu *objeto*. Nesse caso, a Constituição restringe o veto legislativo por meio de categorias um tanto mais objetivas, ao afirmar que o instrumento serve à sustação de *atos normativos do Poder Executivo*.

Por conta disso, é certo dizer que o texto Constitucional não autoriza o Legislativo a vetar atos não normativos do Poder Executivo, o que excederia a hipótese constitucional autorizadora.[316] Esse é o caso de diversos PDLs que tinham por objeto sustar atos emanados pelas agências reguladoras para, por exemplo, aprovar operações societárias,[317] homologar reajustes tarifários,[318] entre outros.

Do mesmo modo, o veto legislativo também não serviria à sustação de atos, normativos ou não, do Poder Judiciário. Foi nesse sentido o entendimento adotado pelo Ministro Gilmar Mendes, relator da ADC nº 33, ao votar pela inconstitucionalidade de decreto legislativo que vetava resolução da Justiça Eleitoral.[319]

---

[315] A deferência judicial ao poder fiscalizatório do Congresso Nacional foi reconhecida pelo STF quando do julgamento da ADIn nº 5.351, com fundamento no art. 49, X, da Constituição. V. STF, Tribunal Pleno, ADIn nº 5351, Rel. Min. Cármen Lúcia, DJe 20.08.2021: "[...] Não viola a proporcionalidade ou razoabilidade a opção do legislador de priorizar a tramitação de procedimentos administrativos ou judiciais que derivem de apurações das Comissões Parlamentares de Inquérito, considerando o interesse público atingido e a deferência constitucional ao poder fiscalizatório do Congresso Nacional (inc. X do art. 49 da Constituição da República). [...]".

[316] Apesar de "ato normativo" ser também um conceito aberto a alguma controvérsia, acredita-se que um controle menos deferente nesse caso se justificaria por ser esse um requisito extrínseco ao ato (é dizer, não pertinente ao seu mérito), e porque, entre os diferentes graus possíveis de densidade normativa de um ato, é possível diferenciar aqueles que se situam em uma zona razoável de certeza positiva (ou seja, são atos claramente normativos, com conteúdo geral e abstrato, o que enseja a possibilidade de veto), daqueles que se situam em uma zona de certeza negativa (ou seja, são atos claramente não normativos, que não podem ser vetados pelo legislativo, hipótese em que o controle judicial é ainda mais justificável).

[317] PDL nº 80/2020

[318] PDL nº 313/2020

[319] STF, Tribunal Pleno, ADC nº 33, Rel. Min. Gilmar Mendes, DJe 30.10.2014. Em seu voto, o Ministro afirmou: "A atribuição de controlar o Poder Executivo é certamente uma das principais outorgadas pelas constituições modernas ao Poder Legislativo. Tal competência, no entanto, não pode ser estendida ao Poder Judiciário por meio de uma interpretação extensiva". O STF também invalidou decreto que sustava o ato de aprovação de uma lei complementar estadual, de iniciativa do Ministério Público, por se entender que o ato de sanção por parte do Governador não era ato normativo. V. STF, Tribunal Pleno, ADIn nº 5184, Rel. Min. Luiz Fux, DJe 16.09.2019.

A despeito de o tema não ter sido objeto frequente da jurisprudência do STF, é certo que a tese quanto à adoção de um controle deferente sobre a motivação do decreto sustatório, aqui defendida, não prevaleceu nos poucos casos em que o STF analisou a constitucionalidade de vetos legislativos.

No primeiro julgamento tratando da questão, o da medida cautelar na ADIn nº 748, estava em discussão a suspensão de decreto sustatório editado pela Assembleia Legislativa do Rio Grande do Sul, que vetara decreto editado pelo Poder Executivo prevendo uma sistemática diferenciada para a execução do calendário escolar nos estabelecimentos estaduais de ensino. O relator, Ministro Celso de Mello, entendeu que o veto legislativo representaria controle de legalidade do Poder Legislativo, sendo uma competência extraordinária, "derrogatória do princípio da divisão funcional do poder".[320] Pelo mesmo motivo, para o Ministro Carlos Velloso, o exercício dessa prerrogativa deveria ser interpretado com a "máxima cautela".

Por maioria, o decreto foi suspenso, prevalecendo, no mérito, a posição do Ministro Marco Aurélio, para quem o ato sustado coadunava-se com a lei que lhe servia de fundamento, o que indicava a inconstitucionalidade do veto. Na ementa do precedente foi expressamente consignado o entendimento quanto à competência do STF para analisar os "pressupostos legitimadores do exercício dessa excepcional competência", cabendo, em especial, "verificar se os atos normativos emanados do Executivo ajustam-se, ou não, aos limites do poder regulamentar ou aos da delegação legislativa".[321]

O entendimento foi reafirmado no julgamento da ADIn nº 1.553, de relatoria do Ministro Marco Aurélio, quando o STF declarou inconstitucional, em parte, um decreto legislativo, ao entendimento de que a norma por ele sustada não exorbitava os limites do poder regulamentar ou da delegação legislativa.[322]

---

[320] V. o voto do Ministro Celso de Mello em STF, Tribunal Pleno, ADIn nº 748 MC, Rel. Min. Celso de Mello, DJ 06.11.1992.

[321] STF, Tribunal Pleno, ADIn nº 748 MC, Rel. Min. Celso de Mello, DJ 06.11.1992.

[322] STF, Tribunal Pleno, ADIn nº 1553, Rel. Min. Marco Aurélio DJ 17.09.2004: "REGULAMENTO - BALIZAS - SUSTAÇÃO – EXECUTIVO VERSUS LEGISLATIVO. Mostra-se constitucional decreto legislativo que implique sustar ato normativo do Poder Executivo exorbitante do poder regulamentar. TETO – APLICAÇÃO – LEI E REGULAMENTO. O regulamento pressupõe a observância do objeto da lei. Extravasa-a quando, prevista a aplicação do teto de remuneração de servidores considerada a administração direta, autárquica e fundacional, viabiliza a extensão às sociedades de economia mista e empresas públicas".

Mais recentemente, o controle judicial do mérito do veto legislativo voltou à pauta do STF em dois casos, cujas conclusões suscitam algumas observações relevantes. No primeiro, relatado pela Ministra Cármen Lúcia,[323] estava em discussão lei distrital que previa sanções administrativas a servidores e empregados públicos que praticassem condutas discriminatórias. O Governador do Distrito Federal, então, editou decreto para regulamentar a lei, que foi, posteriormente, sustado pelo Legislativo.

Quando do julgamento, a relatora entendeu que o decreto sustatório seria inconstitucional a partir de três fundamentos. O primeiro: a compatibilidade entre a norma sustada e a lei que lhe dava suporte, o que demonstrava inexistir abuso do poder regulamentar por parte do Governador. Em segundo lugar, a relatora também analisa a justificativa usada no projeto de decreto legislativo, identificando que "sequer é alegado que o Governador do Distrito Federal teria exorbitado de seu poder regulamentar" e que "[a] justificação do projeto [...] fundamenta-se apenas em considerações genéricas sobre a necessidade de proteção à família".[324] Por fim, a relatora comenta que a legislação distrital em discussão tinha por objetivo proteger grupos vulneráveis, harmonizando-se com os princípios da dignidade da pessoa humana e da igualdade. Nesse sentido, ao sustar o decreto regulamentador, o objetivo teria sido apenas impedir a aplicação dessas medidas protetivas. O voto foi acompanhado por unanimidade.

O segundo precedente foi relatado pelo Ministro Luís Roberto Barroso. Examinou-se a constitucionalidade de decreto legislativo que sustava portaria do Governo Federal que suspendia os períodos de defeso da pesca de algumas espécies por 120 dias.[325]

O voto do relator inicia expondo que a portaria de suspensão do defeso não estaria embasada em qualquer justificativa técnica, mas motivada apenas por um aparente propósito fiscal – limitar os pedidos de seguro defeso. Afirma, em seguida, que a portaria violaria o princípio da precaução, sendo, portanto, inconstitucional. Apenas então passa a discorrer propriamente sobre a validade do decreto sustatório, objeto da ADIn. O relator afirma que, com a suspensão do defeso, o Poder Executivo teria exorbitado seu poder regulamentar, pois teria deixado de observar a finalidade que justificava sua competência regulamentar

---

[323] STF, Tribunal Pleno, ADIn nº5740, Rel. Min. Cármen Lúcia, DJe 03.12.2020.

[324] V. voto da Ministra Cármen Lúcia em STF, Tribunal Pleno, ADIn nº 5740, Rel. Min. Cármen Lúcia, DJe 03.12.2020.

[325] STF, Tribunal Pleno, ADIn nº 5447, Rel. Min. Roberto Barroso, DJe 07.08.2020.

na hipótese: a preservação ambiental. Daí, portanto, seria válido o veto legislativo. A posição foi encampada pela maioria do Tribunal, vencido apenas o Ministro Alexandre de Moraes, que julgava prejudicada a ação.

Nesse caso, é interessante notar que a análise da validade do decreto confunde-se, e até cede espaço, à análise da constitucionalidade do ato normativo sustado (que não poderia ser impugnado por meio de ação direta). Fica claro que o STF se substitui integralmente no papel de controlador desempenhado pelo Legislativo. Apesar de ter alcançado um resultado deferente, mantendo o veto legislativo, a argumentação empregada no voto do relator ignora a avaliação legislativa acerca do mérito da norma de suspensão do período do defeso, sem sequer mencionar as razões que embasaram o controle político. Nesse caso, não foi feita qualquer consideração sobre as preocupações que costumavam guiar a jurisprudência da Corte envolvendo o princípio da separação de poderes e uma suposta excepcionalidade desse mecanismo de controle, que deveria ser interpretado de modo contido.

Já no primeiro caso, relatado pela Ministra Cármen Lúcia, apesar de a relatora julgar o mérito do decreto legislativo, também investiga a justificativa do projeto, aferindo a sua desconformidade com a hipótese autorizadora do art. 49, V, da Constituição. Assim, mesmo no modelo de controle *fraco* de constitucionalidade aqui defendido, a declaração de inconstitucionalidade do decreto estaria justificada, sem necessidade de análise de mérito.

Os dois casos são interessantes ao mostrarem uma abertura do STF a argumentos diversos da leitura fundacionalista do princípio da separação de poderes que costuma pautar a jurisprudência da Corte nessa matéria, não obstante ambos os casos terem adentrado o mérito do decreto legislativo de sustação. Os casos também dão mostra do argumento desenvolvido acima, no sentido de que um controle forte do mérito do veto legislativo desconsidera a sua natureza e funcionalidade constitucionais, substituindo a avaliação democrática sobre a conveniência e oportunidade do controle pelo entendimento jurídico dos ministros sobre o mérito da questão, o que enfraquece o uso e as potencialidades desse instrumento.

3.3.2 Edição de lei em sentido estrito: a "relegalização" da escolha regulatória

O outro instrumento usado pelo Legislativo para avocar escolhas regulatórias das agências reguladoras é a edição de lei em sentido estrito.

Não há qualquer peculiaridade na edição de leis para tratar de temas relacionados à regulação estatal. Até porque toda a competência de uma agência regulatória decorre, em última análise, de uma atribuição legal de competência. Não há dúvidas, portanto, de que o Congresso frequentemente edita diversas leis para tratar de temas afetos à regulação, com interseção com a competência das agências. A particularidade desse instrumento, contudo, está no seu uso como veículo para substituir deliberações das agências reguladoras, revelando uma estratégia oposta à da deslegalização frequentemente comentada pela doutrina.[326] Tratar-se-ia, nesse caso, da "relegalização" de uma matéria específica, que volta a receber tratamento legal.

Aqui, a avocação ocorre de maneira incidental ao exercício ordinário da prerrogativa normativa do legislador, qualificando, portanto, uma interação informal[327] entre os agentes envolvidos, à diferença do veto legislativo, que consubstancia um mecanismo de interação (ou controle) formal da norma sustada.

O fato de a avocação ser incidental ao exercício normativo permite que ela seja implícita, ou seja, a lei não precisa questionar de forma ostensiva a norma superada. Isso porque, do ponto de vista formal, a atuação do legislador é justificada como o exercício regular de uma competência ordinária. A identificação da avocação, portanto, é essencialmente dependente do contexto de cada situação e da análise da interação institucional entre os agentes envolvidos. Nem toda lei tratando de regulação será enquadrada no conceito aqui examinado.

À diferença do veto legislativo, a edição de lei não está sujeita a uma hipótese constitucional específica, é dizer, não depende da identificação de um ato normativo que exceda os limites da sua habilitação legal. Exige-se, por outro lado, sanção presidencial.

---

[326] Deslegalização é o instituto jurídico com origem no direito administrativo da Europa continental, usado para designar o rebaixamento hierárquico de determinada matéria, que deixa de ser tratada por lei para ser normatizado pela legislação infralegal. Sobre o tema, v. MOREIRA NETO, Diogo de Figueiredo. Natureza jurídica, competência normativa, limites de atuação. *Revista de Direito Administrativo*, [S. l.], v. 215, p. 71-83, 1999, p. 77.

[327] McCubbins e Schwartz ao introduzirem a distinção entre os dois modelos (*police patrol* e *fire alarm*) de supervisão do Congresso americano sobre as agências executivas, também aludem à classificação paralela entre supervisão formal e informal, sendo esta a que se dá de maneira incidental ao exercício de outras funções. A avocação via lei seria um exemplo de instrumento informal de interação entre Legislativo e agências reguladoras. V. MCCUBBINS, Mathew D.; SCHWARTZ, Thomas. Congressional Oversight Overlooked: Police Patrols versus Fire Alarms. *The American Journal of Political Science*, [s. l.], v. 28, n. 1, p. 165-179, 1984.

A prerrogativa presidencial de vetar a lei aprovada pelo Legislativo é um relevante fator de contenção do movimento de avocação legislativa, de modo que o alinhamento entre a agência reguladora e a cúpula do Poder Executivo pode se revelar uma vantagem significativa na disputa em torno da construção da política regulatória nesses casos. O veto presidencial aumenta, de maneira relevante, os custos para aprovação do projeto de lei no Congresso, demandando a maioria absoluta das duas casas para reversão (conforme dispõe o art. 66, §4º, da Constituição). Mais do que isso, contudo, a possibilidade de veto funciona como um relevante instrumento de barganha a favor das preferências políticas do Executivo, incentivando o Congresso a aderir à posição que permita conciliar de maneira mais satisfatória os interesses em jogo.

A avocação por meio de lei ocorre visando a uma dentre três estratégias: (i) substituir o espaço de deliberação da agência, evitando que ela venha a regular uma questão específica e esvaziando sua competência de modo pontual; (ii) reverter uma decisão da agência; ou (iii) tratar de atos concretos de regulação pela via legal.

Pela primeira, a atuação do Congresso é proativa e preventiva. Os agentes políticos buscam antecipar-se a um movimento da agência, seja para regular inteiramente uma situação por lei, seja para impor limitações pontuais a uma futura deliberação que será requerida da agência, evitando que seja tomada uma decisão que contrarie as preferências majoritárias. O que distingue essa hipótese da edição ordinária de leis tratando de temas regulatórios é justamente a intenção de se antecipar a uma deliberação da agência, revertendo preventivamente um possível resultado indesejado.[328]

Ao contrário da primeira estratégia, a segunda diz respeito a um movimento reativo: o Congresso busca reverter uma deliberação já tomada pela agência reguladora.[329] Nesse ponto, há uma aproximação entre a edição de lei de revisão e o instrumento do veto legislativo, mas, aqui, a lei substitui o pronunciamento da agência por um outro.

A terceira estratégia diz respeito à edição de uma lei de efeitos concretos, pela qual o legislador avoca a competência decisória de uma agência reguladora, criando uma via alternativa ao arcabouço regulatório existente para alcançar um objetivo de política regulatória sem

---

[328] Veja-se, por exemplo, o caso discutido no tópico 4.1.1, sobre o regime legal da geração distribuída de energia elétrica.

[329] Como exemplo da adoção dessa estratégia, confira-se o tópico 4.1.2, que trata da definição da regra sobre cobrança de bagagens em viagens de avião.

intervenção da agência.[330] Promove, assim, um *by-pass* ou um drible em sua competência.

Há duas peculiaridades desta estratégia em relação às anteriores. A primeira está no fato de ela lidar com a edição de uma lei sem caráter efetivamente normativo, isto é, que não é dotada dos atributos clássicos de abstração, universalidade e impessoalidade. Para a jurisprudência do STF, a lei de efeitos concretos nada mais é do que um ato administrativo revestido sob a forma de lei,[331] o que suscita discussões específicas com relação aos limites da atuação parlamentar nesses casos. Ou seja, do ponto de vista da avocação, será possível questionar se a competência avocada pelo Congresso não seria exclusiva da agência reguladora (ou melhor, da Administração Pública), o que representaria um empecilho *a priori* para a avocação, como comentado acima. Isso não é o mesmo que afirmar uma reserva de regulação apriorística à agência. Reconhecer, por exemplo, que alguns atos concretos devem antes passar por um devido processo legal administrativo, observando determinadas prorrogativas processuais, não é o mesmo que afirmar um domínio de competência técnica exclusiva à agência a partir de categorias estanques.

O Congresso, na verdade, edita regularmente leis de efeitos concretos, muitas vezes tratando de setores regulados. Alguns exemplos: em 2008, foi editada a Lei nº 11.762/08, fixando o limite máximo permitido de chumbo em tintas imobiliárias e de uso infantil. Em 2009, no calor de discussões sobre aquecimento global, foi editada a Lei nº 11.936/09 proibindo a fabricação, importação e comercialização de produtos contendo o inseticida DDT, um dos responsáveis pelo agravamento do efeito estufa. Outro episódio aconteceu quando da votação da Medida Provisória nº 267/2013, que tratava da tributação de empresas brasileiras no exterior. Na Câmara dos Deputados, incluiu-se no texto, por meio de emenda parlamentar, dispositivo perdoava R$2 bilhões em multas aplicadas pela ANS a operadoras de planos de saúde. O dispositivo acabou vetado pela presidente Dilma Roussef, que fez constar, nas razões de veto, a justificativa de que a medida proposta enfraqueceria a atuação da ANS, causando desequilíbrio regulatório.

Se não há um fundamento apriorístico para impedir a edição de leis de efeitos concretos pelo Legislativo, é preciso discutir parâmetros específicos para o controle dessa atuação. Em tais casos, só é possível

---

[330] Remeta-se, aqui, aos casos discutidos no tópico 4.2.1.

[331] V., por exemplo, STF, Tribunal Pleno, ADIn-MC nº 2.484, Rel. Min. Carlos Velloso, DJ de 14.11.2003 e STF, Tribunal Pleno, ADIn nº 1.496, Rel. Min. Moreira Alves, DJ de 18.05.2001.

invocar um argumento de reserva de administração quando se esteja tratando de competências exclusivas do Poder Executivo que lhe tenham sido atribuídas, como tais, pelo texto da Constituição.[332]

Afora esses casos, contudo, também se pode extrair da jurisprudência do STF um parâmetro adicional para julgar a constitucionalidade de leis de efeitos concretos sobre temas regulatórios. É que, em determinadas hipóteses, a existência de um processo administrativo prévio à decisão representa uma garantia dos administrados, um reflexo da cláusula geral de devido processo legal. Isso é mais evidente nos casos que envolvem a aprovação de medicamentos ou produtos para saúde, quando a existência de um procedimento prévio garante que o produto que será comercializado atende as exigências de segurança e eficácia. Quando a avocação da escolha regulatória por meio de uma lei de efeitos concretos não permita suprir as garantias de um processo administrativo regular, e quando essas garantias sejam essenciais para a fruição de determinado direito constitucional que a regulação vise promover, haverá razões para que a lei seja julgada inconstitucional.

Outra peculiaridade da edição de leis de efeito concreto está no fato de que seu exercício pode ser tanto proativo (como foi no caso da fosfoetanolamina) quanto reativo (como na hipótese das substâncias inibidoras de apetite). Haverá casos, portanto, em que a racionalidade da lei terá um contraponto direto na racionalidade do ato administrativo editado pela agência em sentido oposto, e outros em que esse contraponto será menos evidente ou até mesmo inexistente.

Seja como for, parece certo supor que a racionalidade da avocação legislativa é construída no curso do processo, e não limitada por objetivos ou metas predeterminadas. Como afirmam McCubbins

---

[332] Não parece defensável a tese de que a edição de leis de efeitos concretos avançaria sempre em espaço reservado à atividade administrativa. Por outro lado, também é de se admitir que haverá algum espaço de reserva de execução e que o domínio da lei, nesse campo, não é absoluto. V. abordando o tema, CORREIA, Arícia Fernandes. *Por uma releitura dos princípios da legalidade administrativa e da reserva de administração*. 2008. 322 f. Tese (Doutorado em Direito Público) – Faculdade de Direito, Universidade do Estado do Rio de Janeiro, Rio de Janeiro, 2008, p. 240: "A questão jurídica relativa à reserva de regulamento de execução é, portanto, de todas, a mais delicada, na medida em que ela implica, para ser reconhecida, a adoção de um conceito material de lei – espécie legislativa inovadora da ordem jurídica, dotada de coeficiente 'médio' de abstração e generalidade compatível com o princípio da igualdade que visa, também, proteger – que, a ser defendido com rigor, afastaria a legitimidade constitucional das chamadas 'leis-medida', individuais e concretas por excelência, 'verdadeiras medidas legislativas que auto-executivamente oferecem na forma de lei a decisão do caso concreto, a não ser quando suscetíveis de recondução a um critério isonômico transcendente".

e Schwartz, não parece haver razões para acreditar que leis refletem metas políticas bem definidas ou inalteráveis. Na verdade, afirmam os autores, "os objetivos legislativos são aperfeiçoados, elaborados e mesmo alterados ao longo do tempo em resposta a novos problemas, que incluem queixas contra agências reguladoras e mudanças em preferências e alinhamentos políticos".[333] Como referido acima, tal conclusão implica reconhecer os papéis constitutivo, funcional e coordenativo das interações entre os agentes encarregados da política regulatória em relação ao seu resultado.[334]

3.4 Custos e reações

A avocação legislativa da escolha regulatória instaura uma concorrência entre os atores institucionais em torno da disputa sobre a prerrogativa de dar a última palavra. Esse movimento motiva adaptações dos agentes envolvidos em suas próprias posições e reações de outros atores institucionais,[335] dando origem a múltiplas rodadas de

---

[333] Tradução livre de "[...] legislative goals are refined, elaborated, and even changed over time in response to new problems-including complaints against executive agencies-and to changes in preferences and political alignments" (MCCUBBINS, Mathew D.; SCHWARTZ, Thomas. Congressional Oversight Overlooked: Police Patrols versus Fire Alarms. *The American Journal of Political Science*, [s. l.], v. 28, n. 1, p. 165-179, 1984, p. 171). Isso é ainda mais evidente quando, levando-se em conta os dilemas trazidos pelo paradoxo de Condorcet e pelo teorema da impossibilidade de Arrow, se acrescenta à análise a percepção de que a votação majoritária pode não refletir a vontade efetiva da maioria, mas sim o resultado de um determinado arranjo de opções. Nesse caso, delegações genéricas (que não predeterminam a preferência política) mostram-se instrumentos úteis ao alcance de um consenso momentâneo, que poderá ser aperfeiçoado e adaptado em episódios futuros. Sobre o ponto, v. MASHAW, Jerry L. Prodelegation: Why administrators should make political decisions. *Journal of Law, Economics, and Organization*, [s.l.], v. 1, n. 1, p. 81-100, mar. 1985, p. 99. Uma avocação legislativa bem-sucedida depende de as preferências políticas, opostas às preferências das agências, serem também preferências majoritárias, aptas a ganhar o respaldo da maioria congressual. A dinâmica do jogo político não exige que a pauta anti-agência seja efetivamente encampada pela maioria dos parlamentares, mas tão-somente que ela não mobilize o veto da maioria.

[334] BLACK, Julia. Regulatory conversations. *Journal of Law and Society*, Malden, v. 29, n. 1, p. 163-196, mar. 2002, p. 165.

[335] V. CHAFETZ, Josh. *Congress's Constitution*: Legislative Authority and the Separation of Powers. New Haven: Yale University Press, 2017, p. 35: "The tools of interbranch contestation compose the choices available to the political actor at each node of the game. The invocation of one or more of those tools moves the actor to a different node, sends signals to the other actors, and – by engaging dialogically with the public – potentially alters the payoffs available to different actors at different points in the game".

contestação,[336] em que cada nova rodada é determinada pelo histórico das anteriores, no que Jerry Mashaw chamou de "jogo da separação de poderes".[337] A ideia é bem traduzida por Pedro Abramovay e Gabriela Lotta, quando afirmam que "[a] relação de harmonia e tensão entre os poderes não tem mais apenas a função de barrar abusos, mas obriga cada ato de poder a se justificar publicamente, a ser um ato de convencimento".[338]

Disputas políticas em torno do processo de construção da regulação criam diversos custos, tanto políticos quanto econômicos. No campo político, gera custos de transação para os legisladores que precisam alcançar um consenso e para o regulador, que se vê diante de um obstáculo no curso incremental de sua agenda regulatória. Do lado econômico, a prorrogação da discussão gera perdas de eficiência e custos de oportunidade.[339]

Conforme tratado anteriormente,[340] problemas de agência geram custos de monitoramento ao principal, incorridos para detectar situações de desconformidade e corrigi-las. Nem sempre, contudo, o principal conseguirá reverter uma decisão indesejada. Há casos em que o principal arca com custos que Jensen e Meckling denominam perdas residuais.[341] Quer-se referir justamente à divergência entre a decisão final do agente e aquela que representaria a ótima maximização da utilidade do principal (*i.e.*, uma decisão tomada integralmente de acordo com suas preferências).

No contexto da política regulatória, as perdas residuais consistem nas decisões tomadas pelas agências reguladoras que, a despeito de

---

[336] A ideia de que o comportamento de agentes em conflito é influenciado pelas expectativas e comportamentos alheios é a premissa da teoria dos jogos. Sobre a teoria dos jogos aplicada à análise de relações interinstitucionais, v. DERBLI, Felipe. Interações estratégicas entre os poderes no controle de constitucionalidade: aplicações da teoria dos jogos nos diálogos constitucionais. *In*: BRANDÃO, Rodrigo; BAPTISTA, Patrícia (Orgs.). *Direito Público*. Rio de Janeiro: Freitas Bastos, 2015, p. 180 e, também, JUSTEN FILHO, Marçal. *O direito das agências reguladoras independentes*. São Paulo: Dialética, 2002, p. 47-48.

[337] MASHAW, Jerry L. Greed, chaos, and governance: using public choice to improve public law. New Haven: Yale University Press, 1997, p. 191.

[338] ABRAMOVAY, Pedro; LOTTA, Gabriela. *A democracia equilibrista*: políticos e burocratas no Brasil. São Paulo: Companhia das Letras, 2022, p. 20.

[339] NAPOLITANO, Giulio. Conflicts in Administrative Law: struggles, games and negotiations between political, institutional and economic actors. *Jean Monnet Working Paper Series*. Nova Iorque, 2013, p. 18.

[340] V. tópico 2.1.

[341] JANSEN, Michael C.; MECKLING, William H. Theory of the firm: managerial behavior, agency costs and ownership structure. *Journal of Financial Economics*, New York, v. 3, n. 4, p. 305-360, out. 1976.

contrariarem os interesses políticos, não suscitam reações contrárias do Parlamento, para as quais os custos de reversão são superiores aos custos políticos decorrentes da sua manutenção. Em sentido contrário, portanto, a motivação para a avocação legislativa, e para suas sucessivas rodadas, surgirá quando os custos de reversão forem menores que as perdas residuais.[342]

Dado que a avocação ocorre no campo normativo, a legalidade serve de pivô de coordenação entre os atores institucionais.[343] Ao tempo em que a legalidade permite reconhecer aos parlamentares um espaço privilegiado para impor suas preferências políticas sobre as agências reguladoras em função da hierarquia da lei formal sobre atos regulamentares, ela também demanda um processo decisório complexo, ao exigir aglutinação de maiorias políticas e, no caso da edição de lei, a aquiescência do Presidente da República. Nessa perspectiva, o direito administrativo funciona como uma arena de conflitos e negociações, e seus instrumentos são empregados pelos atores da regulação em suas estratégias para maximizar suas vantagens.[344]

A sucessão de etapas do jogo regulatório, com a intervenção de novos atores institucionais, gera custos incidentais, não estimados inicialmente, que vão determinar as chances de êxito do movimento de avocação. Destacam-se, aqui, quatro desses custos.

O primeiro diz respeito aos custos gerados pela reação da agência reguladora. Cogita-se de quatro tipos de reação que podem ser adotadas por agências reguladoras diante de iniciativas de avocação.

A mais custosa delas é, certamente, aquela em que as agências (i) engajam-se na disputa política para manter sua posição, utilizando-se, por exemplo, do recurso a atores de veto ou do convencimento da opinião pública. Nessas hipóteses, as agências são agentes de *lobby* de suas próprias preferências e do seu prestígio institucional, testando o nível

---

[342] V. MCCUBBINS, Mathew D., NOLL, Roger G.; WEINGAST, Barry R. Structure and Process, Politics and Policy: Administrative Arrangements and the Political Control of Agencies. *Virginia Law Review*, [s.l.], v. 75, n. 2, p. 431-482, mar. 1989, p. 481. Os autores argumentam que desvios das agências não serão objeto de controle político se ao menos um dos agentes de veto (nos Estados Unidos, a Câmara, o Senado ou o Presidente) for beneficiado por ela.

[343] CYRINO, André. Legalidade administrativa de carne e osso: uma reflexão diante do processo político brasileiro. *Revista de Direito Administrativo*, [s.l.], v. 274, p. 175-208, maio 2017, p. 179.

[344] NAPOLITANO, Giulio. Conflicts in Administrative Law: struggles, games and negotiations between political, institutional and economic actors. *Jean Monnet Working Paper Series*. Nova Iorque, 2013.

da sua credibilidade.[345] Essa estratégia foi bem-sucedida, pelo menos até agora,[346] no caso da cobrança de bagagem, discutido adiante,[347] em que a decisão da Anac de permitir a cobrança de franquia foi revertida por lei, mas vetada pela Presidência da República. O Diretor-Geral da agência, em entrevista, reconheceu como determinante para fazer prevalecer a posição inicial da Anac o apoio de outros agentes institucionais.

Também é possível que as agências (ii) boicotem a avocação legislativa, voltando a editar normas para reaproximar a política regulatória de sua preferência original ou mesmo deixando de regulamentar uma lei, editada pelo Congresso em oposição às preferências da agência. Esse parece ter sido o caso da regulamentação, pela ANS, da obrigação de ressarcimento ao SUS por parte de operadoras de plano de saúde, prevista no art. 32 da Lei nº 9.656/98. De acordo com Marcello Baird,[348] a atuação da ANS sobre o tema foi, durante longo período, marcada pela inação, em uma estratégia que o autor classifica como de "não decisão", que busca barrar mudanças por influência dos defensores do *status quo*.

Nesse ponto, a substituição do marco da legalidade pela juridicidade favorece o agente regulador ao ampliar o espectro do seu campo de discricionariedade.[349] Significa dizer que as decisões e normas das agências reguladoras podem ser editadas com respaldo direto na Constituição e nos valores que ela encarta, sem necessidade de estarem amparadas direta e especificamente em uma autorização legislativa.

---

[345] Cf. Guerra e Salinas "Burocratas podem, assim, fazer uso do conhecimento de que dispõem para agirem em benefício de interesses próprios ou das organizações a que pertencem, que poderão ou não coincidir com os interesses dos governantes eleitos ou de seus constituintes" (GUERRA, Sérgio; SALINAS, Natasha Schmitt Caccia. Controle político da atividade normativa das agências reguladoras no Brasil. *Revista de Direito Econômico e Socioambiental*, Curitiba, v. 9, n. 3, p. 402-430, set./dez. 2018, p. 408).

[346] No momento da conclusão do livro, o Congresso Nacional ainda não apreciou o veto presidencial ao dispositivo de lei que reautorizava o despacho gratuito de bagagens aéreas.

[347] V. tópico 4.1.2.

[348] BAIRD, Marcello Fragano. *Saúde em jogo*: atores e disputas de poder na Agência Nacional de Saúde Suplementar (ANS). Rio de Janeiro: Editora Fiocruz, 2020, p.111.

[349] Sobre o ponto, André Cyrino nota que, sob a premissa da legalidade principiológica, "ao mesmo tempo que se ampliam os meios de controle, são alargados os poderes de tomada de decisão" (CYRINO, André. Legalidade administrativa de carne e osso: uma reflexão diante do processo político brasileiro. *Revista de Direito Administrativo*, [s.l.], v. 274, p. 175-208, maio 2017). A observação também se aplica ao exercício do poder normativo pelas agências reguladoras. É mais fácil justificar a edição de normas regulatórias sob parâmetros de juridicidade do que com base em uma lei específica. Esse cenário favorece um alargamento da autoridade normativa das agências reguladoras, a qual também passa a estar sujeita a questionamentos mais frequentes.

Quando do julgamento da ADIn nº 5.779 pelo STF,[350] por exemplo, alguns ministros entenderam que o Legislativo poderia editar lei autorizando a produção e comercialização de anorexígenos, mas que a Anvisa poderia voltar a proibi-los diante de novas evidências sobre os riscos deles decorrentes,[351] com fundamento no dever constitucional do Estado de promover a saúde e garantir que os produtos postos em circulação no mercado sejam eficazes e seguros para consumo.

Outra reação possível por parte das agências é (iii) a adoção de uma postura conciliatória, em que o regulador busca convencer o Legislativo ou negociar uma solução intermediária. Retomando a perspectiva da teoria do equilíbrio pontuado,[352] tem-se que a extrapolação de uma questão do subsistema regulatório para o macrossistema político faz com que a situação de equilíbrio seja rompida, tornando o subsistema regulatório mais propenso a mudanças de curso. Como explica Ana Cláudia Capella:

> [...] a atenção dos líderes governamentais e do público pode levar à introdução de novas ideias e de novos atores naquele subsistema. Além disso, os "momentos críticos" podem estabelecer novas *policy images* e reorganizações institucionais (novas *policy venues*) que reestruturam o subsistema. Essas novas ideias e instituições tendem a permanecer no tempo (*policy legacy*), criando um novo estado de equilíbrio no subsistema que, após um período, tende a voltar à estabilidade.[353]

Movimentações legislativas que sinalizem à agência, preventivamente, uma intenção de avocação legislativa podem ensejar a abertura de um canal de negociação entre o legislador e o regulador.

Por fim, agências também (iv) podem simplesmente não se opor à avocação, reconhecendo a competência do Legislativo para tratar do tema e abstendo-se de qualquer movimento contestatório, ou mesmo antecipar-se à ação legislativa e corrigir, ela própria, o rumo de sua política regulatória no sentido desejado pela maioria parlamentar.[354]

---

[350] V. tópico 4.2.1.

[351] STF, Tribunal Pleno, ADIn nº 5.779, Rel. Min. Nunes Marques, j. 14.10.2021.

[352] V. tópico 2.3.3.

[353] CAPELLA, Ana Cláudia N. Perspectivas teóricas sobre o processo de formulação de políticas públicas. *BIB – Revista Brasileira de Informação Bibliográfica em Ciências Sociais*, São Paulo, n. 61, p. 25-52, 2006, p. 42.

[354] De acordo com Eduardo Jordão, em palestra proferida em 24.11.2021, por ocasião do VI Seminário de integração FGV Direito Rio e Faculdade de Direito da UERJ, pesquisa empírica realizada sobre os PDLs propostos para sustar normas de agências reguladoras mostrou que, em cerca de 30% dos casos, a própria agência revoga a norma contestada depois

Estratégias de cooperação são importantes para angariar apoio institucional, ainda que impliquem a concessão momentânea a escolhas vistas como menos vantajosas.[355] Cada uma dessas estratégias pode gerar novas reações até que seja atingida uma nova posição de equilíbrio (cujo custo de mudança não será assumido por nenhum dos atores envolvidos).

Além dos custos criados pela reação da agência, a avocação também pode gerar um custo social, quando o movimento gera uma percepção negativa da interferência legislativa no ambiente regulatório. Com a consolidação do modelo de regulação por agências, há uma tendência de alguns setores, em especial econômicos, a relacionar o fortalecimento de sua autonomia ao crescimento e desenvolvimento dos mercados regulados,[356] repercutindo a ideia de credibilidade regulatória.[357] A influência reiterada do Congresso em matéria regulatória tende a ser alvo de crítica por parte dos defensores da credibilidade das agências e do seu insulamento da política ordinária. Partindo da premissa da teoria da escolha pública, de que o objetivo principal de agentes políticos é a reeleição, iniciativas legislativas que gerem percepção negativa por parte do eleitorado tendem a não ser vitoriosas no parlamento.[358]

A avocação será viável, portanto, na medida em que os benefícios sociais esperados excederem os custos decorrentes de suas críticas. Por

---

do início do processo de avocação pelo Congresso, e antes da votação do projeto. A íntegra da palestra está disponível em https://www.youtube.com/watch?v=caAakXS7JT8.

[355] DERBLI, Felipe. Interações estratégicas entre os poderes no controle de constitucionalidade: aplicações da teoria dos jogos nos diálogos constitucionais. *In*: BRANDÃO, Rodrigo; BAPTISTA, Patrícia (Orgs.). *Direito Público*. Rio de Janeiro: Freitas Bastos, 2015, p. 180. O autor comenta que os jogadores tenderão a cooperar se acreditarem que isso irá induzir mais cooperação no futuro, em um jogo de compromisso, composto por rodadas sequenciais.

[356] Retrato dessa tendência é o movimento feito com a edição da Lei nº 13.848/19, que reafirmou a autonomia administrativa das agências reguladoras em seu art. 3º: "A natureza especial conferida à agência reguladora é caracterizada pela ausência de tutela ou de subordinação hierárquica, pela autonomia funcional, decisória, administrativa e financeira e pela investidura a termo de seus dirigentes e estabilidade durante os mandatos, bem como pelas demais disposições constantes desta Lei ou de leis específicas voltadas à sua implementação".

[357] MELO, Marcus André. A política da ação regulatória: responsabilização, credibilidade e delegação. *Revista Brasileira de Ciências Sociais*. São Paulo, v. 16, n. 46, p. 55-68, jun. 2001, p. 64.

[358] A afirmação envolve outros questionamentos que fogem ao objeto desta pesquisa. Um deles diz respeito ao grau de penetração de preocupações em torno da higidez do ambiente regulatório na maior parte do eleitorado brasileiro, de baixa renda e baixa escolaridade. Preocupações como essa tendem a ficar restritas aos segmentos com maior poder aquisitivo da sociedade e, portanto, surtirem pouco efeito nas pretensões eleitoreiras de agentes políticos.

trás desse arranjo, mostra-se determinante a capacidade de o grupo de interesse beneficiado pela avocação internalizar esse custo, dando suporte político à atuação parlamentar. O poder de influenciar o debate na arena política depende em grande medida da capacidade de negociação e organização de um grupo de pressão, o que favorece a ação de grupos econômicos organizados, mas não elimina a possibilidade de grupos de interesses difusos (consumidores ou ambientalistas, por exemplo) influenciarem a agenda legislativa. Como nota Giulio Napolitano, tais grupos conseguem selecionar e sinalizar preferências coletivas relevantes "que legisladores racionais tentarão satisfazer por meio da adoção de atos e leis favoráveis a esses interesses".[359]

Além do custo de reação da agência e dos custos sociais, o terceiro custo incidental refere-se a um ônus de justificação que se origina das diferenças essenciais entre o processo decisório legislativo e o processo decisório das agências. A deliberação das agências reguladoras é condicionada legalmente à apresentação de razões e fundamentos técnicos para a decisão.[360] É razoável supor, portanto, que a superação de uma decisão da agência fará com que o Legislativo seja instado a apresentar razões que justifiquem a revisão da norma. Esse, inclusive, foi um dos debates centrais do precedente firmado pelo STF no caso dos anorexígenos, como se verá abaixo.

Essas razões podem estar contidas na exposição de motivos que embasa a apresentação de projetos de lei ou podem ser resultado da deliberação das comissões temáticas. No entanto, ainda que tais razões não existam ou não estejam acessíveis, o seu oferecimento poderá ser exigido em eventual controle judicial sobre a norma superadora.[361]

---

[359] NAPOLITANO, Giulio. Conflicts in Administrative Law: struggles, games and negotiations between political, institutional and economic actors. *Jean Monnet Working Paper Series*. Nova Iorque, 2013, p. 15.

[360] V. nesse sentido, Lei nº 13.848/19: "Art. 5º "A agência reguladora deverá indicar os pressupostos de fato e de direito que determinarem suas decisões, inclusive a respeito da edição ou não de atos normativos. Art. 6º: A adoção e as propostas de alteração de atos normativos de interesse geral dos agentes econômicos, consumidores ou usuários dos serviços prestados serão, nos termos de regulamento, precedidas da realização de Análise de Impacto Regulatório (AIR), que conterá informações e dados sobre os possíveis efeitos do ato normativo."

[361] O processo judicial também pode ser um espaço apropriado para a confrontação entre a racionalidade das agências e a racionalidade parlamentar, por conta da sua natureza dialética. Note-se, por exemplo, que a Lei nº 9.868/99, que disciplina as regras processuais aplicáveis ao julgamento de ações diretas de inconstitucionalidade pelo STF, estipula que o relator da ação deverá pedir informações aos órgãos ou às autoridades responsáveis pela lei ou pelo ato normativo impugnado, as quais deverão ser prestadas em trinta dias (art. 6º). O cotejo entre as razões das agências e do Congresso é, portanto, um campo em que a

CAPÍTULO 3 | 143

Há, portanto, um custo de fundamentação, reforçado pela contraposição entre a racionalidade política e a racionalidade técnica que embasa a tomada de decisão do órgão regulador.

O custo de justificação dependerá diretamente da relevância alcançada pela matéria na esfera pública e da capacidade de os atores políticos retratarem o problema regulatório como uma discussão política. Dois fatores influenciam o incremento desse custo: a difusão da discussão na sociedade civil, seja por meio do debate em redes sociais ou pela cobertura da mídia, e a judicialização. Ambos os fatores tendem a elevar a pressão sobre os políticos em torno da apresentação de uma justificativa convincente para a reversão da decisão da agência reguladora. Assim, não raro, tanto atores políticos quanto dirigentes das agências reguladoras levarão suas posições para os jornais buscando convencer a sociedade a respeito das suas respectivas motivações.[362] Partindo dessas premissas, é possível supor que quanto mais robusto tiver sido o processo de deliberação no âmbito da agência (o que envolve não apenas a consistência da sua fundamentação, mas também amplitude da participação dos agentes envolvidos), maiores serão os obstáculos ao Legislativo em termos de custos de fundamentação da proposta de avocação.

O quarto e último custo refere-se à atuação de outros agentes institucionais, que, por meio de mecanismos de *feedback*, influenciam a percepção dos custos da avocação pelos agentes diretamente envolvidos. Essa atuação pode determinar a viabilidade de rodadas adicionais de contestação a partir do exercício de prerrogativas de veto. Tem especial destaque a atuação do Poder Executivo, do Poder Judiciário e do Tribunal de Contas da União, que assumem um papel de moderação das preferências de órgãos técnicos ou de agentes políticos na dinâmica regulatória.

Mecanismos de *feedback* tornam-se relevantes para mensuração dos custos de transação de cada rodada adicional. Sinalizações informais do Poder Executivo, do Poder Judiciário e do TCU acerca de propostas de lei ou de atos normativos infralegais podem impulsionar ou frear as iniciativas das agências ou do Legislativo em prol de suas

---

análise judicial se mostra especialmente vantajosa, desde que se distancie de presunções abstratas e idealizadas acerca da deliberação seja das agências reguladoras, seja do Poder Legislativo.

[362] Como nota Josh Chafetz: "It is generally through such active engagements with the people in the public sphere that the branches seek to expand their power vis-à-vis one another" (CHAFETZ, Josh. *Congress's Constitution*: Legislative Authority and the Separation of Powers. New Haven: Yale University Press, 2017, p. 31).

próprias preferências. Conquistar o apoio desses agentes é um fator determinante para a capacidade de resistência das agências frente a intervenções do Parlamento, ou, dito de outro modo, do sucesso de iniciativas de avocação legislativa.

O poder de veto, por outro lado, é um relevante mecanismo de *accountability* horizontal, impondo limites à dinâmica da relação de agência. De acordo com George Tsebellis, agentes de veto são agentes individuais ou coletivos cuja concordância é necessária para uma mudança no *status quo*. Para o autor: "[a] sequência em que agentes de veto tomam suas decisões (isto é, quem submete o que a quem) vai determinar a influência que cada um desses agentes tem ao longo do processo decisório".[363]

Para os fins do fenômeno aqui estudado, a avocação legislativa da escolha regulatória ocorre justamente porque a Constituição fornece instrumentos ao Legislativo para atuar como agente de veto da política regulatória. Sua atuação, por sua vez, atrai o exercício da prerrogativa de veto pelo Executivo e pelo Judiciário.[364]

No caso do Presidente, sua atuação ocorre por meio da competência de sancionar ou vetar projetos de lei aprovados pelo Legislativo, prerrogativa que não existe na hipótese de edição de decreto legislativo. No caso do Judiciário, pela possibilidade de suspender a eficácia ou de invalidar normas legais ou regulamentares. Pela natureza das suas atribuições, o exercício do veto legislativo assume um papel residual, útil nos casos em que a norma superadora tenha sido aprovada pelo Legislativo e sancionada pela Presidência da República.

---

[363] TSEBELIS, George. *Veto players*: How political institutions work. Princeton: Princeton University Press, 2002, p. 34.

[364] Tsebelis discute de forma específica a possibilidade de se caracterizar o Judiciário como um agente de veto, dada a possibilidade de suas decisões sobre a interpretação da legislação serem revertidas pela atuação do próprio legislador. A exceção, para o autor, seriam decisões judiciais interpretando a Constituição com objetivo de invalidar uma lei. Do ponto de vista do Direito brasileiro e do fenômeno aqui estudado, parece relevante destacar o Judiciário e, em especial, o STF como um relevante ator de veto da avocação legislativa, seja porque não raro é chamado a arbitrar conflitos entre o Legislativo e as agências, seja porque, aqui, está-se falando essencialmente do exercício da jurisdição constitucional. Do mesmo modo, diferentemente do modelo americano, o pluripartidarismo brasileiro e o costume constitucional sobre indicações de juízes ao STF fazem com que não haja um alinhamento entre ministros e as coalizões que os indicaram. Assim, nos termos de Tsebelis, o STF, no Brasil, estaria localizado fora do "núcleo de unanimidade" do Legislativo, o que faz da Corte um ator de veto. O fato de decisões do STF no exercício do controle de constitucionalidade poderem ser revertidas pela atuação do constituinte derivado não parece infirmar essa classificação, já que este não é um movimento corriqueiro e, ainda assim, a decisão do STF aumenta substancialmente a dificuldade para o Legislativo impor sua preferência. Sobre a discussão, v. TSEBELIS, George. *Veto players*: How political institutions work. Princeton: Princeton University Press, 2002, p. 327.

Como será analisado a seguir, a posição assumida pela Presidência da República é um elemento chave no processo, ora pendendo a favor das agências reguladoras (como no caso das passagens aéreas), ora pendendo a favor do Legislativo (como no caso da lei que autorizava o uso da fosfoetanolamina). Há diversos fatores que influenciam essa equação: desde o alinhamento político do Executivo com a diretoria da agência ou com os parlamentares que apoiam a proposta até a percepção dos custos políticos relacionados às matérias sujeitas a sanção ou veto. Também por isso, o veto legislativo ganha um potencial adicional como instrumento de controle político (já que dispensa a sanção presidencial), apesar de suas limitações objetivas (enquanto instrumento de controle meramente negativo).

Já o movimento de judicialização dependerá da iniciativa dos próprios agentes regulados ou de outros atores afetados em defesa da deliberação da agência sobre a norma editada pelo Parlamento, já que as agências não possuem legitimidade para provocar o controle de constitucionalidade concentrado de leis federais.

A judicialização pode ser um sinal de aproximação política entre esses dois grupos (agências reguladoras e agentes regulados), resultado do seu alinhamento diante de contestações vindas do Legislativo. Outro movimento possível é a impugnação da norma por partidos políticos da oposição. Nesses casos, a aprovação da norma superadora por maiorias congressuais estreitas tende a fazer com que os próprios parlamentares prorroguem a discussão para o campo jurisdicional.

Em qualquer caso, ainda que o controle judicial de atos legislativos seja mecanismo rotineiro no arranjo da separação de poderes, o alargamento reiterado da disputa política para o domínio jurídico enfraquece institucionalmente o Poder Legislativo, ampliando a oportunidade de o Judiciário impor suas preferências normativas sobre aquelas dos agentes políticos majoritários. É razoável supor que esses constrangimentos serão sopesados pelo Poder Legislativo diante de situações de avocação, seja porque uma percepção social negativa sobre a atividade política afeta as chances de reeleição, seja porque a invalidação de leis pelo Poder Judiciário, nesse contexto, subjuga as preferências políticas em detrimento do fortalecimento das agências reguladoras como polos de produção normativa.[365]

---

[365] Como notam Diego Werneck Arguelhes e Leandro Molhano Ribeiro, "A ameaça crível de decisão judicial futura (gerada pelo comportamento passado do tribunal) cria uma espécie de efeito pedagógico e indireto de retroalimentação (*feedback*) sobre o próprio processo legislativo (Sweet, 2000; Whittington, 2005; Epstein, Knight, 1998; Taylor, 2008), conforme

A antecipação de um resultado desfavorável no Judiciário (por exemplo, com a declaração de inconstitucionalidade da lei ou do decreto sustatório) pode dissuadir os parlamentares de seguir em frente. A incerteza quanto aos desdobramentos da avocação legislativa incentiva a adoção de uma estratégia em que a frequência da contestação legislativa da autoridade das agências será um dado relevante para o sucesso da avocação.[366]

3.5 Estratégias para problemas reais: a avocação legislativa na agenda de qualidade regulatória

A proposta central do livro está no reconhecimento da avocação legislativa de escolhas regulatórias como um mecanismo legítimo de controle político das agências, além de importante canal de construção da política regulatória. Essa tese suscita algumas discussões adicionais às enfrentadas acima, de natureza mais pragmática.[367] Discutir a avocação legislativa, como aqui proposto, incentiva que intervenções políticas sobre o campo regulatório ocorram com maior frequência? O reconhecimento dessa avocação conduz a um estado de coisas melhor? Como fica, nesse cenário, a agenda da qualidade regulatória? Sem pretensão de apresentar respostas conclusivas para esses tópicos, a intenção aqui é dar prosseguimento ao debate a partir de algumas considerações preliminares.

Algumas reações a esses questionamentos já foram debatidas acima, em especial quando se discutiu a crítica da irracionalidade da atuação do legislador e as principais ressalvas a ela. Para recapitular, não parece correto rotular o debate político sobre temas afetos à regulação como um necessário prejuízo em termos de qualidade regulatória.

---

atores políticos percebem esses incentivos para adaptar sua produção normativa e estratégias de ação levando em conta as preferências do tribunal (Sweet, 2000)" (ARGUELHES, Diego Werneck; RIBEIRO, Leandro Molhano. Ministrocracia: o Supremo Tribunal individual e o processo democrático brasileiro. *Revista Novos Estudos CEBRAP*, São Paulo, v. 37, n. 1, jan./abr. 2018, p. 16). V. ainda, a discussão empreendida no tópico 4.2.1.

[366] V. DERBLI, Felipe. Interações estratégicas entre os poderes no controle de constitucionalidade: aplicações da teoria dos jogos nos diálogos constitucionais. *In*: BRANDÃO, Rodrigo; BAPTISTA, Patrícia (Orgs.). *Direito Público*. Rio de Janeiro: Freitas Bastos, 2015, p. 180, que, a partir da teoria dos jogos, refere-se a essas situações como a adoção de estratégias mistas, que alternam iniciativas de disputa e cooperação.

[367] Grande parte dessas questões foi levantada pelos Profs. Eduardo Jordão, Roberta Nascimento e André Cyrino durante a banca de defesa da dissertação que deu origem ao livro, a quem novamente agradeço as provocações, as quais tento abordar neste capítulo.

Não obstante isso, um dos possíveis efeitos de se discutir o instrumento da avocação legislativa pode ser, de fato, o aumento da frequência de iniciativas desse tipo. Afinal, a ampliação do conhecimento sobre qualquer objeto tem o condão de torná-lo mais acessível. Inclusive, como visto acima, isso parece ter sido justamente o que aconteceu com os decretos legislativos sustatórios. Relembre-se: depois da aprovação do primeiro PDL sustando a norma da Anvisa sobre anorexígenos, assistiu-se a um aumento exponencial de PDLs propostos nos anos seguintes. Mas, assim como ocorreu com os PDLs, um possível aumento das tentativas de avocação (e do conflito entre agências e Legislativo) não diz nada sobre a taxa de sucesso dessas iniciativas. Assim, reconhecer a avocação como instrumento de controle e debater os seus usos, apesar de potencialmente disseminar sua utilização, não representa necessariamente um risco concreto para agendas paralelas de qualidade regulatória.

Há, por outro lado, alguns possíveis efeitos benéficos decorrentes dessa proposta. O primeiro é o fato de que a possibilidade do controle político também pode gerar incentivos a uma atuação eficiente por parte do controlado, favorecendo, ao invés de prejudicar, o incremento da qualidade regulatória. O fortalecimento e o desenvolvimento de mecanismos de participação e coordenação das agências reguladoras com outros atores institucionais, com os agentes regulados e com a sociedade civil são bons caminhos para democratizar a regulação e legitimar ainda mais o espaço de deliberação das agências, dificultando ações externas de contestação.

Outro possível efeito benéfico do incremento da discussão sobre a avocação é a possibilidade de aprimoramento do controle sobre esse tipo de reação legislativa por parte dos atores de veto. Se é certo que tornar um fenômeno mais conhecido pode levar ao aumento na frequência da sua reprodução, também pode fazer com que seja melhor controlado. Um dos problemas debatidos ao longo do livro está justamente no descompasso entre as categorias empregadas pelo Judiciário para analisar casos de avocação e os elementos concretos desse fenômeno. São categorias forjadas para uma realidade mais simples e estática, que em nada se assimila aos reais problemas hoje postos no debate público. O aprimoramento do controle judicial da avocação e o desenvolvimento de uma nova gramática jurídica para tratar desses casos é um dos potenciais debates propostos pela tese aqui discutida.

Por fim, acredita-se que, acima de tudo, um olhar mais realista sobre como as instituições de fato funcionam pode melhorar a compreensão do fenômeno e permitir que cada agente trace estratégias de mudança e ação baseadas em problemas reais, ao invés de combater moinhos de vento.

Ficou claro que garantias formais de autonomia enunciadas em lei pouco dizem em termos práticos sobre como o jogo regulatório vai se desenvolver. Assim, parece importante pensar, também, em ferramentas que permitam às agências fortalecerem sua posição institucional frente a contestações de outros atores institucionais. Por exemplo, uma proposta que poderia de fato incrementar a garantia de independência das agências é a de estender as garantias de independência dos diretores ao procurador-chefe da agência, como já ocorre, por exemplo, em relação ao Conselho Administrativo de Defesa Econômica – Cade.[368] Outra estratégia frequentemente comentada na literatura, especificamente para reagir a cenários de instabilidade tarifária, é o insulamento de garantias a favor de agentes setoriais em contratos e licenças, direcionando o foco das normas editadas pelas agências para os contratos e demais atos de consentimento.[369]

Por outro lado, assumir que agências elaboram políticas públicas (e não apenas executam opções políticas predefinidas) aponta no sentido de um robustecimento cada vez maior do seu processo decisório, por meio do aprimoramento dos mecanismos de transparência, participação e coordenação. O diálogo prévio com outros órgãos governamentais (e não só com agentes do setor), sobretudo em temas transversais de regulação intersetorial, pode ser um importante instrumento de defesa e proteção de decisões das agências contra interferências externas, já que a adesão de outros atores institucionais dificulta tentativas posteriores de reversão, como discutido acima.

Nesse ponto, além dos dispositivos já previstos na Lei nº 13.848/19 (a Lei Geral das Agências Reguladoras) sobre interação entre as agências, a Lei nº 9.784/99 foi alterada para introduzir previsões tratando da decisão administrativa coordenada, mas este é um tema

---

[368] O art. 16 da Lei nº 12.529/2011 afirma que o Procurador-Chefe do CADE será nomeado pelo Presidente da República e aprovado pelo Senado Federal, para exercer um mandato de dois anos, permitida uma recondução. Como notam Maurício Portugal Ribeiro e Eduardo Jordão, o fato de o procurador-geral da agência ser membro da carreira de procurador ou advogado do poder concedente gera incentivos contrários a um órgão que se supõe autônomo. Os autores defenderam a tese em artigo intitulado "Agências reguladoras independentes, só com procuradorias independentes", disponível em https://www.agenciainfra.com/blog/infradebate-agencias-reguladoras-independentes-so-com-procuradorias-independentes/. Acesso em: 7 out. 2022.

[369] V. LEVY, Brian; SPILLER, Pablo T. The institutional foundations of regulatory commitment: A comparative analysis of telecommunications regulation. *Journal of Law, Economics, and Organization*, [s.l.], v. 10, n. 2, p. 201-246, out. 1994, p. 204.

que ainda está longe de ter se esgotado. Até porque o debate sobre coordenação é menos a discussão sobre formas e procedimentos, e mais a discussão sobre o fomento a canais de diálogo e convencimento (ainda que informais) em benefício da efetividade da solução final.

Por fim, agências também precisam ser capazes de se comunicar em termos claros e sem tecnicalidades com o público e com o próprio Parlamento em temas de interesse geral, ao invés de evitarem interagir com a arena política em benefício da manutenção de uma suposta posição de neutralidade e objetividade. A existência de ruídos na mensagem transmitida pela agência é um dos caminhos preferenciais explorados por agentes de contestação buscando a reversão do curso regulatório.

O exercício feito neste tópico, de imaginar possíveis cenários e novos caminhos para a discussão sobre as interações entre reguladores e legisladores, evidentemente não passa do nível das conjecturas. O que se buscou, contudo, foi responder às dúvidas relevantes sobre se o debate da avocação legislativa das escolhas regulatórias não caminharia no sentido contrário ao da agenda de melhoria da qualidade regulatória. Acredita-se, como já terá ficado claro, que esse não é o caso. Ignorar a realidade como ela é não faz com que ela mude. Pelo contrário, só é possível propor caminhos eficazes a partir de um diagnóstico verossímil da realidade que se busca enfrentar. Assim, o reconhecimento e o debate dessa dinâmica a partir de bases mais fidedignas são, na verdade, condições para que a agenda de qualidade regulatória possa evoluir de fato, sem se restringir à importação de fórmulas estranhas à realidade brasileira.

CAPÍTULO 4

ESTUDO DE CASOS

Este capítulo busca discutir implicações práticas da teoria desenvolvida acima, a partir do estudo de casos de avocação legislativa de escolhas regulatórias. Os casos selecionados não possuem valor estatístico e, portanto, não podem ser considerados uma representação específica do fenômeno delineado acima. É dizer: é possível que a seleção de casos diversos suscite análises e avaliações diferentes. A pesquisa é antes dedutiva do que indutiva: busca traçar premissas empíricas e verificá-las em diferentes contextos, ao invés de derivá-las dos dados coletados.[370]

A dificuldade em identificar, de forma sistematizada, os casos de avocação relaciona-se ao fato, discutido acima, de que este é um fenômeno essencialmente dependente do seu contexto. Sendo assim, apesar de ser razoavelmente seguro identificar casos de avocação quando são veiculados por meio de decretos legislativos (como feito acima), isso não ocorre em relação aos casos veiculados por meio de lei (que é o instrumento mais usual de avocação). A avocação será muitas vezes implícita, o que faz com que a seleção e estudo de casos específicos seja uma metodologia mais adequada para tratar do fenômeno em seus aspectos empíricos.

Sem prejuízo disso, os casos aqui estudados envolvem agências que também foram alvo prioritário da avocação veiculada por meio de decreto legislativo (Aneel, Anvisa, ANS e Anac). Adotando-se a premissa de que essas agências também serão os alvos prioritários da avocação veiculada por lei, seria então possível afirmar que a análise

---

[370] MACHADO, Maíra Rocha. Estudo de caso na pesquisa em direito. *In*: QUEIROZ, Rafael Mafei Rabelo; FEFERBAUM, Marina (Orgs.). *Metodologia da pesquisa em direito*: técnicas e abordagens para elaboração de monografias, dissertações e teses. 2. ed., São Paulo: Saraiva, 2019, p. 438.

desses casos guarda algum valor representativo de um cenário mais abrangente.

O objetivo do estudo dos casos selecionados não é apresentar conclusões sobre o mérito de cada controvérsia, mas analisar e comparar o modo pelo qual os agentes envolvidos, em especial as agências e o Poder Legislativo, interagiram no processo de construção da regulação, a partir do marco teórico desenvolvido acima.

Os casos foram divididos em dois grupos: aqueles que discutem aspectos distributivos da política regulatória (relacionados sobretudo a discussões sobre preços e tarifas de serviços regulados), e aqueles que discutem medidas regulatórias voltadas a lidar com o risco decorrente de determinados serviços ou produtos. Ambas as situações, como se verá, servem de exemplo de interseção entre técnica e política no processo de construção da regulação e do uso estratégico dessa dualidade dentro do jogo de poder institucional. O tópico destinado a cada grupo se inicia com uma pequena introdução, seguida da apresentação dos casos, encerrando-se com um tópico de comentários e análises comparativas.

4.1 A regulação de preços e tarifas: efeitos distributivos da política regulatória

A regulação de preços é um dos campos que melhor diferenciam qualitativamente o modelo de regulação por agências da intervenção direta do Estado. Para Bresser-Pereira, inclusive, a criação de agências reguladoras com autonomia política apenas se justificaria para regular preços em mercados não competitivos.[371] Esse, afinal, será sempre um tema politicamente delicado, por mais que haja critérios técnicos predeterminados para reger políticas tarifárias. Floriano de Azevedo Marques Neto nota que um modelo de intervenção direta do Estado na economia restringe as barreiras "a limitar a concretização da vontade política de elevar ou reduzir o valor cobrado por um ente estatal pelo bem ou serviço que produz ou comercializa". Como consequência, há "instabilidade regulatória e inviabilidade da ação privada em setores sujeitos à intervenção estatal".[372]

---

[371] FOLHA DE S.PAULO. *Agências e agências*. 13 ago. 2007. Disponível em: https://www1. folha.uol.com.br/fsp/dinheiro/fi1308200703.htm. Acesso em: 30 jun. 2021. Sobre o ponto, v. a discussão empreendida no tópico 2.1.

[372] MARQUES NETO, Floriano de Azevedo. *Agências reguladoras*: instrumentos do fortalecimento do estado. Porto Alegre: Associação Brasileira de Agências de Regulação – ABAR, 2004, p. 11

A estabilidade é, portanto, um dos principais objetivos da regulação, com manifestação especial sobre o preço cobrado por agentes privados por bens ou serviços ofertados em um mercado regulado. Nesse ponto, a política regulatória pode funcionar como um anteparo a investidas mais bruscas de atores políticos na economia, servindo como um "instrumento de ponderação e redimensionamento no tempo dos objetivos contidos numa política governamental".[373]

O conflito, contudo, está dado, e é mesmo inerente a essa dinâmica. Brian Levy e Pablo Spiller acertadamente reconhecem que "o consumo doméstico generalizado implica que os preços dos serviços públicos serão sempre políticos".[374] [375] Os dois casos discutidos abaixo inserem-se nesse contexto.

4.1.1 "O sol não será taxado": o regime de transição para a geração distribuída

Em 2004, por meio do Decreto nº 5.163/04, introduziu-se no ordenamento jurídico brasileiro o conceito de geração distribuída de energia elétrica para aludir à energia gerada no mesmo local de consumo. Por conta dessa proximidade, a geração distribuída dispensa o uso dos sistemas de transmissão, permitindo a conexão do gerador diretamente à rede de distribuição. A despeito do alto custo para implantação, costuma-se associar diversos benefícios a empreendimentos desse tipo, dentre os quais o seu baixo impacto ambiental (dado que a geração distribuída advém em geral de fontes renováveis) e a redução da demanda de investimentos na expansão dos sistemas de distribuição

---

[373] MARQUES NETO, Floriano de Azevedo. *Agências reguladoras*: instrumentos do fortalecimento do estado. Porto Alegre: Associação Brasileira de Agências de Regulação – ABAR, 2004, p. 42.

[374] LEVY, Brian; SPILLER, Pablo T. The institutional foundations of regulatory commitment: A comparative analysis of telecommunications regulation. *Journal of Law, Economics, and Organization*, [s.l.], v. 10, n. 2, p. 201-246, out. 1994, p. 204. Os autores também notam que um dos instrumentos adotados para lidar com a instabilidade regulatória em questões tarifárias é o insulamento de regras e garantias em favor dos particulares em contratos e licenças emitidas pelas agências reguladoras.

[375] O preço da energia representa bem esse conflito no Brasil. Em sua carta aberta de 2022, o Banco Central explicou que gasolina, gás de cozinha e etanol, cujos preços são 'administrados' pelo Poder Público, responderam por 30% da variação do IPCA no ano de 2021. Nesse cenário, parece inverossímil imaginar que as políticas regulatórias que influenciam o preço desses insumos não terão componentes e reflexos políticos relevantes. V. Ofício 823/2022-BCB/SECRE. Disponível em: https://www.bcb.gov.br/content/controleinflacao/controleinflacao_docs/carta_aberta/OF_CIO_823_2022_BCB_SECRE_01.pdf. Acesso em: 28 jan. 2022.

e transmissão.[376] Não por outro motivo, de acordo com estudos da Aneel,[377] diversos países adotam incentivos à geração de energia a partir de fontes renováveis, inclusive com financiamento público.

Em 2008, o Ministério de Minas e Energia criou grupo de trabalho para estudar e apresentar propostas para fomento de geração distribuída fotovoltaica.[378] O tema também passou a fazer parte da agenda regulatória da Aneel para o ano de 2010, que previu, como meta, "diminuir os obstáculos para o acesso de pequenas centrais geradoras aos sistemas de distribuição".[379]

Em novembro daquele mesmo ano, a Aneel realizou consulta pública com objetivo de "apresentar os principais instrumentos regulatórios utilizados no Brasil e em outros países para incentivar a geração distribuída de pequeno porte, a partir de fontes renováveis de energia, conectada na rede de distribuição, e receber contribuições sobre as questões que o regulador deveria enfrentar para reduzir as barreiras existentes".[380]

Como resultado desse procedimento, a Aneel passou a avaliar a implantação de um mecanismo de *net metering*: um sistema de compensação que gera créditos na conta de luz ao consumidor-gerador sempre que a energia produzida supere a consumida.[381] Trata-se de um incentivo ao desenvolvimento desse tipo de empreendimento, sobretudo porque dispensa contratações de energia por parte das distribuidoras, gerando um crédito automático em favor do consumidor, a depender do equilíbrio entre energia gerada e consumida.

Outro tema discutido na consulta foi a possibilidade de majoração do percentual de desconto da TUSD – Tarifa de Uso do Sistema de Distribuição – para a fonte solar fotovoltaica, como mecanismo temporário para fomentar esse tipo de empreendimento. A TUSD é um componente da conta de luz, tendo por objetivo remunerar o uso do sistema de distribuição pelos usuários. Durante a consulta pública, algumas distribuidoras se mostraram contrárias à elevação do desconto da TUSD para esses empreendimentos, uma vez que tal medida representaria um subsídio cruzado, implicando o aumento do

---

[376] V. Nota Técnica nº 0025/2011-SRD-SRC-SRG-SCG-SEM-SER-SPE/ANEEL, de 20.06.2011.

[377] V. Nota Técnica nº 0025/2011-SRD-SRC-SRG-SCG-SEM-SER-SPE/ANEEL, de 20.06.2011.

[378] Portaria MME nº 36, de 26 de outubro de 2008.

[379] A Portaria ANEEL nº 1.676/2011 aprovou a Agenda Regulatória indicativa da Superintendência de Regulação de Serviços -SRD.

[380] Consulta Pública nº 15/10.

[381] Nota Técnica nº 0043/2010–SRD/ANEEL, de 08.09.2010.

custo repassado aos demais consumidores. Argumentavam, ainda, que caberia ao governo, e não à Aneel, a adoção de políticas públicas para incentivar a geração de pequeno porte.[382]

Tais debates antecipam a controvérsia que iria se instalar anos mais tarde, quando se passou a discutir a reavaliação dos benefícios inicialmente concedidos para fomentar o desenvolvimento da geração distribuída, como se verá adiante. A discussão estava encomendada já na época da consulta pública. Como se lê na nota técnica que consolidou as contribuições recebidas, uma das teses aventadas era justamente de que "a adoção de subsídios seria necessária nos primeiros anos de vida dos projetos, com redução gradual dos benefícios ao longo do tempo, para permitir a amortização dos investimentos e também evitar a criação de subsídios *ad eternum*".[383]

Também é interessante notar que a Aneel, na mesma nota técnica, preocupou-se em rejeitar a alegação das distribuidoras de que a agência não teria competência para instituir mecanismos de fomento de uma ou outra fonte de geração. A agência invoca a seu favor o art. 26, §1º, da Lei nº 9.427/96,[384] pelo qual o Congresso expressamente delegou à Aneel a competência para estipular percentual de redução (não inferior a 50%) das tarifas de uso dos sistemas de transmissão e distribuição em favor de empreendimentos de pequena geração.

Discussões quanto à competência da agência para adotar medidas de incentivo à geração distribuída, seja a partir de descontos diretos, seja pela adoção do sistema de compensação, também foram tratadas em parecer posterior da procuradoria da Aneel,[385] que chega à mesma

---

[382] Como relatado pela Aneel na Nota Técnica nº 4/2011-SRD/ANEEL, de 09.02.2011, que consolidou os resultados da consulta pública.

[383] Nota Técnica nº 4/2011-SRD/ANEEL, de 09.02.2011.

[384] À época, o dispositivo tinha a seguinte redação: "Para o aproveitamento referido no inciso I do *caput* deste artigo, para os empreendimentos hidroelétricos com potência igual ou inferior a 1.000 (mil) kW e para aqueles com base em fontes solar, eólica, biomassa e cogeração qualificada, conforme regulamentação da ANEEL, cuja potência injetada nos sistemas de transmissão ou distribuição seja menor ou igual a 30.000 (trinta mil) kW, a ANEEL estipulará percentual de redução não inferior a 50% (cinquenta por cento) a ser aplicado às tarifas de uso dos sistemas elétricos de transmissão e de distribuição, incidindo na produção e no consumo da energia comercializada pelos aproveitamentos".

[385] Parecer nº 0282/2011-PGE/ANEEL, da Procuradoria Federal junto à Aneel, de 9 de maio de 2011. O parecer introduz a questão da seguinte maneira: "A legislação setorial há algum tempo já disciplina outras espécies de incentivos para as pequenas centrais hidrelétricas – PCH's, centrais eólicas e biomassa que injetam até 30MW de potência nas redes de transmissão e distribuição. Ocorre que no caso específico da geração distribuída de pequeno porte que se conecta em baixa ou média tensão diretamente na rede de distribuição a regulação ainda está em fase de amadurecimento e é justamente por isso que a SRD formulou o primeiro questionamento a fim de investigar e fixar a competência da ANEEL para tratar sobre o tema".

conclusão mencionada na nota técnica.[386] De acordo com a procuradoria, a adoção do sistema *net metering* deveria ser vista como uma ação de "eficiência energética", alinhada, portanto, com a diretriz do art. 1º, VIII, da Lei nº 9.478/97.[387] O parecer conclui que a Lei nº 9.478/97 e o Decreto nº 2.335/97, que a regulamenta, permitem que a Aneel, "no exercício de sua discricionariedade técnica", edite "a norma que entenda a mais adequada", desde que respeitadas as políticas do Governo Federal; podendo, inclusive, obrigar as distribuidoras a aderirem ao novo sistema de compensação caso solicitado pelo consumidor-gerador.

Passo seguinte, a Aneel instaurou a Audiência Pública nº 42/2011, para o "recebimento de contribuições visando reduzir as barreiras para instalação de geração distribuída de pequeno porte, a partir de fontes incentivadas, conectada em tensão de distribuição e também alteração do desconto na TUSD e TUST para usinas com fonte solar".

Além da implantação do sistema de compensação, a proposta de resolução normativa submetida à audiência pública previa a elevação do desconto na TUSD e TUST de 50% para 80%, para incentivar a implantação de empreendimentos geradores a partir de fonte solar, barateando seu custo. Nesse ponto, a agência concluía que o alto custo da geração solar, ao menos naquele momento, resultava em "desvantagem competitiva frente às demais fontes renováveis de energia".[388]

Ao final do processo, a recomendação da área técnica à diretoria da agência foi para aplicar o desconto de 80% para os empreendimentos solares que entrassem em operação até o final de 2017, durante o prazo de 10 anos. Ao final, o desconto seria reduzido para o valor padrão, de 50%. Afirmava-se, em nota técnica, que "como os custos dos equipamentos de geração vêm caindo todos os anos, a um ritmo acelerado, espera-se que a partir de 2018 não sejam necessários descontos na TUSD e TUST superiores a 50%".[389] Outra razão para o caráter temporário do incentivo era o seu potencial para "acarretar aumento na tarifa do

---

[386] Parecer nº 0282/2011-PGE/ANEEL, da Procuradoria Federal junto à Aneel, de 9 de maio de 2011: "[...] a ANEEL, no exercício de seu poder normativo, tem autorização legal para, validamente, estabelecer regras e procedimentos para adoção do sistema do *Net Metering* tendo em vista que (i) tal sistema pode ser encarado como um produto de uma política pública que privilegia o uso de fontes alternativas de energia; e (ii) a ANEEL dispõe de competência para aprovar metodologias e procedimentos para otimização do acesso aos sistemas de distribuição".

[387] Lei nº 9.478/97, art. 1º: "As políticas nacionais para o aproveitamento racional das fontes de energia visarão aos seguintes objetivos: [...] utilizar fontes alternativas de energia, mediante o aproveitamento econômico dos insumos disponíveis e das tecnologias aplicáveis".

[388] Nota Técnica nº 0025/2011-SRD-SRC-SRG-SCG-SEM-SRE-SPE/ANEEL, de 20.06.2011

[389] Nota Técnica nº 0020/2012-SRD-SRC-SRG-SCG-SEM-SRE-SPE /ANEEL, de 29.02.2012.

consumidor cativo local"[390] – tal como alertado pelas distribuidoras durante a consulta pública.

Ao final do processo regulatório, a diretoria da Aneel acatou os argumentos das unidades técnicas e aprovou, em abril de 2012, as Resoluções Normativas nº 481 e 482, estabelecendo o marco regulatório para a geração distribuída de pequeno porte, instituindo o sistema de compensação de energia elétrica (o *net metering*, referido acima), e o desconto temporário para empreendimentos de geração de fonte solar. Esses mecanismos deveriam ser reavaliados até 2019, por força de disposição expressa do art. 15 da Resolução Normativa nº 482.

Os incentivos promovidos pela Aneel deram resultado, superando a expectativa inicial da agência. Apesar de a geração solar representar apenas 1,2% da matriz energética brasileira, houve um aumento exponencial dos empreendimentos de geração distribuída no período, cuja potência instalada cresceu 3.600 vezes após a edição da norma pela Aneel.[391] Mais de 90% do número total de instalações era de fonte solar.[392] Em relatório de análise de impacto regulatório elaborado pela Aneel em outubro de 2019,[393] a agência manifestava o entendimento de que os incentivos promovidos haviam alcançado seus objetivos, possibilitando a consolidação do mercado. No entanto, afirmava a Aneel, haveria pontos de melhoria para desestimular a alocação ineficiente de recursos, em benefício da coletividade.

Tais preocupações estavam ancoradas, em especial, na baixa cobrança pelos custos de uso da rede dos empreendimentos de geração distribuída de pequeno porte.[394] Entendia-se que como o *net metering* permitia uma compensação integral da energia gerada com a energia consumida,[395] tal sistema acaba não remunerando adequadamente o uso da rede de distribuição, gerando um subsídio cruzado ineficiente, em

---

[390] Nota Técnica nº 0020/2012-SRD-SRC-SRG-SCG-SEM-SRE-SPE/ANEEL, de 29.02.2012. Consumidor cativo é, em geral, o consumidor residencial, a quem não é permitido comprar energia no ambiente de contratação livre (ACL). O consumidor cativo, portanto, adquire apenas da distribuidora local a energia que consome.

[391] A informação consta do Acórdão nº 3063/2020 do TCU, relatado pela Ministra Ana Arraes.

[392] Os dados constam da Nota Técnica nº 0017/2015-SR D/ANEEL, de 13.04.2015.

[393] Relatório de AIR nº 003/2018-SRD/SGT/SRM/SRG/SCG/SMA/ANEEL, de 07.10.2019.

[394] Ou seja, empreendimentos geradores de energia elétrica com potência instalada menor ou igual a 75kW (microgeração), ou situada entre 75kW e 5MW (minigeração).

[395] O sistema de compensação implementado pela Resolução nº 482 permitia uma compensação integral entre a energia produzida e a energia consumida, isentando o consumidor-gerador do pagamento de todas as componentes da tarifa de energia elétrica consumida. Com isso, diversos custos relacionados ao serviço de distribuição (encargos setoriais, por exemplo) não são remunerados pelo micro e minigerador, e acabam redistribuídos pelo restante dos usuários do sistema.

prejuízo dos consumidores sem empreendimentos de geração própria. A Aneel estimava que os custos desse mecanismo, repartidos na conta de luz, seriam da ordem de R$55 bilhões no período entre 2020 e 2035.[396] A questão se agrava pelo aspecto regressivo dessa ineficiência alocativa, relacionado ao fato de o benefício decorrente da geração distribuída ser, em geral, destinado a consumidores de maior poder aquisitivo, diante dos altos custos de implantação do empreendimento, e pago pelos consumidores de menor renda.

No processo de reavaliação, portanto, o objetivo era estudar alternativas regulatórias para mitigar distorções alocativas relacionadas aos incentivos iniciais aos empreendimentos de geração distribuída, cuja revisão se justificava diante do amadurecimento e larga expansão desse setor. De acordo com a Aneel, o tempo de retorno do investimento em geração distribuída teria sido reduzido de 7 anos, em 2015, para 4,5 anos, em 2019, enquanto a vida útil dos painéis solares seria de 25 anos.[397]

A alternativa recomendada ao final do relatório de AIR, a partir de análises quantitativas de custo-benefício, era a migração para um sistema de compensação apenas parcial, em que o consumidor-gerador continuaria arcando com determinados componentes da tarifa de energia elétrica (em especial, a TUSD), independentemente da quantidade de energia gerada. Para os empreendimentos de geração distribuída local (em que a energia é gerada e consumida no mesmo endereço), a compensação parcial seria implementada de forma progressiva, mediante um regime de transição. Para os sistemas conectados antes da entrada em vigor da nova regulação, o regime de transição se iniciaria quando da aprovação da norma e perduraria durante dez anos, até 2030.[398] Já para a chamada geração distribuída remota,[399] o sistema de compensação parcial seria implementado em sua integralidade a partir da entrada em vigor da norma.

---

[396] Relatório de AIR nº 003/2018-SRD/SGT/SRM/SRG/SCG/SMA/ANEEL, de 07.10.2019.

[397] A informação, bem como a referência aos dados da Aneel, consta do acórdão nº 3.063/2020, do TCU, relatado pela Ministra Ana Arraes.

[398] Na sistemática prevista, com a entrada em vigor da nova norma, cerca de 30% da tarifa deixaria de ser compensada, percentual que, ao final do período de transição, chegaria a 63%. Nesse caso, o gerador-consumidor continuaria pagando por todos os componentes da tarifa de energia, com exceção da parcela de energia propriamente dita. V. Relatório de AIR nº 003/2018-SRD/SGT/SRM/SRG/SCG/SMA/ANEEL, de 07.10.2019.

[399] A categoria da geração distribuída remota (ou autoconsumo remoto) foi criada pela Aneel em 2015, através da resolução normativa nº 687/2015, para referir-se ao caso em que o sistema gerador de energia é instalado em um local diferente do local de consumo. O mecanismo permite, contudo, que a energia gerada possa ser usada para compensar o valor da conta de luz em um local diverso, desde que ambos pertençam ao mesmo titular. O sistema difere da geração distribuída local, em que a geração e o consumo se dão no mesmo endereço.

A divulgação do relatório da Aneel serviu de gatilho a um amplo movimento de contestação, reunindo tanto órgãos e agentes políticos, quanto outros agentes institucionais, além dos agentes do mercado, em geral contrários à medida. Sob a alegação de que a Aneel pretenderia "taxar o sol", o Presidente da República fez declarações à imprensa afirmando que era contrário à medida e que realizaria reuniões com o Ministério de Minas e Energia para estimular o consumo "sem qualquer taxação".[400] A Associação Nacional do Ministério Público do Consumidor também divulgou nota pública tratando dos benefícios da geração distribuída e defendendo que qualquer alteração das regras atuais deveria ocorrer "após um profundo debate, que leve em conta a necessidade de proteção ao consumidor, de segurança jurídica e de transição gradual".[401] Ainda, o Ministério Público junto ao TCU propôs representação ao Tribunal de Contas, alegando que o processo de reavaliação da resolução normativa nº 482/2012 da Aneel implicava "possível ofensa aos princípios da segurança jurídica, da confiança legítima e da boa-fé",[402] por conta da "mudança abrupta" da sistemática de compensação. Em paralelo, o assunto também foi pautado em reunião da Comissão de Minas e Energia da Câmara dos Deputados, quando mais de trinta deputados discursaram em defesa dos incentivos à produção de energia solar. Um dos diretores da Aneel, presente à sessão, prometeu, conforme noticiado, levar as críticas em consideração "a fim de construir uma solução para o setor".[403]

Ato seguinte, foi apresentado o Projeto de Lei nº 5.829/2019, cuja redação original limitava-se a blindar os incentivos instituídos pela Aneel na Resolução nº 482/2012 do processo de reavaliação promovido pela agência, ao alçá-los ao patamar legal. O projeto consolidava o desconto de 100% na TUSD por 20 anos aos empreendimentos de geração distribuída que solicitassem acesso à rede de distribuição até 31 de março de 2020.

---

[400] O GLOBO. *Bolsonaro critica proposta da Aneel de tributar energia solar*: 'Taxar o sol já vai para o deboche'. 24 out. 2019. Disponível em: https://oglobo.globo.com/economia/bolsonaro-critica-proposta-da-aneel-de-tributar-energia-solar-taxar-sol-ja-vai-para-deboche-24041186. Acesso em: 30 out. 2021

[401] Associação Nacional do Ministério Público do Consumidor – MPCON. "Nota Pública sobre proposta da Aneel de novas regras para geração distribuída. 29.10.2019 (documento nº 48554.002453/2019-00), constante do processo administrativo nº 48500/004924/2010-51, em trâmite perante a Aneel.

[402] Tribunal de Contas da União, processo nº 037.642/2019-7, relator Min. Jorge Oliveira.

[403] AGÊNCIA CÂMARA DE NOTÍCIAS. *Deputados voltam a criticar intenção da Aneel de taxar energia solar*, 30 out. 2019.Meio ambiente e energia. Disponível em: https://www.camara.leg.br/noticias/606653-deputados-voltam-a-criticar-intencao-da-aneel-de-taxar-energia-solar/. Acesso em: 30 out. 2021.

Enquanto o projeto tramitava na Câmara de Deputados, a representação proposta pelo MPTCU foi julgada no plenário da Corte em novembro de 2020. A conclusão dos ministros, contudo, foi diametralmente oposta àquela pretendida pelo Ministério Público, adicionando um novo elemento na controvérsia. Em primeiro lugar, a Corte entendeu que não era de competência do TCU julgar as medidas regulatórias definidas pela Aneel para incentivar determinadas fontes de geração, que, para o TCU, eram atinentes "à esfera de discricionariedade da Aneel ou do Ministério de Minas e Energia".[404] A esse respeito, entendeu-se não haver violação aos princípios suscitados na representação, uma vez que a reavaliação dos incentivos já estava sinalizada na própria norma e o prazo de dez anos de transição, proposto pela Aneel, seria razoável, à luz do tempo necessário para remunerar os investimentos.

Não obstante tais anotações, o TCU, longe de optar pela deferência à atuação da entidade reguladora, entendeu que, na verdade, o próprio sistema de compensação previsto na resolução normativa nº 482/2012 era ilegal, por promover uma diferenciação tarifária entre consumidores-geradores e não geradores, violando o art. 175, par. único, III, da Constituição – que atribui à lei a competência para dispor sobre política tarifária. Nesse ponto, o TCU argumentou que o art. 13 da Lei nº 8.987/95 afirma que tarifas somente podem ser diferenciadas em função de características técnicas e custos específicos de atendimento, o que não se verificaria no caso concreto. Para o TCU, portanto, "resoluções da Aneel não seriam o veículo normativo adequado a dispor sobre política tarifária" e "o papel da Aneel não é o de formulador de políticas públicas".[405] Com base nesse entendimento, o TCU proferiu determinação à Aneel para que adotasse, no prazo de 90 dias, providências necessárias para "retirar a diferenciação tarifária percebida entre consumidores de energia elétrica"[406] em relação ao sistema de compensação previsto no marco regulatório da geração distribuída.

Em resposta, a Aneel informou ao Tribunal que até julho de 2021 seria publicado o novo regulamento sobre a matéria.[407] O ofício ressaltava, contudo, a necessidade de compatibilizar o cronograma da agência com a tramitação de projetos de lei na Câmara dos Deputados, já que, para a agência, não seria desejável que a política pública fosse alterada por lei após a edição de nova regulamentação pela Aneel.

---

[404] TCU, Plenário, Acórdão nº 3.063/2020, Rel. Min. Ana Arraes, j. 18.11.2020.

[405] TCU, Plenário, Acórdão nº 3.063/2020, Rel. Min. Ana Arraes, j. 18.11.2020.

[406] TCU, Plenário, Acórdão nº 3.063/2020, Rel. Min. Ana Arraes, j. 18.11.2020.

[407] Ofício nº 41/2021-DR/ANEEL, juntado aos autos do processo Aneel nº 48500.004924/2010-51.

O acórdão do TCU foi objeto de mandado de segurança ao Supremo Tribunal Federal, impetrado pela Associação Brasileira de Geração Distribuída, que, contudo, teve seu seguimento negado por decisão transitada em julgado do Min. Lewandowski.[408]

Em paralelo, o texto original do projeto de lei passou por relevantes alterações, tendo sido proposto um substitutivo após um período de negociação envolvendo tanto o Ministério de Minas e Energia quanto a própria Aneel.[409] O substitutivo foi aprovado pelo plenário da Câmara em agosto de 2021, com apenas três votos contrários.

No Senado, o relatório do Senador Marcos Rogério realça a importância da proposta para mitigar incertezas, "criando um arcabouço legal e institucional que dê segurança aos investidores",[410] em substituição ao tratamento exclusivamente regulamentar até então vigente. Em outro trecho relevante, o relatório leva em conta os fundamentos suscitados pela Aneel para justificar a revisão dos benefícios conferidos aos sistemas de micro e minigeração distribuída, e reconhece que "a revisão [...] acabou por gerar conflitos de difícil solução na via infralegal. Isso porque, na visão daqueles que optaram pela Microgeração e Minigeração Distribuída (MMGD), a Agência estaria desrespeitando a segurança jurídica e desconsiderando os benefícios dessa modalidade de geração". Com objetivo de equacionar as posições em conflito, sobretudo a garantia de segurança jurídica aos investidores e o interesse dos demais usuários que arcariam com os incentivos via subsídio cruzado, o parecer propõe a aprovação de diversas emendas ao projeto, para tornar "a proposição mais equilibrada, no sentido de garantir que a Microgeração e Minigeração Distribuída (MMGD) continue se expandindo [...] ao mesmo tempo em que torna a repartição de custos mais justa".[411] No retorno à Câmara, contudo, apenas uma das emendas do Senado foi aprovada.

---

[408] Mandado de Segurança nº 37.821, distribuído à relatoria do Ministro Ricardo Lewandowski. O relator entendeu que, como pendia, perante o TCU, pedido de reexame com efeito suspensivo, o mandado de segurança não seria cabível.

[409] Em reunião ocorrida em 12.02.2021 na Aneel, o diretor Efrain Cruz afirmou que foram propostos ajustes no anteprojeto apresentado, aproximando-o de uma das alternativas descritas no relatório de análise de impacto elaborado pela agência. V. Memória de reunião (documento nº 48575.000776/2021-84), constante do processo administrativo nº 48500/004924/2010-51, em trâmite perante a Aneel.

[410] V. Relatório do Senador Marcos Rogério ao PL nº 5829/2019, disponível em https://legis. senado.leg.br/sdleg-getter/documento?dm=9055779&ts=1641834755429.

[411] V. Relatório do Senador Marcos Rogério ao PL nº 5829/2019, disponível em https://legis. senado.leg.br/sdleg-getter/documento?dm=9055779&ts=1641834755429.

Enviado para sanção presidencial, dois dispositivos que previam benefícios de fomento aos empreendimentos de geração distribuída foram vetados, com justificativa nos custos que originariam. Posteriormente, contudo, tais vetos foram derrubados pelo Congresso.

A Lei nº 14.300/22 foi aprovada na íntegra, garantindo um período de transição maior do que o proposto pela Aneel, mantendo os benefícios tarifários até 2045 às unidades aderentes em até doze meses após a publicação da lei. Após esse período, contudo, os empreendimentos de geração distribuída ficarão sujeitos às regras tarifárias a serem estabelecidas pela Aneel, sem possibilidade de compensação dos elementos tarifários não associados ao custo da energia (como as tarifas pelo uso dos sistemas de transmissão e distribuição). A Lei afirma, contudo, que deverão ser abatidos, em favor dos consumidores-geradores, "todos os benefícios ao sistema elétrico propiciados pelas centrais de microgeração e minigeração distribuída" (conforme o art. 17, §1º). Nesse particular, a Lei estabelece a competência do Conselho Nacional de Política Energética (órgão de assessoramento da Presidência, presidido pelo Ministro de Minas e Energia) para, "ouvidos a sociedade, as associações e entidades representativas, as empresas e os agentes do setor elétrico, estabelecer as diretrizes para valoração dos custos e dos benefícios da micro e minigeração distribuída" (art. 17, §2º). É a partir dessas diretrizes que a Aneel deverá estabelecer o cálculo para valoração dos benefícios (art. 17, §2º, II).

A aprovação da lei esvaziou o processo de deliberação interna que vinha sendo encaminhado na Aneel, já que o cronograma informado pela Aneel ao TCU acabou não se consumando.

Comparado à proposta apresentada pela Aneel durante a consulta pública referida acima, o texto final da Lei representa uma solução de compromisso. De um lado, traz um período de transição substancialmente maior do que o proposto pela Aneel; de outro, o sistema de compensação parcial, que exclui da compensação as tarifas de uso da rede, aproxima-se da solução proposta pela agência, ainda que imponha, como visto acima, que, da tarifa cobrada, sejam descontados os benefícios gerados pelos sistemas de geração distribuída. A Lei ainda prevê a criação do Programa de Energia Renovável Social (PERS), destinado a investir na instalação de sistemas fotovoltaicos e de outras fontes renováveis aos consumidores residenciais de baixa renda (art. 36).

4.1.2 "Não existe bagagem grátis": idas e vindas em torno da cobrança de bagagens em viagens aéreas

A controvérsia discutida acima guarda alguns pontos de contato com outra discussão de política regulatória, que opôs o Legislativo e agências reguladoras, dessa vez a Anac, acerca da possibilidade de cobrança de franquia de bagagem pelas companhias aéreas.

Em 2014, a Anac, como parte de sua agenda regulatória,[412] iniciou processo para revisão e consolidação das normas referentes aos direitos de usuários e das Condições Gerais de Transporte Aéreo,[413] dispostas, até então, na Resolução nº 141/2010. A competência da agência para tratar do tema está ancorada no art. 47, I, da Lei nº 11.182/2005, que dispôs genericamente, quando da criação da agência, que a Anac editaria normas em substituição àquelas vigentes para dispor sobre concessões, autorizações e permissões de serviços aéreos.[414]

Um dos primeiros passos desse processo foi a realização da consulta pública nº 04/2014. Em suporte ao procedimento, a Anac elaborou, entre outros documentos, um "formulário de análise para proposição de ato normativo", espécie de análise de impacto regulatório em que detalhou o problema a ser solucionado e as alternativas consideradas pela agência. Um dado interessante desse documento é a discriminação dos fatores que justificavam a atuação da agência naquele momento, dentre os quais listava-se o "risco legislativo", descrito pelo relatório da seguinte maneira:

> o tema defesa de interesse de usuário é um assunto de grande sensibilidade e caso o Congresso Nacional decida legislar nesse sentido, corre-se o risco de uma regulamentação política se sobrepor a uma regulação técnica da Agência Reguladora que é especialista no assunto, sem contar o processo mais rígido para alteração, caso uma lei seja editada.[415]

---

[412] Portaria nº 2.852/2013 da Anac.

[413] Processo administrativo nº 00058.054992/2014-33.

[414] Lei nº 11.182/2005, art. 47: "Na aplicação desta Lei, serão observadas as seguintes disposições: I – os regulamentos, normas e demais regras em vigor serão gradativamente substituídos por regulamentação a ser editada pela ANAC, sendo que as concessões, permissões e autorizações pertinentes a prestação de serviços aéreos e a exploração de áreas e instalações aeroportuárias continuarão regidas pelos atuais regulamentos, normas e regras, enquanto não for editada nova regulamentação; [...]".

[415] Formulário de Análise para Proposição de Ato Normativo, constante do processo administrativo nº 00058.054992/2014-33, em tramitação perante a Anac.

Como fica claro, o potencial político da discussão era considerado, estrategicamente, como uma justificativa para a atuação regulatória da agência, antecipando-se a eventual ação legislativa.

A proposta de extinguir a franquia obrigatória de bagagem despachada foi incluída na minuta de resolução submetida à audiência pública. Historicamente, passageiros tinham direito de despachar bagagens de até 23 quilos em voos domésticos, de forma gratuita. A proposta da agência era "desregular a franquia de bagagem", seguindo tendência internacional, com a justificativa de que "o oferecimento de franquia de bagagem pode representar um serviço opcional da empresa, que virá a trazer ganhos de escala e reduzir preços de tarifas".[416] Pela nova regra, a franquia mínima gratuita seria apenas de uma bagagem de mão por passageiro, de até 10kg. De acordo com a Anac,[417] a regulação da franquia de bagagem não faria sentido no regime de liberdade tarifária implantado pelo art. 49 da Lei nº 11.182/2005[418] – a lei de criação da Anac.

Em parecer sobre a questão, a procuradoria da Anac esclarece que a desregulação da franquia de bagagem não seria uma decorrência necessária do regime de liberdade tarifária, pois a agência teria reconhecida em lei uma "ampla margem de liberdade no tocante à regulamentação incidente sobre o transporte de bagagens, o que inclui, caso repute necessário para o atendimento do interesse público e para o desenvolvimento da aviação civil, a estipulação de franquias mínimas ou obrigatórias".[419] Para a procuradoria, portanto, a discussão estava inserida na margem de discricionariedade da agência, que deveria decidir a questão "mediante seu exclusivo juízo de conveniência e oportunidade, e a partir da avaliação técnica das características do setor".

Em nota técnica enviada à Anac,[420] a Secretaria de Aviação Civil (SAE) da Presidência da República manifestava sua concordância com a proposta da agência, ressaltando, contudo, o risco de "percepção de

---

[416] Conforme consta do documento "Tabela I – Justificativa e Comparação entre a CGTA e a Legislação Atual", constante do processo administrativo nº 00058.054992/2014-33, em tramitação perante a Anac.

[417] V. Anac, Nota Técnica nº 17/2012/GNOP/SER, de 11.12.2012.

[418] Lei nº 11.182/2005, art. 49: "Na prestação de serviços aéreos regulares, prevalecerá o regime de liberdade tarifária. §1º No regime de liberdade tarifária, as concessionárias ou permissionárias poderão determinar suas próprias tarifas, devendo comunicá-las à ANAC, em prazo por esta definido. §2º (VETADO) §3º A ANAC estabelecerá os mecanismos para assegurar a fiscalização e a publicidade das tarifas".

[419] Parecer nº 401/2014/CMF/PF-ANAC/PGF/AGU/JELSN.

[420] Nota Técnica nº 07/DEPSA/SPR/SAC-PR, de 16.07.2015.

CAPÍTULO 4
ESTUDO DE CASOS | 165

perda de direitos por parte dos usuários do transporte aéreo", o que justificava um cuidado na comunicação da medida, para reforçar o entendimento de que a franquia gratuita era, na verdade, precificada no valor da tarifa. A SAE também ressalta a possibilidade de a medida não implicar redução nos valores das passagens de forma imediata, "especialmente nos mercados menos maduros, como em rotas regionais, onde há menor concorrência".

Em audiência pública realizada em abril de 2016,[421] a Anac recebeu comentários de diversos agentes institucionais e econômicos sobre a questão, além de contribuições de entidades civis e instituições de defesa do consumidor. A 3ª Câmara de Coordenação e Revisão do Ministério Público Federal, com atribuições para tratar de direito do consumidor, por exemplo, manifestou-se de forma contrária à proposta,[422] argumentando que "não foi encontrada análise de impacto regulatório que estimasse quantitativamente ou qualitativamente os impactos da mudança da franquia de bagagens sobre os diferentes grupos de agentes, especialmente os consumidores com menor poder aquisitivo".[423] Além disso, defendeu que não era cabível a extinção da franquia gratuita para voos internacionais, uma vez que, nesses casos, "o despacho de bagagem seria ínsito ao próprio deslocamento".

Após o recebimento das contribuições, a questão voltou a ser analisada pela Anac, que elaborou nota técnica acerca dos "possíveis efeitos esperados da desregulamentação da franquia de bagagem".[424] No documento, a agência afirma que um dos efeitos esperados com a desregulamentação da franquia seria a diferenciação tarifária, com opções que "tenderão a ser mais baratas do que as atualmente praticadas".[425] A Anac, contudo, não realizou análise para estimar, quantitativamente, os impactos da desregulamentação da franquia sobre o preço das passagens no mercado brasileiro.[426]

---

[421] Audiência pública nº 03/2016 – Revisão das Condições Gerais de Transporte Aéreo.

[422] Ofício nº 104/2016/SE/3CCR, de 5 de abril de 2016.

[423] Parecer técnico nº 197/2016-Seap, da Secretaria de Apoio Pericial do MPF.

[424] V. Nota Técnica nº 11/2016/GEAC/SAS, de 17.05.2016.

[425] V. Nota Técnica nº 11/2016/GEAC/SAS, de 17.05.2016.

[426] Em nota técnica produzida pela Anac em 2017 sobre a questão (após a aprovação da norma), comenta-se que eventual análise quantitativa seria "não somente complexa, mas imprecisa". Além disso, a unidade técnica da agência ressalta que o aspecto controverso da norma diria respeito aos seus "efeitos distributivos e de justiça". Afirma-se: "A questão não é a simplista pergunta 'qual o modelo é o melhor', mas sim a questão mais complexa 'quem ganha e quem perde em cada modelo', bem como a questão filosófica se 'é justo que determinado grupo perca para que outro ganhe'. [...] Assim, ainda que a mensuração quantitativa dos ganhos de um grupo e perdas do outro grupo fosse praticável, ela por si

Em paralelo, em março de 2016, a Senadora Vanessa Grazziotin apresentou o projeto de lei do senado nº 132/2016, para alterar o Código Brasileiro de Aeronáutica e garantir a franquia de bagagem gratuita, nos moldes então praticados. Na justificativa do projeto de lei, consta que o direito de despachar bagagem seria um dos elementos essenciais do transporte aéreo, direito esse que "a Agência Nacional de Aviação Civil busca alterar". Com o avanço do processo da Anac, a OAB também passou a se movimentar, lançando uma campanha contra a proposta da agência, sob o slogan "Bagagem sem Preço", defendendo que a proposta violaria o Código de Defesa do Consumidor.[427]

Ao final do ano de 2016, a proposta foi finalmente deliberada no âmbito da diretoria. O voto do relator, diretor Ricardo Fenelon, destaca que o tema da franquia de bagagens foi o que mais suscitou controvérsia durante o processo regulatório e adere à fundamentação técnica usada pela agência para votar a favor da medida proposta. Assim, em dezembro de 2016 foi publicada a resolução nº 400, da Anac, instituindo as novas regras para franquia de bagagens, extinguindo a franquia gratuita de mala despachada,[428] com prazo de 90 dias de *vacatio*.

Com a publicação da norma, o tema foi imediatamente judicializado. Foram ajuizadas diversas ações civis públicas impugnando dispositivos da Resolução nº 400, o que motivou a suspensão da norma por decisões cautelares. Diante do conflito de competência, o Superior Tribunal de Justiça designou o juízo da 10ª Vara Federal da Seção Judiciária de Fortaleza para apreciar a questão.[429] Em decisão de abril de 2017, esse juízo entendeu que "a desregulamentação da franquia de bagagem despachada, por si só, não representa violação a direitos

---

só não responderia à pergunta de 'qual modelo é melhor'". V. Nota Técnica nº 3(SEI)/2017/GTEC/GEAC/SAS, de 18.04.2017, constante do processo nº 00058.054992/2014-33, em tramitação perante a Anac.

[427] "OAB recolhe assinaturas contra resolução da Anac que pretende cobrar por malas despachadas".10.09.2016. Disponível em: https://www.oab-ro.org.br/oab-recolhe-assinaturas-contra-resolucao-da-anac-que-pretende-cobrar-por-malas-despachadas/. Acesso em: 01 nov. 2021 .

[428] O art. 13 da Resolução nº 400 da Anac dispõe: "O transporte de bagagem despachada configurará contrato acessório oferecido pelo transportador. §1º A bagagem despachada poderá sofrer restrições, nos termos desta Resolução e de outras normas atinentes à segurança da aviação civil. §2º As regras referentes ao transporte de bagagem despachada, ainda que realizado por mais de um transportador, deverão ser uniformes para cada trecho contratado". O art. 14, por sua vez, afirma: "O transportador deverá permitir uma franquia mínima de 10 (dez) quilos de bagagem de mão por passageiro de acordo com as dimensões e a quantidade de peças definidas no contrato de transporte".

[429] STJ, 1ª Seção, Conflito de Competência nº 151.550/CE, Rel. Min. Assusete Magalhães, j. 24.04.2019.

do consumidor" e revogou a suspensão da norma que, então, passou a produzir finalmente os seus efeitos.[430]

Em paralelo, no Legislativo, o Senador Humberto Costa apresentou, também em dezembro de 2016, o Projeto de Decreto Legislativo nº 89/2016, com objetivo de sustar o art. 13 da Resolução nº 400/2016 da Anac, justamente o dispositivo que extinguia a franquia gratuita de bagagem despachada. A justificativa do projeto de decreto legislativo afirmava o seguinte:

> A Agência Nacional de Aviação Civil-ANAC, ao editar a Resolução em pauta, não evidencia estudos que avalizem a ideia de implicação entre redução de preços de passagens aéreas e a extinção da franquia de bagagens despachadas por passageiros. Ademais, a medida carece de maiores avaliações de seu impacto sobre os diversos agentes e, dentre os passageiros, sobre a efetividade entre os diversos segmentos. [...]. Isto posto, a Resolução da ANAC, no dispositivo atacado, representa um recuo grave para o direito do consumidor, no que tange a "bagagem despachada", evidenciando restrição a direitos já estabelecidos, o que foge ao talante regulamentador da Agência.

Como se vê, a justificativa do projeto limita-se a apontar a fragilidade técnica da decisão da agência, que, segundo o autor do projeto, careceria de evidências técnicas. No mais, a justificativa de que não caberia à agência "restringir direitos já estabelecidos" ignora que o direito de franquia de bagagem despachada também carecia de fundamento legal específico, já que fora instituído por norma regulamentar. Sem prejuízo disso, a motivação do PDL aponta que a norma da Anac extrapolaria os limites do seu poder regulamentar, em uma aparente tentativa de dialogar com a hipótese constitucional autorizadora desse instrumento.

O PDL foi aprovado no mesmo dia pelo Senado e enviado à Câmara dos Deputados, onde continuou tramitando sob pressão dos senadores.[431] Já o projeto de lei do senado apresentado pela senadora Vanessa Grazziotin em 2016 foi rejeitado pela Comissão Especial de

---

[430] JFCE, 10ª Vara Federal, Tutela Antecipada Antecedente nº 0805454-03.2017.4.05.8100. Após a decisão indeferindo a tutela liminar requerida, o Ministério Público Federal, autor da ação, interpôs agravo de instrumento, desprovido pelo Tribunal Regional Federal da 5ª Região. Com isso, o processo em primeira instância foi extinto, na forma do art. 304, §1º, do CPC.

[431] AGÊNCIA SENADO. *Senadores cobram da Câmara votação do fim da cobrança de bagagem aérea.* 25 out. 2018. Disponível em: https://www12.senado.leg.br/noticias/audios/2018/10/senadores-cobram-da-camara-votacao-do-fim-da-cobranca-de-bagagem-aerea. Acesso em: 01 nov. 2021.

reforma do Código Brasileiro de Aeronáutica, em novembro de 2018.

Em mais um movimento, a Comissão de Defesa do Consumidor da Câmara dos Deputados enviou ao TCU solicitação de fiscalização acerca da regularidade dos atos praticados pela Anac que culminaram na publicação da norma discutida. De forma específica, a Câmara requereu ao TCU um reexame do processo deliberativo da agência, com foco na qualidade dos dados levados em conta na decisão, e uma avaliação do resultado da medida aprovada até aquele momento; é dizer: saber se teria havido benefício aos consumidores ou não. Em julgamento realizado em dezembro de 2018, a Corte de Contas validou o processo regulatório da Anac, entendendo que a premissa principal da edição da norma não teria sido a expectativa de que os preços viessem a baixar, ainda que fossem esperados ganhos nesse sentido. O entendimento predominante foi de que o mercado de aviação civil seria competitivo o bastante para dispensar a interferência estatal em relação à franquia de bagagem.[432]

A posição adotada pelo TCU, corroborando o entendimento da Anac, também foi reiterada por outros agentes institucionais, como o Ministério da Fazenda[433] e o Cade,[434] a despeito da elevada contestação pública.

A discussão parecia ter se estabilizado, até que o Poder Executivo editou a Medida Provisória nº 863/2018, que completava um movimento de desregulação do setor aéreo, fomentando a participação de capital estrangeiro em companhias aéreas no Brasil. No âmbito da análise da medida provisória, o Deputado Chico Lopes propôs uma emenda parlamentar para incluir no texto um dispositivo que restabelecia a gratuidade da franquia mínima de bagagem, anteriormente vigente.

A norma foi aprovada pelo Congresso, restabelecendo, portanto, a regra vigente antes das alterações promovidas pela Anac, agora alçada ao patamar legal. Etapa seguinte, tanto a Anac quanto o Cade recomendaram ao Presidente da República o veto ao dispositivo, que, ao final, foi de fato vetado, sob a alegação de que o conteúdo da emenda

---

[432] TCU, Plenário, Acórdão 2.955/2018, Rel. Min. Bruno Dantas, j. em 12.12.2018.

[433] A Secretaria de Acompanhamento Econômico do Ministério da Fazenda elaborou nota técnica corroborando a norma editada pela Anac. V. Nota Técnica 126/2017/COGTR/SEAE/MF, de 4/10/2017, constante do processo nº 012.750/2018-2, em trâmite perante o TCU.

[434] A posição institucional do órgão foi consolidada na Nota Técnica nº 11/2019/DEE/CADE, de 26 de abril de 2019, disponível em: https://cdn.cade.gov.br/Portal/centrais-de-conteudo/publicacoes/estudos-economicos/notas-tecnicas/2019/nota-tecnica-n11-advocacy-08700002226201988.pdf. Acesso em: 01 nov. 2021.

parlamentar era estranho ao tema originário da medida provisória. Não obstante o argumento formal, o veto ressalta que a proposta contrariava o interesse público, já que "a obrigatoriedade de franquia de bagagem limita a concorrência, pois impacta negativamente o modelo de negócios das empresas aéreas de baixo custo, cuja principal característica é a venda em separado de diversos itens que compõem o serviço de transporte aéreo".[435]

De volta ao Legislativo, diante da possibilidade de rejeição do veto, os diretores da Anac foram pessoalmente ao Congresso Nacional para convencer os parlamentares a manter o veto do Presidente. É interessante notar que, nessa negociação, uma das propostas era condicionar a validade da medida ao ingresso de companhia *low cost* no país. Segundo divulgado pela imprensa, o veto seria mantido, mas, caso não se verificasse a condição vislumbrada pelos parlamentares, seria votado um projeto de decreto legislativo sustando novamente a norma.[436] Ao final das negociações, o veto foi de fato mantido, não tendo sido alcançado o quórum necessário para sua rejeição.[437]

O debate, contudo, voltou à pauta congressual em 2022, quando, mais uma vez, foi aprovada proposta normativa para instituir o despacho gratuito de bagagem, incluindo dispositivo nesse sentido no Código de Defesa do Consumidor. O dispositivo foi novamente vetado pela Presidência da República, mas, até a conclusão deste livro, o veto ainda não tinha sido apreciado no Congresso.

4.1.3 Persistência de política e a relevância do apoio institucional

Parece claro que normas regulatórias com reflexos diretos nos preços e tarifas de serviços públicos ou serviços privados intensamente

---

[435] Mensagem nº 250, de 17 de junho de 2019. Disponível em http://www.planalto.gov.br/ccivil_03/_ato2019-2022/2019/Msg/VEP/VEP-250.htm. Acesso em: 01 nov. 2021.

[436] Conforme relatou o jornal Valor Econômico, em 04 set. 2019, "[o] presidente da Agência Nacional de Aviação Civil (Anac), José Botelho, se reuniu ontem por duas horas com deputados e prometeu a entrada de companhias '*low costs*' (de baixo custo) no mercado interno se for mantido o veto presidencial à gratuidade do despacho das bagagens em voos, mas não informou um prazo para redução no preço das passagens e, com isso, não conseguiu convencer os deputados" (VALOR ECONÔMICO. *Veto de Bolsonaro à bagagem pode cair*. 04 set. 2019. Disponível em: https://valor.globo.com/empresas/noticia/2019/09/04/veto-de-bolsonaro-a-bagagem-pode-cair.ghtml. Acesso em: 13 jan. 2022).

[437] Houve 187 votos favoráveis à manutenção do veto e 247 contrários – dez a menos do que o necessário.

regulados possuem um forte componente político em razão de seus efeitos distributivos, a despeito dos fundamentos técnicos que podem ser empregados por órgãos de regulação para justificar uma ou outra proposição.

O caso da cobrança de bagagens também trata de uma clássica questão de regulação econômica, que envolve o conflito entre regulação e concorrência. Haverá, em muitos casos, a percepção de que um mercado com alto nível de concorrência pode ser predatório aos interesses dos consumidores, justificando, portanto, a intervenção estatal por meio da regulação. O estabelecimento de regras e parâmetros mínimos para prestação do serviço, contudo, encarece o preço, em prejuízo dos mesmos consumidores, podendo levar a distorções concorrenciais.

A discussão foi especialmente relevante no contexto do setor aéreo americano, em que houve um forte movimento de regulação nas décadas de 1930 e 1940, seguido por um movimento de desregulação nos anos 1970. Binyamin Appelbaum comenta que economistas, à época, defendiam que a regulação sobre companhias aéreas teria criado um "cartel patrocinado pelo Estado", aumentando preços e restringindo os serviços.[438] Como o arcabouço regulatório tinha caráter federal (não alcançando, portanto, voos realizados dentro do mesmo Estado), a situação permitia comparações em que os custos da regulação ficavam visíveis. Appelbaum dá o exemplo de duas rotas, uma entre as cidades de São Francisco e Los Angeles, no estado americano da Califórnia, e outra entre Boston e Washington, um voo interestadual. Apesar de cobrirem a mesma distância e serem feitas com o mesmo avião, o preço da passagem na rota interestadual custava mais que o dobro da outra rota.[439]

---

[438] APPELBAUM, Binyamin. *The Economists' hour*: false prophets, free markets, and the fracture of society. Nova Iorque: Little, Brown and Company, 2019, posição 2749.

[439] APPELBAUM, Binyamin. *The Economists' hour*: false prophets, free markets, and the fracture of society. Nova Iorque: Little, Brown and Company, 2019, posição 2805. O autor comenta esse movimento pendular entre regulação e concorrência no setor aéreo: "The government had placed the airlines under federal regulation in the 1930s because there was a consensus that competition was destructive. Now there was an emerging consensus that competition was the very thing the economy needed. The pendulum was swinging". Interessante notar que o "retorno do pêndulo" coincide com um movimento em que agências que eram dirigidas por advogados e juristas em geral passaram a substituí-los por economistas. Enquanto os primeiros enfatizavam a importância de um processo deliberativo que assegurasse um resultado justo, os últimos enxergavam a eficiência econômica como o principal objetivo regulatório a ser perseguido, opondo-se ao uso da regulação como política redistributiva.

Era esse, portanto, o dilema enfrentado pela Anac: de um lado, estabelecer condições para o aumento da concorrência no setor, visando ao desenvolvimento de um mercado mais eficiente, com possível ganho de modicidade tarifária. Em troca, a retirada de um dos parâmetros mínimos do serviço, que estabelecia condição favorável aos consumidores que quisessem despachar bagagem. O pressuposto dessa discussão é o regime de liberdade tarifária da aviação aérea comercial, implantado em 2005.

À diferença do setor da aviação civil, em que vige um regime de liberdade tarifária, o preço da energia no mercado regulado[440] é, naturalmente, fixado pelo Poder Público, tornando a tarifa de energia um mecanismo especialmente propenso a intervenções políticas em favor de grupos ou programas específicos, a partir de mecanismos de subsídio cruzado. Como destaca Marcos Lisboa, "[a]s regras do jogo induzem as empresas a adotar estratégias para obter benefícios tributários ou subsídios, em vez de incentivar a expansão eficiente da geração de energia".[441]

O episódio da geração distribuída é exemplo do que os economistas Stephen Coate e Stephen Morris chamam de persistência de política (*policy persistence*), ou seja, a dificuldade de alterar ou suprimir benefícios econômicos por conta da forte pressão política exercida pelos grupos beneficiados, que se engajam mais para manter os benefícios do que se engajariam para criá-los.[442]

É interessante notar que o problema de persistência política dos incentivos para geração distribuída foi antecipado por David Raskin, analisando a mesma situação nos Estados Unidos e na Alemanha. O autor recomenda que os formuladoras da política não levem muito

---

[440] No Brasil, a comercialização de energia pode ocorrer no ambiente de contratação livre ou regulada. No primeiro, a compra e venda de energia é realizada por meio de contratos bilaterais livremente negociados. No segundo, o ambiente de contratação regulada, a energia é adquirida pelas concessionárias de distribuição por meio de licitação, que, em seguida, comercializa a energia adquirida aos consumidores cativos, os quais pagam à distribuidora a tarifa fixada pelo Poder Público, nos termos do Decreto nº 5.163/2004.

[441] FOLHA DE S.PAULO. *Obscurantismo*. 12 jan. 2020. Disponível em: https://www1.folha. uol.com.br/colunas/marcos-lisboa/2020/01/obscurantismo.shtml. Acesso em: 11 jan. 2022

[442] COATE, Stephen; MORRIS, Stephen. Policy persistence. *American Economic Review*, v. 89, n. 5, p. 1327-1336, dez. 1999, p. 1327: "When an economic policy is introduced, agents will often respond by undertaking actions in order to benefit from it. These actions increase their willingness to pay for the policy in the future. This extra willingness to pay will be translated into political pressure to retain the policy and this means it is more likely to be operative in the future".

tempo para revisar as condições para concessão desses benefícios, pois, exatamente como ocorreu no Brasil:

> Uma vez que um número considerável de clientes tenha investido na geração distribuída em resposta aos subsídios concedidos para o sistema de *netmetering*, será difícil mudar as regras econômicas, tanto porque alguns consumidores terão confiado nos subsídios para fazer seus investimentos, quanto porque outros desejarão as mesmas oportunidades que seus vizinhos.[443]

O conflito distributivo em torno das políticas de fomento à energia solar e à geração distribuída estava, portanto, encomendado desde a criação dos incentivos pela própria Aneel. A retomada das discussões sobre o tema na agência serviu de "sinal de alerta"[444] para provocar a atuação de grupos de interesse perante o Parlamento, deslocando o ambiente de discussão.

Em ambos os casos analisados, tanto a Aneel quanto a Anac defendiam posições que tinham, como denominador comum, o uso do argumento de transparência dos custos inerentes ao preço dos serviços regulados, visando a uma política regulatória mais eficiente. A posição da Anac foi mais claramente rotulada como "pró-mercado", favorável às companhias aéreas. Já no caso da Aneel, a posição da agência coincidia com interesses mais difusos, opostos ao *lobby* dos incentivos à geração distribuída solar.

Comparando a fundamentação empregada pelas respectivas agências reguladoras em suporte à decisão, observa-se que, do lado da Aneel, havia uma análise de impacto regulatória bastante mais robusta, com avaliações quantitativas e qualitativas sobre os prejuízos que decorreriam da manutenção dos incentivos tarifários. Do lado da Anac, não foram feitas análises quantitativas sobre os impactos da desregulação da franquia, não obstante a agência também ter se apoiado em argumentos econômicos para defender a medida. A Anac apontou

---

[443] O trecho é uma tradução livre de "Once a sizable number of customers have invested in distributed generation in response to the subsidies afforded under net metering, changing the economic rules will be difficult, both because some customers will have relied on subsidies to make their investments and others will want the same opportunities as their neighbors. Policymakers therefore should not long defer addressing the consequences of providing these subsidies in order to promote distributed generation over other alternatives" (RASKIN, David. The Regulatory Challenge Of Distributed Generation. *Harvard Business Law Review*, [s.l.], dez. 2013. Disponível em: http://www.hblr.org/2013/12/the-regulatory-challenge-of-distributed-generation/#_ftn2. Acesso em: 31 out. 2021).

[444] Vide tópico 3.1.

a impossibilidade de realizar análises quantitativas mais detalhadas e a incerteza quanto aos efeitos decorrentes da proposta.[445] A fragilidade da fundamentação da Anac chegou a ser apontada como razão para reverter a medida.[446]

Nos dois casos, o recurso à técnica é apenas residual, dada a própria natureza da controvérsia, o que também suscita a invocação, pelo legislador, de sua prerrogativa de legislar. A questão, portanto, parece qualificar-se, ao mesmo tempo, para qualquer uma dessas arenas do "jogo regulatório", realçando o emprego estratégico da referência a uma natureza técnica da discussão para defender, implicitamente, o mérito da decisão da agência.

Em uma concepção tradicional de governança regulatória, seria possível defender que, enquanto o Parlamento traça os fins a serem alcançados, caberia à Administração "ao criar e aplicar regras no caso concreto, com indispensável motivação e fundamento técnico, [...] verificar se a norma editada pelo Parlamento fez as alocações corretas dos ônus (custos) e benefícios aos cidadãos".[447] Como reconhecido pelas agências, a decisão a ser tomada, ao final do processo, dizia respeito a saber quem arcaria com o custo dos benefícios então considerados (*i.e.*, dos incentivos à geração distribuída e o da franquia de bagagem).

Apesar do forte conteúdo político dos debates travados, em ambos os casos a lei concede uma prerrogativa clara à agência reguladora para tratar do tema, de modo que não parece haver espaço para dúvida, ao menos do ponto de vista jurídico, quanto à competência de cada agência para analisar a questão.

Ao final do processo, a Anac foi mais bem sucedida em fazer prevalecer sua posição frente ao movimento de contestação de outros agentes institucionais, em especial perante o Judiciário e perante a arena política, em que se argumentava pela defesa dos direitos do consumidor. A despeito disso, diversos agentes institucionais também realizaram uma defesa pública da posição da Anac, a exemplo do Cade

---

[445] A literatura destaca que a dificuldade natural em realizar análises quantitativas precisas em situações complexas permite que essa incerteza seja mobilizada pelos reguladores para legitimar resultados predeterminados. Daí se afirmar que o componente propriamente científico de análises desse tipo nunca pode ser completamente separado dos seus elementos valorativos. V. sobre o ponto, JASANOFF, Sheila. *The fifth branch*: Science Advisers as Policymakers. Cambridge: Harvard University Press, 1998, posição 113.

[446] VALOR ECONÔMICO. *Veto de Bolsonaro à bagagem pode cair*. 04 set. 2019. Disponível em: https://valor.globo.com/empresas/noticia/2019/09/04/veto-de-bolsonaro-a-bagagem-pode-cair.ghtml. Acesso em: 13 jan. 2022.

[447] GUERRA, Sérgio. *Discricionariedade, regulação e reflexividade*. Uma nova teoria sobre as escolhas administrativas. Belo Horizonte: Fórum, 2018, posição 725.

e do Ministério da Economia. Assim, a resolução da Anac foi prestigiada por três agentes de veto: Judiciário (que, após decisões conflitantes, autorizou a entrada em vigor da Resolução nº 400), TCU (que validou o processo deliberatório da agência), e Presidente da República (que vetou o artigo da Lei nº 13.842/19 que revertia a medida).

Nos dois processos, a atuação do Presidente da República teve um papel determinante, seja para esvaziar o processo de deliberação da Aneel, seja para fortalecer a posição da Anac. Tal circunstância realça a relevância do veto legislativo como mecanismo de controle político, que, como visto, dispensa a sanção presidencial.

Do ponto de vista da avocação legislativa, é interessante notar que, no caso da geração distribuída, a estratégia legislativa combinou um movimento de avocação e "relegalização", com objetivo de blindar os incentivos regulatórios, com o reequacionamento dos controles procedimentais instituídos sobre a Aneel. Isso se deu na atribuição, à agência, da prerrogativa de normatizar o regime tarifário aplicável após o período de transição, observando-se a quantificação dos benefícios que esses empreendimentos de geração criavam ao sistema, a partir de parâmetros que deverão ser criados pelo Poder Executivo, ouvindo os agentes do setor. Esse mecanismo de "alarme de incêndio", conforme a classificação analisada acima, garante um espaço de influência dos agentes interessados na tomada futura da decisão, permitindo-lhes, eventualmente, voltar a acionar o Poder Legislativo para fazer valer seus interesses.

A estratégia de controle procedimental se alinha com o marco teórico proposto por Mccubbins, Noll e Weingast, abordado anteriormente, que realça o papel e a relevância das regras procedimentais como instrumentos de controle político da atuação de agentes de regulação. Aqui, contudo, combinada com a avocação específica e pontual da escolha regulatória sobre a configuração do regime de transição, fica claro que a atuação parlamentar em matéria de regulação não se limita a um controle procedimental, abarcando também o controle do próprio mérito da decisão a ser tomada.

Há uma diferença relevante no movimento de avocação legislativa nesses dois casos: na geração distribuída, a avocação teve efeito inibitório, esvaziando o processo decisório da Aneel já em curso. No caso da Anac, a avocação sobre o mérito da escolha regulatória tinha eficácia derrogatória, com objetivo expresso (ao final, frustrado) de reverter a decisão já tomada pela agência.

Também é interessante notar a (pouca) influência que dados técnicos tiveram no ambiente legislativo, apesar da sua disponibilidade.

Em ambos os casos, foram produzidos estudos pela Consultoria Legislativa acerca da controvérsia,[448] com conclusão favorável à medida regulatória proposta pelas agências. Além disso, no caso da Aneel, provocado pelo MPTCU, o TCU não acolheu as razões que subsidiaram a representação, que estavam em sintonia com aquelas que, ao final, prevaleceram no Legislativo, mas entendeu que o sistema de compensação instituído pela Aneel era ilegal, em raciocínio eminentemente jurídico. Já no caso da Anac, provocado pela Câmara dos Deputados, o TCU atuou como instância de suporte técnico à decisão política, corroborando a posição da agência.

Tais circunstâncias parecem confirmar o quanto afirmado acima, sobre a crítica da incapacidade do Legislativo de analisar questões técnicas. Em ambos os casos, não faltaram estudos técnicos para instruir o processo político, tanto por parte do próprio serviço de consultoria legislativa, quanto por parte do TCU. Em nenhum dos casos, contudo, tais razões foram determinantes, tendo o Legislativo decidido de modo contrário à conclusão dos estudos e do TCU. Em outras palavras: não parece haver um problema propriamente de incapacidade (os estudos técnicos foram produzidos), mas sim um questionamento de como tais contribuições influenciam o debate parlamentar (uma discussão, portanto, sobre a sua conveniência política).

Os casos analisados acima também realçam a importância da capacidade de atuação estratégia da agência em defesa de suas decisões perante agentes políticos e institucionais,[449] bem como a importância de comunicar claramente ao público leigo os objetivos e expectativas da proposição regulatória, para evitar a captura do debate público. Note-se que, em ambos os casos, ruídos do processo deliberativo regulatório foram aproveitados por agentes de contestação na tentativa de derrubar a medida. No caso da Aneel, isso ocorreu pela referência a uma tentativa de "taxação do sol" por parte da agência. No caso da Anac, pelo fato

---

[448] SILVA, Rutelly Marques da. O novo arranjo regulatório proposto pela Aneel para a geração distribuída na Consulta Pública nº 25, de 2019. *Boletim Legislativo*. Brasília, n. 82, out. 2019; SILVA, Eduardo Fernandez; GONÇALVES, Sandro Silva. A cobrança da bagagem despachada nas viagens aéreas: a quem interessa? *Câmara dos Deputados*. Brasília, 2017. Consultoria Legislativa.

[449] A percepção também reflete observações feitas por Elisa Klüger, em pesquisa empírica realizada por meio de entrevistas com funcionários do BNDES, em que afirma que "a capacidade de manejar as gramáticas personalistas da política existentes no exterior do espaço insulado seguiam sendo recursos estratégicos, mesmo para aqueles que se notabilizavam por seus atributos técnicos" (KLÜGER, Elisa. A contraposição das noções de técnica e política nos discursos de uma elite burocrática. *Revista de Sociologia e Política*, [s.l.], v. 23, n. 55, p. 75-96, set. 2015, p. 5).

de a discussão ter sido essencialmente atrelada à redução dos preços das passagens, efeito que a agência qualificava como possível, mas não certo, que não havia sido quantitativamente mensurado e que sequer era listado como seu principal objetivo.

Esse aspecto foi percebido pelo diretor Ricardo Fenelon, da Anac, em entrevista concedida após a manutenção, pelo Congresso, do veto presidencial sobre o dispositivo legal que revertia a decisão da agência. Perguntado se a Anac poderia ter conduzido a discussão de outro modo, para evitar ruídos, o diretor afirma: "essa discussão está sendo enfrentada desde 2016, mas recentemente diversos órgãos e instituições divulgaram pareceres apoiando o entendimento técnico da ANAC. Brincando aqui de engenheiro de obra pronta, talvez poderíamos ter tentado com mais afinco capitanear esses apoios antes da edição da norma".[450]

Se o capital institucional da agência é importante, e até determinante, no sucesso de sua missão institucional, pensar um insulamento burocrático da agência em relação às instâncias políticas torna-se um exercício contrafactual e até contraditório: para cumprir sua missão institucional, a agência precisa cultivar um bom relacionamento com os agentes político-institucionais participantes do "jogo regulatório". Quanto mais insulada estiver, pode-se supor, mais difícil será fazer valer suas preferências em casos de conflito.

Parece apropriado afirmar, portanto, como faz Sheila Jasanoff,[451] que conflitos regulatórios podem ser mais eficazmente resolvidos a partir de uma tentativa, ainda que imperfeita, de integrar a técnica e a política no processo decisório, ao invés de defender a sua separação absoluta. Substituir, portanto, a ideia de hierarquia entre domínios dissociados por uma leitura essencialmente negocial do processo de construção da regulação é admitir que as dimensões política e técnico-gerencial da regulação podem alcançar uma solução de compromisso, que reflita a complexidade do problema analisado, promovendo a deliberação, ao invés de interditá-la.[452]

---

[450] JOTA. *'Não existe bagagem grátis e nunca existiu', diz Ricardo Fenelon*. 26 set. 2019. Disponível em: https://www.jota.info/legislativo/ricardo-fenelon-bagagem-gratis-26092019. Acesso em: 02 nov. 2021

[451] JASANOFF, Sheila. *The fifth branch*: Science Advisers as Policymakers. Cambridge: Harvard University Press, 1998, posição 2945: "Evidence from regulatory case histories suggests, further, that proceedings founded on the separatist principle frequently generate more conflict than those which seek, however imperfectly, to integrate scientific and political decisionmaking".

[452] Cf. CHAFETZ, Josh. *Congress's Constitution*: Legislative Authority and the Separation of Powers. New Haven: Yale University Press, 2017, p. 364.

4.2 A regulação do risco e o paternalismo regulatório

O risco é um objeto tradicional da regulação econômica e social. Este é também um domínio bastante propenso a conflitos envolvendo agências reguladoras e agentes políticos já que, como nota Sheila Jasanoff "geralmente se considera que decisões sobre aceitar ou não um determinado grau de risco estão associadas a valores pessoais e sociais"[453] e, portanto, politicamente sindicáveis nesse aspecto.

Como comenta Elizabeth Fisher, problemas regulatórios envolvendo avaliações de riscos (naturais em temas como o direito ambiental, a regulação da saúde e de novas tecnologias) são frequentemente percebidos como uma escolha entre tomar uma decisão baseada na ciência ou em valores.[454]

Para aqueles que defendem que a regulação do risco deve ter como matéria prima a técnica e a expertise, valores só teriam relevância no processo de tomada de decisão depois que os riscos já tenham sido adequadamente identificados e compreendidos. Nesse caso, a principal tarefa dos agentes reguladores seria avaliar os fatos envolvidos e analisá-los de forma independente e tecnicamente apropriada. Por outro lado, os defensores de uma abordagem mais "democrática" realçam os limites epistemológicos da ciência (discutidos acima) e requalificam a regulação de riscos como uma decisão coletiva sobre como as pessoas querem viver suas vidas. Para essa corrente, o foco principal do direito regulatório seria fomentar a participação da sociedade e a discussão ampla dos valores em jogo, das restrições e oportunidades pertinentes à autonomia privada.[455]

Os casos discutidos neste tópico têm essa temática como pano de fundo e tratam de questões relevantes da regulação do risco no setor de saúde – o risco de segurança de medicamentos e tratamentos de saúde e o risco atuarial no setor da saúde suplementar.

---

[453] JASANOFF, Sheila. *The fifth branch*: Science Advisers as Policymakers. Cambridge: Harvard University Press, 1998, posição 2961. O trecho reproduzido é uma tradução livre de "Decisions whether or not to accept a certain level of risk are generally regarded as involving both personal and social values, and hence as inappropriate for delegation to experts".

[454] FISHER, Elizabeth. *Risk regulation and administrative constitutionalism*. Oxford: Hart Publishing, 2010, p. 11.

[455] FISHER, Elizabeth. *Risk regulation and administrative constitutionalism*. Oxford: Hart Publishing, 2010, p. 11.

4.2.1 "Não somos médicos, somos legisladores": a comercialização da pílula do câncer e dos medicamentos anorexígenos.

Dois casos relevantes de avocação regulatória envolvem a edição de lei de efeitos concretos em substituição à competência da Anvisa para registrar medicamentos e definir os seus parâmetros de fabricação, comercialização e uso. Trata-se da discussão em torno da liberação da substância fosfoetanolamina sintética e dos medicamentos anorexígenos, ambos já referidos brevemente na introdução. Os casos possuem semelhanças e distinções que serão realçadas nesse tópico. A primeira semelhança é que ambos foram decididos pelo plenário do Supremo Tribunal Federal, que, com base em fundamentos similares, invalidou as leis editadas pelo Legislativo em prol do reconhecimento da competência da Anvisa para tratar do assunto.

Antes de apresentar os casos, vale descrever em linhas breves o marco regulatório aplicável. Legalmente, um produto só se torna um medicamento após a concessão de registro pela Anvisa, o que, por sua vez, depende da conclusão favorável de todas as etapas de estudos clínicos (aqueles realizados em humanos) quanto a sua segurança e eficácia.[456] Há, contudo, hipóteses legais em que o produto pode ser liberado para uso antes da conclusão dos testes clínicos.

De um lado estão os casos em que o uso é excepcionalmente autorizado a indivíduos ou grupos determinados de pessoas. São três as hipóteses previstas: o chamado uso compassivo,[457] o acesso expandido[458] e o fornecimento de medicamento pós estudo.[459] Nos três casos, autoriza-

---

[456] V. arts. 16 e ss. da Lei nº 6.360/1976.

[457] Nos termos do art. 2º, X, da RDC 38/2013 da Anvisa, programa de uso compassivo é a "disponibilização de medicamento novo promissor, para uso pessoal de pacientes e não participantes de programa de acesso expandido ou de pesquisa clínica, ainda sem registro na Anvisa, que esteja em processo de desenvolvimento clínico, destinado a pacientes portadores de doenças debilitantes graves e/ou que ameacem a vida e sem alternativa terapêutica satisfatória com produtos registrados no país".

[458] Nos termos do art. 2º, VIII, da RDC 38/2013 da Anvisa, programa de acesso expandido é o "programa de disponibilização de medicamento novo, promissor, ainda sem registro na Anvisa ou não disponível comercialmente no país, que esteja em estudo de fase III em desenvolvimento ou concluído, destinado a um grupo de pacientes portadores de doenças debilitantes graves e/ou que ameacem a vida e sem alternativa terapêutica satisfatória com produtos registrados".

[459] Nos termos do art. 2º, IX, da RDC 38/2013 da Anvisa, programa de fornecimento de medicamento pós-estudo designa a "disponibilização gratuita de medicamento aos sujeitos de pesquisa, aplicável nos casos de encerramento do estudo ou quando finalizada sua participação".

se acesso aos chamados "medicamentos inovadores" (sem registro sanitário) a portadores de doenças graves. A autorização é concedida a partir de critérios como a gravidade da doença, a ausência de alternativa terapêutica satisfatória, a gravidade do quadro clínico e a avaliação da relação risco-benefício do uso do medicamento solicitado.[460] Esse procedimento não dispensa a existência de evidência científica para a indicação terapêutica e exige que o medicamento esteja em fase de desenvolvimento clínico.[461]

Há também a possibilidade de aprovação de novos procedimentos ou terapias pelo Conselho Federal de Medicina (CFM).[462] Nesse caso, os requisitos para aprovação variam em função do risco e da complexidade do procedimento, devendo-se também comprovar os resultados satisfatórios de testes clínicos. Em outubro de 2014, por exemplo, o CFM editou resolução definindo um protocolo de uso compassivo do canabidiol, substância também experimental e, na época, sem registro na Anvisa, que vinha sendo associada por estudos científicos ao tratamento de sintomas de epilepsia.

Com o registro do medicamento, torna-se possível sua fabricação e comercialização pelas empresas autorizadas ao exercício dessas atividades, de acordo com as condições estipuladas pela Anvisa.

Pois bem: no caso da fosfoetanolamina, o maior empecilho ao seu uso como medicamento estava no fato de a substância jamais ter sido submetida a ensaios clínicos,[463] o que impedia até mesmo o seu uso compassivo. Também por conta disso, a Anvisa jamais recebeu qualquer pedido de registro da substância.[464] Sem registro, de acordo com a legislação de vigilância sanitária, não era possível a comercialização como um medicamento.

No Brasil, a fosfoetanolamina começou a ser produzida em um laboratório de química da Universidade de São Paulo. Ainda na década de 1990, passou a ser distribuída gratuitamente, e de forma irregular, a pacientes com câncer, quando se popularizou como uma substância

---

[460] Cf. art. 5º da RDC 38/2013 da Anvisa.

[461] V. art. 14 da RDC 38/2013 da Anvisa.

[462] A hipótese é regulada pela Resolução CFM nº 1.982/2012, a partir da prerrogativa atribuída ao Conselho pelo art. 7º da Lei nº 12.842/13.

[463] G1. *'Cápsula da USP' contra câncer não foi testada clinicamente; entenda*. 15 set. 2015. Disponível em: http://g1.globo.com/ciencia-e-saude/noticia/2015/09/pilula-da-usp-contra-cancer-nao-passou-por-testes-clinicos-entenda.html. Acesso em: 3 nov. 2021. Acesso em: 3 nov. 2021.

[464] V. "Nota sobre fosfoetanolamina como 'suplemento alimentar'", divulgada pela Anvisa em https://www.gov.br/anvisa/pt-br/assuntos/noticias-anvisa/2018/nota-sobre-fosfoetanolamina-como-suplemento-alimentar. Acesso em: 3 nov. 2021.

curativa (inclusive receitada por médicos), a despeito da inexistência de teste clínico.[465]

Por conta da ausência de autorização legal para a distribuição, a USP proibiu a produção da fosfoetanolamina em 2014,[466] o que desencadeou uma forte reação contrária tanto por parte da sociedade civil quanto por parte de agentes públicos.

No Judiciário, pacientes começaram, com sucesso, a requerer medidas liminares que obrigassem a USP a fornecer a substância, argumentando com base na garantia do direito à saúde.[467] No Executivo, tanto o Governo Federal quanto o Governo do Estado de São Paulo passaram a coordenar e financiar a realização de testes clínicos da fosfoetanolamina. À medida que os testes eram concluídos, contudo, resultados desfavoráveis começaram a ser divulgados, indicando que, apesar de não ser tóxica, a substância não era eficaz no combate a células cancerígenas[468] e, além disso, que a produção do composto distribuído como remédio era inconsistente.[469]

No Legislativo, foram apresentados alguns projetos de lei tratando do tema, reunindo apoio de parlamentares de todos os matizes do espectro ideológico.[470] Enquanto alguns deputados com formação médica justificavam a medida com base na ausência de toxicidade da substância e no princípio do consentimento informado do paciente,[471] outros manifestavam-se de forma categórica: "não somos médicos,

---

[465] PIAUÍ. *A panaceia*. Ascensão e queda da pílula do câncer. set. 2016. Disponível em: https://piaui.folha.uol.com.br/materia/a-panaceia/. Acesso em: 3 nov. 2021.

[466] V. Portaria IQSC nº 1.389/2014, Disponível em: https://www5.iqsc.usp.br/quarentena/esclarecimentos-a-sociedade/. Acesso em: 3 nov. 2021.

[467] PIAUÍ. *A panaceia*. Ascensão e queda da pílula do câncer. set. 2016. Disponível em: https://piaui.folha.uol.com.br/materia/a-panaceia/. Acesso em: 3 nov. 2021.

[468] G1. *Fosfoetanolamina*: testes iniciais apontam baixo potencial contra tumor. 21 mar. 2016a. Disponível em: http://g1.globo.com/bemestar/noticia/2016/03/fosfoetanolamina-testes-iniciais-apontam-baixo-potencial-contra-tumor.html. Acesso em: 04 nov. 2021.

[469] G1. *Fosfoetanolamina*: Dilma sanciona lei que libera 'pílula do câncer'. 14 abr. 2016b. Disponível em: http://g1.globo.com/bemestar/noticia/2016/04/para-evitar-desgaste-dilma-sanciona-lei-que-libera-pilula-do-cancer.html. Acesso em: 04 nov. 2021.

[470] No sistema de busca legislativa do site da Câmara de Deputados, constam seis projetos de lei autorizando o uso compassivo da fosfoetanolamina, além de quinze requerimentos de audiência pública sobre o tema. Disponível em https://www.camara.leg.br/busca-portal?contextoBusca=BuscaProposicoes&pagina=1&order=relevancia&abaEspecifica=true&q=fosfoetanolamina. Acesso em 4 nov. 2021.

[471] RÁDIO CÂMARA. Dep. Arlindo Chinaglia: pesquisas não caracterizam fosfoetanolamina como medicamento. 28 out. 2020. Agência Câmara. Disponível em https://www.camara.leg.br/radio/programas/703354-dep-arlindo-chinaglia-fosfoetanolamina-nao-e-um-medicamento-mas-um-suplemento-alimentar/?pagina=4. Acesso em 4 nov. 2021.

somos legisladores",[472] enfatizando o argumento emocional sobre a racionalidade científica.

Esse movimento culminou na publicação da Lei nº 13.269/16, aprovada em regime de urgência[473] e sancionada pela Presidente da República, que autorizou o uso da substância por pacientes diagnosticados com câncer e permitiu a sua produção e comercialização, "independentemente de registro sanitário, em caráter excepcional, enquanto estiverem em curso estudos clínicos acerca dessa substância" (art. 4º). Nos termos da lei, para ter acesso ao composto bastaria apresentar um documento comprovando o diagnóstico de câncer e assinar um termo de responsabilidade.

A lei foi criticada por diversas associações médicas, pelo CFM[474] e pela Anvisa,[475] cujo Diretor-Presidente acusou o Congresso de invadir as atribuições da agência.[476] A Associação Médica Brasileira ajuizou uma ADIn perante o STF, requerendo, liminarmente, a suspensão da Lei, sob o argumento de que a liberação da substância caracterizaria uma "falha do Estado no cumprimento do dever de promoção do direito à saúde".

Nos autos da ação, ambas as casas do Poder Legislativo, como também a Presidência da República, defenderam a constitucionalidade da lei. A manifestação do Senado destacava a existência de estudos científicos preliminares, publicados em periódicos nacionais e internacionais, indicando os efeitos benéficos da administração da fosfoetanolamina em pacientes com câncer.[477]

Não obstante tais considerações, o STF, por maioria, suspendeu cautelarmente a eficácia da Lei, em julgamento que veio a ser

---

[472] AGÊNCIA CÂMARA DE NOTÍCIAS. *Relatora pede aprovação de projeto que autoriza uso de substância contra o câncer.* 08 mar. 2016. Disponível em https://www.camara.leg.br/noticias/482597-relatora-pede-aprovacao-de-projeto-que-autoriza-uso-de-substancia-contra-o-cancer/. Acesso em 4 nov. 2021.

[473] A despeito da aprovação do projeto em regime de urgência, o tema já havia sido amplamente debatido pelo Congresso Nacional, com a realização de diversas audiências públicas com profissionais da área de saúde e até mesmo a criação de um grupo de trabalho sobre o assunto. V. informações prestadas pela Câmara dos Deputados na medida cautelar na ADIn nº 5.501.

[474] V. nota "Posição do CFM sobre a sanção da Lei nº 13.269/2016", disponível em: https://portal.cfm.org.br/noticias/cfm-nao-recomenda-prescricao-da-fosfoetanolamina/. Acesso em: 4 nov. 2021.

[475] V. Nota Técnica nº 56/2015/SUMED/ANVISA, juntada aos autos da ADIn nº 5501.

[476] FOLHA DE S.PAULO. *'Anvisa não pode aceitar que Congresso invada sua atribuição', diz diretor.* 19 jul. 2018. Disponível em: https://www1.folha.uol.com.br/equilibrioesaude/2018/07/anvisa-nao-pode-aceitar-que-congresso-invada-sua-atribuicao-diz-diretor.shtml. Acesso em: 4 nov. 2021.

[477] V. Ofício nº 038/2016-PRESID/ADVOSF, juntado aos autos da ADIn nº 5.501.

confirmado posteriormente, quando o Plenário julgou procedente a ADIn, nos termos do voto do relator, o Ministro Marco Aurélio.[478]

O relator defendeu que o direito constitucional à saúde imporia ao Estado "a responsabilidade constitucional de zelar pela qualidade e segurança dos produtos em circulação no território nacional, ou seja, a atuação proibitiva do Poder Público, no sentido de impedir o acesso a determinadas substâncias". Esse dever teria sido violado pelo Congresso ao permitir a distribuição da fosfoetanolamina sem requisitos mínimos de segurança. Note-se, contudo, que a Lei aprovada apenas liberava o acesso à fosfoetanolamina enquanto durassem os estudos clínicos para atestar sua efetividade, ou seja, em uma situação de relativa incerteza.

Ainda, o relator entendeu que a lei também violava o princípio da separação de poderes, já que o controle dos medicamentos fornecidos à população é realizado "tendo em conta a imprescindibilidade do aparato técnico especializado" da Anvisa. Acompanharam o relator os Ministros Lewandowski, Cármen Lúcia, Luiz Fux, Teori Zavascki e Luís Roberto Barroso (o único a invocar expressamente uma reserva de administração em prol da Anvisa).[479]

O Ministro Edson Fachin instaurou a divergência, entendendo que a lei seria válida a partir de interpretação conforme à Constituição, segundo a qual o uso da fosfoetanolamina estaria autorizado apenas para pacientes terminais. Nesses casos, segundo o Ministro Fachin, "a situação de risco parece demonstrar que as exigências relativas à segurança de substâncias cedem em virtude da própria escolha das pessoas eventualmente acometidas da enfermidade". Instaurou-se, nesse ponto, um debate que opunha a autonomia individual do paciente e alguma medida de paternalismo regulatório, que justificaria a imposição de parâmetros mínimos de segurança e eficácia. A divergência foi acompanhada pelos Ministros Rosa Weber, Dias Toffoli e Gilmar Mendes.

O precedente firmado na ADIn nº 5.501 voltou a ser invocado pelo STF em caso similar, mas com particularidades relevantes. Dessa vez, estava em jogo a autorização de uso e comercialização de medicamente formalmente registrados no Brasil, e em circulação há décadas: os chamados anorexígenos ou inibidores de apetite, usados no tratamento de obesidade. Por serem substâncias com ação psicotrópica, o uso, prescrição e comercialização desses medicamentos sempre esteve

---

[478] STF, Tribunal Pleno, ADIn nº 5501, Rel. Min. Marco Aurélio, j. 26.10.2020.

[479] V. a discussão desenvolvida no tópico 2.2.1.1.

sujeito a diversos tipos de controles.

A prescrição e dispensação de anorexígenos era regulada pela Resolução nº 58/2007 da Anvisa, que estabelecia como obrigatório o modelo de receita "B2", mais restritivo, além de estipular doses diárias de cada substância, vedando a prescrição em quantidade superior. Em 2011, porém, a Anvisa editou a Resolução nº 52/2011, vedando integralmente a fabricação, prescrição e uso de diversas substâncias regularmente empregadas em anorexígenos.[480] A decisão foi baseada em estudo encomendado pela agência europeia sobre o perfil de segurança desses medicamentos, com a indicação de que a relação entre o risco e os benefícios seria negativa, desaconselhando sua prescrição.[481]

Se, no caso da fosfoetanolamina, a posição da Anvisa estava alinhada com a das demais entidades do setor de saúde; no caso dos anorexígenos, o CFM, o Conselho Federal de Farmácia e até a Associação Médica Brasileira (que propôs a ADIn contra a lei da fosfoetanolamina) se posicionaram contra a proibição. Essas entidades questionavam os estudos usados pela Anvisa como fundamento para a tomada de decisão, argumentando que teriam sido realizados em pacientes que não fazem parte do público-alvo indicado na bula do medicamento e por tempo maior do que o recomendado.

Mais uma vez, a discussão transbordou para a arena política. Foram propostos na Câmara dos Deputados um projeto de lei (o PL nº 2431/2011) e dois projetos de decreto legislativo, com objetivo de substituir a decisão da Anvisa e autorizar a comercialização e uso dos anorexígenos vedados.[482] O projeto de lei trazia apenas um artigo, proibindo a Anvisa de cancelar o registro sanitário de anorexígenos. Já os projetos de decreto tinham por objetivo sustar a Resolução nº 52/2011. Como já antecipado,[483] um dos decretos foi aprovado de forma inédita pelo Congresso, sustando integralmente a resolução da Anvisa e restabelecendo a permissão para comercialização dos anorexígenos nas doses anteriormente fixadas.

Em sua exposição de motivos, o decreto legislativo menciona que a Anvisa, ao editar a norma, teria extrapolado sua competência

---

[480] Foram vedadas as substâncias femproporex, anfepramona e manzidol, mantendo-se a autorização para a sibutramina, sujeita à mesma dose permitida anteriormente.

[481] Cf. Relatório Integrado sobre a eficácia e segurança dos inibidores do apetite da Anvisa, de abril de 2011, juntado aos autos da ADIn nº 5.779.

[482] Além da apresentação dos projetos, também foram realizadas audiências públicas com a participação de médicos e da própria Anvisa para discutir o tema. Alguns documentos relativos a esses encontros foram juntados nos autos da ADIn nº 5.779.

[483] V. tópico 3.2.1.

legal e invadido a competência do Legislativo, mas o tema não é objeto de maior aprofundamento. Ao invés disso, a justificativa expõe que a norma da agência teria sido editada sem dados conclusivos, vedando o uso de medicamentos importantes no tratamento da obesidade, contrariando o posicionamento de diversas associações médicas.

Logo após a publicação do veto legislativo, a Anvisa voltou a normatizar o tema por meio da Resolução nº 50/2014, que aprovou o regulamento técnico para controle dos anorexígenos. A norma retoma a autorização de registro desse tipo de medicamento desde que comprovada a eficácia e segurança e volta a instituir as mesmas doses diárias fixadas na resolução de 2007.

Não obstante isso, o projeto de lei apresentado ainda em 2011 também concluiu sua tramitação e, em junho de 2017, foi aprovado na forma da Lei nº 13.454/2017. No lugar da redação original, o texto da lei, de apenas um artigo, resume-se a autorizar a produção, comercialização e consumo dos anorexígenos, sob prescrição médica no modelo B2 (o mesmo estabelecido pela Anvisa). Na prática, a Lei não alterava em nada a regulação então vigente após a aprovação do decreto sustatório, mas garantia que a Anvisa não voltaria a proibir, em absoluto, o registro dos medicamentos.

Poucos meses depois da publicação da Lei, a Confederação Nacional dos Trabalhadores da Saúde (CNTS) ajuizou ADIn[484] questionando sua constitucionalidade, ao fundamento de que a Lei violaria o direito à saúde e o princípio da separação de poderes, também com base na ideia de violação à reserva de administração, tendo expressamente invocado o precedente da "pílula do câncer".

Algumas diferenças entre os casos, contudo, merecem destaque. Em primeiro lugar, ao contrário da fosfoetanolamina, os anorexígenos são medicamentos consolidados, já testados e registrados perante a Anvisa. Em segundo lugar, ao permitir o uso e comercialização de anorexígenos, a Lei não infirmava (ao menos não explicitamente) a competência da Anvisa para registrar esses medicamentos, nem dispensava a necessidade de prescrição por um médico (ao contrário do que foi feito no caso da fosfoetanolamina). Como exposto acima, a proibição da Anvisa estava ancorada em um argumento de custo-benefício. A resposta das entidades médicas era que a vedação pretendida pela agência "representaria uma interferência direta" na autonomia garantida a médicos e pacientes de escolherem "procedimentos terapêuticos

---

[484] STF, Tribunal Pleno, ADIn nº 5.779, Rel. Min. Nunes Marques, j. 14.10.2021.

reconhecidos e válidos".[485] Além disso, argumentavam que haveria diversos estudos demonstrando que o tratamento da obesidade com anorexígenos seria "custo-efetivo" e, no lugar de banir do mercado, seria necessário fiscalizar a prescrição abusiva do medicamento.[486]

O Senado posicionou-se no mesmo sentido ao defender a constitucionalidade da Lei perante o STF. Argumentou que a medida adotada estava em linha com as diretrizes científicas de diversas sociedades médicas de especialistas[487] e que a proibição da Anvisa representaria indevida intromissão estatal na autonomia de médicos e pacientes.

No mérito, também o Ministério Público Federal (que havia opinado pela procedência da ADIn nº 5.501, ou seja, contrariamente à lei que liberava a fosfoetanolamina) manifestou-se dessa vez pela improcedência da ADIn dos anorexígenos. O parecer apresentado teve também a preocupação de distinguir os dois casos: enquanto a Lei nº 13.269/16 dispensava a fosfoetanolamina da exigência de registro, a Lei nº 13.454/17 não esvaziava as prerrogativas de fiscalização e controle da Anvisa.[488]

Não obstante, em outubro de 2021 o STF julgou procedente a ADIn, para declarar a inconstitucionalidade da lei. O relator, Ministro Nunes Marques, propunha a declaração de constitucionalidade da norma, rejeitando argumentos baseados no princípio da separação de poderes. Em suas palavras, hipóteses como essa demandariam uma análise caso a caso para identificar se a atuação do Congresso constitui "resposta político-institucional legítima para algum impasse científico ou para alguma atuação abusiva da agência reguladora". Apesar de

---

[485] V. Ofício CFM nº 4770/2017-GABIN, de 23.6.2017, do CFM, juntado aos autos da ADIn.

[486] V. "A visão distorcida e o preconceito em relação a remédios para emagrecer", texto do médico Marcio Mancini, do Hospital das Clínicas da Faculdade de Medicina da USP, juntado aos autos da ADIn.

[487] Informações prestadas pelo Senado Federal: "Como se observa, a Lei decorreu de intensa disputa política, debates e discussões exaustivas no Parlamento, destacando-se que 'Os médicos especialistas e suas respectivas sociedades representativas, com o apoio total do Conselho Federal de Medicina – o órgão que regulamenta o exercício profissional do médico –, discordam totalmente da posição da Anvisa em proibir o uso da sibutramina, do femproporex, da anfepramona e do mazindol, devido à frágil alegação de que causam mais riscos do que benefícios. Tal argumento, inclusive, é uma desconsideração com a diretriz científica elaborada e publicada pelas Sociedades Médicas de Especialistas, envolvendo a Sociedade Brasileira de Endocrinologia e Metabologia (SBEM), a Associação Brasileira de Nutrologia (ABRAN), a Sociedade Brasileira de Clínica Médica (SBCM), a Sociedade Brasileira de Medicina de Família e Comunitária (SBMFC), para as quais o grau de evidência científica na utilização desses agentes farmacológicos é 'A' e 'B'''.

[488] Assim, o MPF afirmou: "O texto da Lei 13.454/2017 não exclui a vigilância por parte da ANVISA. Toda a cadeia de fornecimento de produtos permanece passível de regulação. A reação legislativa atentou-se à prerrogativa médica de decidir a pertinência do tratamento para obesidade à base de anfepramona, femproporex, mazindol e sibutramina".

validar a lei, o relator ressalvava a competência da Anvisa para, diante de novas evidências, retirar tais substâncias do mercado em caso de urgência sanitária. Para o Ministro Nunes Marques, a lei atendia a uma importante demanda por medicamentos de baixo custo para a obesidade, acessíveis à população pobre, garantindo o "direito de opção" – categoria também empregada no precedente da pílula do câncer.

O relator foi acompanhado pelos Ministros Roberto Barroso e Alexandre de Moraes, de cujo voto se colhe consideração teórica bastante similar àquela desenvolvida neste livro, acerca da viabilidade da avocação legislativa da escolha regulatória como modelo de interação constitucionalmente possível. Nas palavras do Ministro:

> Se é o Congresso Nacional que delimita a delegação normativa feita à Agência Reguladora, também lhe é permitido, abstratamente, no exercício de seu poder fiscalizatório, sustar os atos desse órgão mediante decreto legislativo ou então autorizar, desde logo, por meio de lei, determinado medicamento. [...] Se o próprio Congresso Nacional concedeu a delegação legislativa para que exista o poder normativo das agências, ele não pode ficar absolutamente manietado, sem a possibilidade de atuar na matéria.[489]

Prevaleceu, contudo, o voto divergente do Ministro Edson Fachin, que, nesse caso, julgava procedente a ação.

É interessante notar a inversão da posição adotada pelos ministros que votaram no precedente anterior, da fosfoetanolamina. Relembre-se que, naquele caso, o Ministro Barroso votou pela declaração de inconstitucionalidade da lei, mas, aqui, opinou pela constitucionalidade. Da mesma forma, os quatro ministros que julgavam constitucional a lei da pílula do câncer votaram todos de forma contrária à lei dos anorexígenos.

Diferentemente do caso da fosfoetanolamina, o Ministro Barroso entendeu, aqui, que não haveria violação à separação de poderes, já que a competência da Anvisa deveria ser interpretada de forma subordinada à legislação. Por outro lado, entendeu que, caso exista consenso técnico-científico em determinado sentido, a lei não poderia sobrepô-lo. Assim, a decisão da Anvisa só poderia ser substituída por lei quando houvesse uma justificativa técnica. No caso concreto, o Ministro entendeu que não haveria consenso nas principais agências sanitárias sobre a matéria, e que a lei havia sido precedida de amplo

---

[489] Trecho do voto do Ministro Alexandre de Moraes no julgamento da ADIn nº 5.779, j. 14.10.2021.

CAPÍTULO 4
ESTUDO DE CASOS | 187

debate com as entidades médicas, favoráveis à medida, de modo que o contexto de relativa divergência por parte dos especialistas favoreceria a discricionariedade legislativa.

Instaurando a divergência, o Ministro Fachin entendeu que a lei implicava a dispensa de registro sanitário, ao conter autorização direta para comercialização do medicamento. O Ministro Gilmar Mendes acompanhou o voto, entendendo que a lei inviabilizava a atuação da agência, ao pré-autorizar a comercialização do medicamento, protegendo de forma insuficiente o direito à saúde e o dever de evitar riscos. O Ministro entendeu que, não sendo o caso de vedar a atuação regulatória do Legislativo, a avocação legislativa da escolha regulatória demandaria do legislador "*se desincumbir do ônus do regulador*". Em outras palavras, a atuação regulatória do Legislativo deveria sujeitar-se ao mesmo ônus de justificativa do agente regulador administrativo, "com análise profunda das alternativas existentes, de seus custos, e, ainda, de seus possíveis efeitos positivos e negativos".

O entendimento do Ministro Gilmar Mendes contrapôs-se ao do Ministro Nunes Marques, para quem o Congresso, ao editar a lei questionada, "opinou em conformidade com os maiores especialistas médicos brasileiros na área de endocrinologia, nutrologia e clínica médica", o que distinguiria este do caso da pílula do câncer. Afirmou, nesse ponto, que haveria entendimentos conflitantes de diversas agências sanitárias internacionais, o que inviabilizaria qualificar a decisão legislativa como anticientífica.

Um destaque relevante desse julgamento foi a invocação, pelos ministros, de diferentes argumentos alegadamente consequencialistas em suporte de posições contrárias e favoráveis à lei, sem qualquer referência a dados empíricos para embasá-los. Os que apoiavam a lei, em especial os Ministros Nunes Marques e Alexandre de Moraes, defendiam que sua invalidação faria aumentar o número de cirurgias bariátricas e a incidência de obesidade na população mais pobre. Em sentido contrário, para o Ministro Gilmar Mendes, o reconhecimento da constitucionalidade da lei impugnada faria com que grupos de pressão passassem a se organizar para que decisões de órgão de controle fossem superadas por leis de efeitos concretos – ou seja, uma multiplicação de casos de avocação. Já o Ministro Fux afirmou que validar a Lei permitiria aos milhares de municípios brasileiros editar leis para esvaziar a autoridade administrativa de agências reguladoras, autorizando a produção e comercialização de quaisquer medicamentos proibidos, "sob argumentos populistas e midiáticos". Em suas palavras, "o resultado prático produzido pela medida adotada pode não corresponder aos valores que se pretende prestigiar, sendo essencial um juízo prognóstico de consequências das alternativas possíveis".

Um dado relevante, sob a perspectiva do "jogo regulatório", é que a edição da lei que "relegalizou" a decisão por permitir as substâncias anorexígenas (que não teve efeitos práticos na mudança da regulação) funcionou como um fator de enfraquecimento da posição do Congresso, que já tinha editado o decreto sustatório para vetar a Resolução n° 52/2011. Em outras palavras, a edição da lei, em acréscimo ao decreto sustatório, aumentou significativamente o custo relativo da manutenção da posição política do Legislativo, fomentando a atuação do STF como agente de veto.

Com efeito, de acordo com a base de dados de processos de controle concentrado do site do STF, não consta o ajuizamento de qualquer ação para questionar a constitucionalidade do referido Decreto Legislativo n° 273/2014. Por outro lado, ainda que isso tivesse ocorrido, e a partir dos fundamentos empregados no acórdão, é possível cogitar que, como o decreto não substitui materialmente a decisão da Anvisa (apenas a invalida), enfrentaria menor resistência caso questionado judicialmente.

4.2.2 Cobertura de antineoplásicos orais e o rol de procedimentos obrigatórios

Caso similar, em que o Poder Legislativo promoveu a avocação legislativa de uma escolha regulatória em matéria de saúde por meio de lei ordinária, também ocorreu em relação à ANS. A agência exerce competência regulatória complementar à da Anvisa, também incidente sobre o setor de saúde, mas aqui, especificamente, sobre a regulação de planos de saúde.

Uma das principais competências da ANS diz respeito à definição do rol mínimo de referência dos procedimentos que planos de saúde oferecidos no Brasil devem obrigatoriamente cobrir.[490] [491]

---

[490] Lei n° 9.961/2000, art. 4°: "Compete à ANS [...] III – elaborar o rol de procedimentos e eventos em saúde, que constituirão referência básica para os fins do disposto na Lei n° 9.656, de 3 de junho de 1998, e suas excepcionalidades". O art. 10 da Lei n° 9.656/1998, por sua vez, dispõe: "É instituído o plano-referência de assistência à saúde, com cobertura assistencial médico-ambulatorial e hospitalar, compreendendo partos e tratamentos, realizados exclusivamente no Brasil, com padrão de enfermaria, centro de terapia intensiva, ou similar, quando necessária a internação hospitalar, das doenças listadas na Classificação Estatística Internacional de Doenças e Problemas Relacionados com a Saúde, da Organização Mundial da Saúde, respeitadas as exigências mínimas estabelecidas no art. 12 desta Lei, exceto [...]".

[491] A rigor, cabe destacar que a cobertura mínima obrigatória se aplica aos chamados "planos novos" (comercializados a partir de 2/1/1999) e aos "planos antigos adaptados" (aqueles anteriores, mas que foram ajustados nos termos do art. 35 da Lei n° 9.656/98), excluindo os planos antigos não adaptados.

A competência da ANS, vale esclarecer, não se sobrepõe à da Anvisa, já que produtos ou procedimentos só se tornam elegíveis para constar do rol de referência após o registro ou autorização de uso do órgão de vigilância sanitária (nos termos do art. 10-D, §3º, I, da Lei nº 9.656/98). Mas, além disso, a ANS também avalia a inclusão do procedimento a partir de uma perspectiva econômica, de custo-benefício, para aferir tanto a vantajosidade do procedimento avaliado em relação a outros já previstos no rol, como também o impacto financeiro da ampliação da cobertura (art. 10-D, §3º, II e III, da Lei nº 9.656/98) – a chamada avaliação de tecnologia em saúde. A mesma análise é realizada no âmbito do SUS, pela Comissão Nacional de Incorporação de Tecnologia no SUS – Conitec, cabendo à ANS os estudos no âmbito da saúde suplementar.

O rol dos procedimentos obrigatórios era atualizado pela ANS de forma periódica: os interessados poderiam submeter pedidos de ampliação de cobertura para determinados procedimentos, os quais eram analisados pela ANS de acordo com um cronograma unificado, em um processo que envolvia análise técnica, a realização de consulta pública e a apreciação final pela diretoria da agência. Em geral, o processo durava cerca de dois anos,[492] ao fim dos quais era publicada a nova lista atualizada dos procedimentos obrigatórios.

Além de definir os tratamentos que integram o rol obrigatório, a ANS também define as chamadas diretrizes de utilização, "que estabelecem os critérios a serem observados para que sejam asseguradas as coberturas de alguns procedimentos e eventos". As diretrizes, portanto, especificam as hipóteses nas quais alguns dos procedimentos listados deverão ser cobertos pelo plano de saúde.

No que é relevante ao caso concreto, o art. 10, VI, da Lei nº 9.656/98, afirma que o fornecimento de medicamentos para tratamento domiciliar não está incluído no rol obrigatório, ao contrário dos medicamentos administrados durante o período de internação hospitalar, cuja cobertura é mandatória. Com base nesse fundamento, a ANS rejeitava a inclusão, no rol obrigatório, dos medicamentos denominados antineoplásicos orais, de uso domiciliar, usados no tratamento de câncer (a "quimioterapia oral").[493]

---

[492] V. "Como é atualizado o rol de procedimentos", em: https://www.ans.gov.br/participacao-da-sociedade/atualizacao-do-rol-de-procedimentos/como-e-atualizado-o-rol-de-procedimentos. Acesso em: 5 nov. 2021.

[493] JOTA. *A saga dos antineoplásicos orais na saúde suplementar*. 17 ago. 2021b. Disponível em https://www.jota.info/opiniao-e-analise/artigos/a-saga-dos-antineoplasicos-orais-na-saude-suplementar-17082021. Acesso em: 13 jan. 2022.

Com a crescente difusão desse tipo de tratamento, menos invasivo do que a quimioterapia tradicional por via venosa, a discussão ganhou a arena política. Em 2013, o Congresso editou a Lei nº 12.880/13, que alterava a Lei nº 9.656/98 (que regula os planos de saúde) para prever que os antineoplásicos orais seriam obrigatoriamente cobertos por planos de saúde que oferecessem atendimento ambulatorial ou internação hospitalar.[494] De acordo com a exposição de motivos do projeto convertido em lei, não faria sentido a diferença no regime regulatório aplicável à quimioterapia oral e à quimioterapia endovenosa, administrada em ambiente hospitalar.

Pela lei, tal cobertura seria objeto de protocolos clínicos e diretrizes terapêuticas publicadas pela ANS e definidas com apoio das sociedades médicas. Além disso, o fornecimento desses medicamentos se daria de acordo com "as normas estabelecidas pelos órgãos reguladores" (art. 12, §§4º e 5º, da Lei nº 9.656/98). De acordo com o regime regulatório, portanto, depois que um medicamento antineoplásico oral tivesse seu registro aprovado pela Anvisa, ele poderia ser avaliado dentro do ciclo periódico de atualização do rol obrigatório pela ANS, que também definiria as diretrizes de utilização desses medicamentos.[495]

Depois da lei, e com base na avaliação da ANS, 58 medicamentos orais contra o câncer foram incluídos no rol obrigatório, enquanto 12 foram reprovados, com base, sobretudo, no alto preço da tecnologia.[496]

A necessidade de cumprir todas as etapas do ciclo de regulação transmitia a alguns agentes do setor a impressão de que haveria

---

[494] Lei nº 9.656/1998, art. 12: "São facultadas a oferta, a contratação e a vigência dos produtos de que tratam o inciso I e o §1º do art. 1º desta Lei, nas segmentações previstas nos incisos I a IV deste artigo, respeitadas as respectivas amplitudes de cobertura definidas no plano-referência de que trata o art. 10, segundo as seguintes exigências mínimas: I – quando incluir atendimento ambulatorial: [...]; c) cobertura de tratamentos antineoplásicos domiciliares de uso oral, incluindo medicamentos para o controle de efeitos adversos relacionados ao tratamento e adjuvantes; II – quando incluir internação hospitalar: [...]; g) cobertura para tratamentos antineoplásicos ambulatoriais e domiciliares de uso oral, procedimentos radioterápicos para tratamento de câncer e hemoterapia, na qualidade de procedimentos cuja necessidade esteja relacionada à continuidade da assistência prestada em âmbito de internação hospitalar".

[495] V. Parecer Técnico nº 27/GEAS/GGRAS/DIPRO/2018 da ANS. Disponível em: https://www.gov.br/ans/pt-br/arquivos/acesso-a-informacao/transparencia-institucional/pareceres-tecnicos-da-ans/2018/parecer_27-2018_medicamentos-antineoplsicos-orais_verso-final_27122017.pdf. Acesso em: 13 jan. 2022.

[496] JOTA. *Cobertura de quimioterapia oral sem análise da ANS é aprovada no Congresso.* 01 jul. 2021a. Disponível em https://www.jota.info/tributos-e-empresas/saude/quimioterapia-oral-aprovada-congresso-01072021. Acesso em: 13 jan. 2022.

uma demora injustificada da agência. De acordo com o presidente da Sociedade Brasileira de Oncologia Clínica, por exemplo: "[s]e a medicação de via oral está aprovada pela Anvisa, não tem sentido o paciente esperar dois anos pela atualização do rol e ainda tem o risco da medicação que ele precisa não entrar na lista".[497]

Esse contexto motivou a propositura do Projeto de Lei do Senado nº 6.330/2019, que alterava novamente a Lei nº 9.656/98 para, em termos práticos, suprimir a prerrogativa da ANS de realizar a avaliação de tecnologia em saúde em relação aos antineoplásicos orais. Em outras palavras, o rol obrigatório passaria a abranger qualquer antineoplásico oral aprovado pela Anvisa e prescrito por um médico. A justificativa do projeto era justamente "agilizar o tratamento das pessoas com câncer e promover o acesso aos antineoplásicos orais".

Em reação, a ANS tomou medidas buscando minimizar a insatisfação com seu processo decisório, na tentativa de frear a proposta, dentre as quais a mudança na regra da atualização do rol obrigatório, que passa a prever a submissão contínua de pedidos de ampliação, com prazo médio de 18 meses de análise,[498] além da reorganização de suas unidades internas para conferir maior agilidade ao processo de avaliação.

As entidades representantes dos planos de saúde também manifestaram oposição à proposta, defendendo a necessidade de avaliação técnica da ANS como "a forma correta de fazer a escolha com base em dados, em ciência, em informação".[499]

Não obstante tais esforços, em junho de 2020 o projeto foi aprovado por unanimidade no Senado. No mês seguinte, foi aprovado na Câmara dos Deputados, com apenas dez votos contrários. A proposta, contudo, foi integralmente vetada pela Presidência da República, que ressaltou a importância da análise da ANS na garantia de sustentabilidade do mercado da saúde suplementar.[500]

---

[497] A fala consta da justificação do Projeto de Lei nº 6.330/2019, disponível em https://legis. senado.leg.br/sdleg-getter/documento?dm=8052721&ts=1636044343504&disposition= inline.

[498] Em outubro de 2021 entrou em vigor a resolução normativa nº 470/2021 da ANS, que estabelece uma nova sistemática para atualização contínua do rol de procedimentos.

[499] JOTA. *PL 6330/19 e o debate de regras para cobertura de planos de quimioterapia oral.* 24 set. 2020. Disponível em https://www.jota.info/legislativo/quimioterapia-oral-24092020. Acesso em: 13 jan. 2022.

[500] De acordo com as razões de veto: "[...] a medida [...] contraria o interesse público por deixar de levar em consideração aspectos como a previsibilidade, a transparência e a segurança jurídica aos atores do mercado e a toda a sociedade civil, de forma que comprometeria a sustentabilidade do mercado e criaria discrepâncias no tratamento das tecnologias e,

A controvérsia, contudo, não se encerrou aí. Para tentar negociar uma solução de compromisso, inclusive diante da possibilidade de reversão do veto pelo Congresso, foi editada a Medida Provisória nº 1.067, que incumbe a ANS de editar norma para disciplinar a amplitude da cobertura no que tange aos antineoplásicos orais. A MP estipulava que o processo de atualização do rol de procedimentos deveria ser concluído pela ANS em, no máximo, 180 dias. No silêncio da agência, e ao final desse prazo, a inclusão do procedimento seria automática.

A MP cria uma comissão, no âmbito da ANS, para assessorar a agência no processo de atualização, composta por representantes dos conselhos federais de medicina, odontologia e enfermagem. Também determina que os procedimentos aprovados pela Conitec para incorporação ao SUS passariam a ser automaticamente incluídos no rol de cobertura dos planos de saúde.

O veto presidencial ao projeto que tratava dos antineoplásicos foi de fato mantido pelo Congresso. Logo em seguida, a Câmara dos Deputados aprovou o projeto de lei de conversão da MP, substituindo, contudo, a diretiva original do projeto do Executivo para restabelecer a obrigatoriedade de cobertura dos antineoplásicos orais, em conformidade com a prescrição médica, desde que estejam registrados perante a vigilância sanitária. O projeto mantém a competência da ANS para atualizar o rol de procedimentos, mesmo para os antineoplásicos orais, que deverão ser avaliados de forma prioritária. O projeto de lei de conversão foi aprovado pelo Congresso e sancionado integralmente pelo Presidente da República em março de 2022, transformando-se na Lei nº 14.307.[501]

---

consequentemente, no acesso dos beneficiários ao tratamento de que necessitam, o que privilegiaria os pacientes acometidos por doenças oncológicas que requeiram a utilização de antineoplásicos orais. [...]. Por fim, ao considerar o alto custo dos antineoplásicos orais e a imprevisibilidade da aprovação e concessão dos registros pela Agência Nacional de Vigilância Sanitária – Anvisa, existiria o risco do comprometimento da sustentabilidade do mercado de planos privados de assistência à saúde, o qual teria como consequência o inevitável repasse desses custos adicionais aos consumidores, de modo que encareceria, ainda mais, os planos de saúde, além de poder trazer riscos à manutenção da cobertura privada aos atuais beneficiários, particularmente aos mais pobres".

[501] Vale a nota de que a Lei foi objeto de ADIn proposta em 5.3.2022, pela Associação Brasileira de Proteção aos Consumidores de Planos e Sistema de Saúde – Saúde Brasil, e distribuída ao Min. Roberto Barroso. Na petição inicial, o autor questiona a constitucionalidade do art. 10, §§4º, 7º e 8º, que atribui à ANS a competência para definir o rol de procedimentos cobertos por planos de saúde e estipula prazos para o processo administrativo de atualização do rol de procedimentos obrigatórios. O argumento do autor é de que tais dispositivos estabelecem a taxatividade do rol de procedimentos, o que, em síntese,

Nesse caso, é interessante notar que a lei, a pretexto de preservar a competência da ANS, ao mesmo tempo a esvazia. Se a cobertura, por lei, é obrigatória, a avaliação técnica da agência deixa de ser determinante. No mais, a lei mantém as regras da medida provisória, transpondo ao nível legal a normatização do processo de atualização do rol dos procedimentos, até então regulado apenas pela ANS.

4.2.3 Exame judicial de "fatos legislativos" e o problema da incomensurabilidade

Os três casos de avocação legislativa discutidos acima têm, em comum, a circunstância de lidarem com a edição de leis de efeitos concretos (embora com diferentes níveis de densidade normativa), por meio das quais definiu-se que produtos e tratamentos de saúde específicos poderiam ser disponibilizados à sociedade independentemente da análise prévia realizada pela agência reguladora competente. Em outras palavras, a lei pré-determina a avaliação de custo-benefício, com mais ou menos considerações sobre aspectos técnicos.

Um dado relevante da análise comparativa dos casos mencionados é o fato de que, em dois deles (anorexígenos e antineoplásicos), a preferência política do Congresso também estava alinhada com o posicionamento de sociedades médicas. Esse foi um fator importante no julgamento da ADIn dos anorexígenos, invocado pelos ministros que julgavam a lei constitucional, apesar de ter prevalecido o entendimento favorável à agência reguladora.

A posição assumida pelo Presidente da República também exerceu um papel relevante nos casos. O Presidente, como visto, é um dos relevantes atores de veto nos processos de avocação legislativa de escolhas regulatórias que usam como veículo a edição de lei ordinária. Nos dois casos tratando da aprovação de produtos de saúde, a lei foi sancionada. O veto, contudo, foi exercido na lei que aprovava a cobertura dos antineoplásicos, apesar da sua reversão posterior quando da aprovação da Lei nº 14.307/22 (que foi sancionada sem vetos).

Uma hipótese possível para explicar o exercício, ou não, da prerrogativa de veto nesses casos diz respeito à compreensão dos grupos de interesse que se beneficiariam ou que seriam prejudicados com a medida editada. No caso da fosfoetanolamina e dos anorexígenos,

---

violaria a proteção constitucional do direito à saúde. A ADIn, contudo, não diz respeito, de forma específica, à cobertura dos antineoplásicos orais, foco do estudo de caso.

não havia um grupo especificamente prejudicado com a medida. As leis foram invalidadas porque o STF entendeu que violavam o dever do Estado de promover a saúde pública, em um debate que opunha, de um lado, aqueles que, como o Ministro Fachin, acreditavam que as pessoas deveriam ter autonomia para consumir os produtos que bem entendessem e, de outro, aqueles que consideravam que o Estado deveria proteger as pessoas de produtos que pusessem sua saúde em risco. Já na discussão sobre os antineoplásicos, o grupo beneficiado pela medida era também aquele dos pacientes diagnosticados com câncer, a quem fosse prescrito o medicamente, mas, dessa vez, havia também um grupo prejudicado bem definido: o das operadoras de planos de saúde.

Tal circunstância permite cogitar que propostas com implicações econômicas mais acentuadas (caso da ANS) tendem a acirrar o conflito político, por envolver grupos de pressão mais bem organizados (como as operadoras de planos de saúde, por exemplo). Lembre-se que, nos casos analisados, o veto também foi exercido na discussão sobre franquia de bagagem, medida que era contrária aos interesses das companhias aéreas. Na discussão acerca da fosfoetanolamina e dos anorexígenos, por outro lado, o debate político assumiu caráter mais social e menos econômico, ganhando também a validação do Presidente.

Outro denominador comum aos casos da fosfoetanolamina e dos anorexígenos diz respeito ao exame judicial das premissas fáticas adotadas pelo legislador, que teve especial relevância nos votos dos Ministros Barroso e Gilmar Mendes na ADIn nº 5.779, apesar de terem chegado a conclusões opostas. A densidade do tema e os limites do objeto desta pesquisa impedem um exame aprofundado dessa discussão,[502] motivo pelo qual se busca, aqui, apresentar algumas linhas gerais a partir das considerações feitas acima sobre os casos em análise.

A discussão sobre o exame judicial dos fatos e prognoses legislativas tem a ver com a avaliação da constitucionalidade de uma lei à luz dos fatos que informaram a decisão legislativa, ou das previsões sobre as consequências da edição de determinada medida.[503] No item

---

[502] Sobre o tema, v. NASCIMENTO, Roberta Simões. A legislação baseada em evidências empíricas e o controle judicial dos fatos determinantes da decisão legislativa. *Revista Eletrônica da Procuradoria Geral do Estado do Rio de Janeiro*, Rio de Janeiro, v. 4, n. 3, set./dez. 2021a e MENDES, Gilmar Ferreira. Controle de constitucionalidade: hermenêutica constitucional e revisão de fatos e prognoses legislativos pelo órgão judicial. *Revista Jurídica Virtual*, Brasília, n. 8, p. 1-11, jan. 2000.

[503] NASCIMENTO, Roberta Simões. A legislação baseada em evidências empíricas e o controle judicial dos fatos determinantes da decisão legislativa. *Revista Eletrônica da Procuradoria Geral do Estado do Rio de Janeiro*, Rio de Janeiro, v. 4, n. 3, set./dez. 2021a, p. 5.

2.3.1, acima, já se teve a oportunidade de discutir que, para a filosofia política de matriz liberal, existe um vínculo indissociável entre o exercício político e a "verdade factual", sendo esta a base sobre a qual a deliberação deve ocorrer – premissa especialmente questionada por teorias críticas da democracia e do discurso político.

Essa discussão esteve especialmente presente no julgamento da ADIn nº 5.779 (que tratava da lei dos anorexígenos), quando os ministros do STF se filiaram a duas principais correntes sobre a avaliação da constitucionalidade da lei impugnada à luz dos fatos legislativos relevantes.

A primeira é apresentada, em especial, no voto do Ministro Barroso, para quem o espaço de discricionariedade legislativa seria equivalente àquele não predeterminado por consensos técnico-científicos, positivos ou negativos. Havendo divergência ou indefinição, o legislador poderia atuar. De forma semelhante, o Ministro Nunes Marques entendeu que o parâmetro de razoabilidade de leis avocatórias de escolhas regulatórias seriam "os critérios científicos mínimos". O entendimento retoma uma linha da jurisprudência do STF que entende não ser competência da Corte decidir sobre o potencial lesivo de determinada norma ou decisão, mas tomar uma decisão de caráter normativo a partir das conclusões da comunidade científica, encaradas como meramente descritivas.[504]

O curioso é que no caso da fosfoetanolamina, a própria lei se justificava por um suposto contexto de incerteza científica, ao afirmar que a substância estaria liberada enquanto durassem os estudos clínicos. Essa premissa, contudo, não foi considerada pelo STF na análise da constitucionalidade da lei, já que os Ministros que acompanharam o voto vencedor entenderam que a ausência de comprovação científica da eficácia da substância (ou o indicativo da sua ineficácia) era suficiente para justificar a proibição da dispensação. Ou seja, no julgamento, a

---

[504] V., por exemplo, STF, Tribunal Pleno, ADIn nº 3.470, Rel. Min. Rosa Weber, DJe 01.02.2019. Colhe-se do voto da relatora a seguinte passagem: "Impende, todavia, ressaltar que não é papel deste Supremo Tribunal, ao exame da presente ação, decidir sobre a nocividade ou o nível de nocividade da exposição ao amianto crisotila, tampouco sobre a viabilidade da sua exploração econômica segura. Pertencentes ao campo da realidade empírica, as respostas a tais questões são acessíveis pela investigação técnica e científica. Na mesma linha, também não cabe à Corte avaliar se este ou aquele estudo apresentado está correto, residindo fora da sua alçada os juízos de natureza técnico-científica sobre questões de fato. Pode-se dizer que a tarefa da Corte – de caráter normativo – há de se fazer embasada nas conclusões da comunidade científica – cuja natureza é descritiva. É nesse sentido que, ao se debruçar sobre regra jurídica disciplinadora de fatos, a Corte adota, como premissa empírica, o conhecimento científico estabelecido sobre eles, considerado o estado da arte no momento do julgamento".

premissa fática adotada pela lei foi desconsiderada e substituída por outra, julgada mais correta à luz do conhecimento disponível.

A segunda corrente é encampada, entre outros, pelo voto do Ministro Gilmar Mendes, que defende que o legislador, ao tratar de política regulatória, estaria sujeito ao mesmo ônus de justificativa do regulador. É dizer: ao tratar, por exemplo, da aprovação de medicamentos, caberia ao legislador justificar a eficácia e segurança do produto aprovado. Ao contrário da posição descrita acima, o legislador não é beneficiado por um contexto de incerteza, que alargaria o seu campo de discricionariedade. A incerteza, na verdade, aumentaria o seu ônus de justificação.

Foi com base nesse raciocínio que o Ministro votou pela inconstitucionalidade da lei dos anorexígenos, enquanto o Ministro Barroso reconhecia sua constitucionalidade, a partir do entendimento de que as divergências entre a Anvisa e as sociedades médicas e entre as agências sanitárias internacionais quanto à concessão do registro autorizariam a solução legislativa. Parâmetro similar também esteve presente no voto dos demais ministros. O Ministro Fachin, por exemplo, afirmou que o Legislativo poderia regulamentar a comercialização de determinada substância, desde que:

> haja minudente regulamentação, indicando, por exemplo, formas de apresentação do produto, disposições relativas à sua validade e condições de armazenamento, dosagem máxima a ser administrada, entre outras. Ao deixar de atribuir a essa substância as mesmas garantias de segurança por quais passam os demais produtos destinados à saúde humana, há inconstitucionalidade material, ante a proteção insuficiente do direito à saúde.[505]

Para o Ministro Fachin, a atuação regulatória do Legislativo apenas se justificaria em caso de "elevadíssimo ônus de inércia indevida ou dano por omissão à proteção da saúde por parte da agência reguladora". De forma similar, o Ministro Lewandowski afirmou que lei formal só poderia derrogar atos normativos da Anvisa que visam à proteção à saúde se garantir igual proteção a esse direito fundamental. Em comum, essas posições analisam a lei a partir do ônus de fundamentação que condiciona a atuação do regulador (por exigência legal), transferindo-o ao Congresso nos casos em que se estiver tratando de política regulatória.

---

[505] Trecho do voto do Ministro Edson Fachin na ADIn nº 5.779, j. 14.10.2021.

Uma primeira dificuldade para o controle judicial dos fatos legislativos reside nos critérios empregados pelo Judiciário para decidir quando uma questão demanda um conhecimento técnico específico para ser corretamente solucionada. Para o Ministro Gilmar Mendes, tal exigência decorreria do fato de a lei impugnada promover "autêntica regulação", apesar de não aprofundar o sentido dessa afirmação ou da diferenciação entre regular e legislar.[506] Via de regra, a deliberação parlamentar sobre temas regulatórios tende a se justificar em argumentos políticos, ainda que se valha, estrategicamente, de considerações técnicas acessórias. Assim, por atuarem em dimensões distintas, pode haver um problema de incomensurabilidade no cotejo entre a racionalidade parlamentar e a racionalidade do processo deliberativo das agências reguladoras.

Em termos simples, "julgamentos sobre valores não podem contradizer julgamentos sobre a realidade".[507] Roberta Simões Nascimento põe a questão da seguinte forma: "Como diferenciar a existência da própria realidade em si da valoração política dessa realidade (que sim pode ser, em certa medida, objeto de discricionariedade legislativa)?".[508] Em outras palavras, como também afirmam Cass Sustein e

---

[506] Para os conceitos adotados neste livro, a distinção teórica entre regular e legislar baseada na densidade normativa dos dispositivos legais (*i.e.*, leis definem princípios, e a regulação os implementa tecnicamente) não tem embasamento teórico nem verossimilhança prática. Seria possível diferenciar o legislador do regulador do ponto de vista da legitimidade da sua atuação (como faz, por exemplo, Nascimento ao falar da representatividade da atuação legislativa como traço distintivo em relação ao exercício regulatório), mas tal circunstância pouco avançaria na questão proposta pelo Ministro Gilmar Mendes, acerca da qualificação de uma lei como "autêntica regulação", derivando, daí, limites específicos ao exercício legislativo. Acredita-se, na verdade, que essa é uma falsa controvérsia, já que, como explorado nesta pesquisa, existe um espaço de concorrência e sobreposição entre a atuação do legislador e do regulador em matéria de política regulatória. É, contudo, a especificidade de cada processo decisório (à luz, também, da fonte de legitimidade de sua atuação), que deverá pautar a interpretação jurídica sobre a validade de cada medida legal, seja na forma de lei ou de resolução normativa. V. NASCIMENTO, Roberta Simões. A legislação baseada em evidências empíricas e o controle judicial dos fatos determinantes da decisão legislativa. *Revista Eletrônica da Procuradoria Geral do Estado do Rio de Janeiro*, Rio de Janeiro, v. 4, n. 3, set./dez. 2021a, p. 8.

[507] KELSEN, Hans. Science and Politics. *The American Political Science Review*, [s. l.], v.45, n. 3, p. 641-661, set. 1951, p. 642.Kelsencomplementa: "The judgment that something is true or false is essentially different from the judgment that something is good or bad, which is the most general formula of a value judgment. Truth means conformity with reality, not conformity with a presupposed value".

[508] NASCIMENTO, Roberta Simões. A legislação baseada em evidências empíricas e o controle judicial dos fatos determinantes da decisão legislativa. *Revista Eletrônica da Procuradoria Geral do Estado do Rio de Janeiro*, Rio de Janeiro, v. 4, n. 3, set./dez. 2021a, p. 3.

Richard Pildes, "considerações puramente científicas não permitirão dizer qual é a escolha política mais racional no cenário regulatório".[509] Trata-se de juízos que não podem ser cotejados a partir de uma medida comum a ambos.

O exercício de determinada competência por uma agência reguladora pode sugerir que sua avaliação dependa, necessariamente, de uma análise técnica de custos e benefícios. Esse tipo de análise, contudo, apenas reflete uma concepção particular de racionalidade, sobre como riscos devem ser avaliados. Em sentido oposto, Richard Pildes e Cass Sustein realçam o valor de avaliações leigas de riscos regulatórios quando partem, não de uma percepção equivocada dos fatos, mas de uma valoração diferente dos riscos considerados.[510] [511] Como destaca Roberta Simões Nascimento:

> nem sempre a evidência empírica e os critérios estritamente técnicos serão determinantes [para a ação legislativa], o que, por seu turno, igualmente acarreta problemas no controle judicial respectivo. Por mais que tais dados sejam importantes e devessem ser considerados no processo de tomada de decisão, os respectivos pesos vão acabar variando em cada caso.[512]

O controle judicial de casos como esses, portanto, passa pela definição das questões cuja solução depende de uma análise técnica, um problema de identificação, o que pode ser especialmente desafiador nos casos em que o conflito tem expressiva ressonância política. Como nota Julia Black, situações de incerteza, especialmente pertinentes à regulação de riscos, ressaltam a necessidade de se analisar o fenômeno

---

[509] O trecho é tradução livre de "Purely scientific considerations will not permit us to say which is the right way to resolve what rational policy choice ought to mean in the regulatory setting" (PILDES, Richard H.; SUNSTEIN Cass R. Reinventing the Regulatory State. *University of Chicago Law Review*, [s.l.], v. 62, n. 1, 1995, p. 48).

[510] PILDES, Richard H.; SUNSTEIN Cass R. Reinventing the Regulatory State. *University of Chicago Law Review*, [s.l.], v. 62, n. 1, 1995, p. 63.

[511] Essa foi a posição do Min. Alexandre de Moraes, no julgamento da ADIn nº 5.592, que tratava da análise da constitucionalidade da autorização legislativa do uso de aeronaves para pulverização de substância inibidora da proliferação do mosquito da dengue, desde que aprovado pela autoridade sanitária, após comprovação científica da eficácia do método. A relatora, Min. Cármen Lúcia, invocara em seu voto o princípio da precaução para julgar a norma inconstitucional. O Min. Alexandre de Moraes, inaugurando a divergência, ressaltou em seu voto que "a mera existência de risco não interdita a atuação do Estado em prol de determinada atividade".

[512] NASCIMENTO, Roberta Simões. A legislação baseada em evidências empíricas e o controle judicial dos fatos determinantes da decisão legislativa. *Revista Eletrônica da Procuradoria Geral do Estado do Rio de Janeiro*, Rio de Janeiro, v. 4, n. 3, set./dez. 2021a, p. 26.

CAPÍTULO 4
ESTUDO DE CASOS | 199

regulatório pela lente das interações discursivas entre os diferentes atores envolvidos.[513]

Diante de uma questão que demanda considerações técnico-científicas, surge ainda a dificuldade adicional de se decidir quais conclusões serão levadas em conta, um problema de seleção. Sheila Jasanoff comenta que juízes estabelecem barreiras epistemológicas ao determinar quais especialistas e que tipo de raciocínio científico merece consideração e quais serão descartados.[514] Esse aspecto tornou-se especialmente evidente no caso dos anorexígenos, em que havia divergência interna na comunidade regulatória acerca de qual seria a melhor decisão, entre aprovar ou vedar a comercialização dos medicamentos em questão.

Além do problema de identificação dos casos em que o conhecimento técnico é relevante para solucionar a controvérsia, e do problema de seleção do conhecimento técnico que será considerado no julgamento, há, ainda, uma terceira dificuldade, pertinente à compreensão sobre qual é o "estado da arte" do conhecimento técnico-científico sobre o tema analisado, um problema de compreensão, dificuldade que também fica clara no julgamento dos anorexígenos. De fato, houve na sessão de julgamento alguma discussão acerca da existência, ou não, de divergência entre agências sanitárias internacionais acerca da proibição dos medicamentos em análise. Se, de um lado, tal circunstância ressalta a relevância do uso de mecanismos de interlocução do STF com a sociedade, seja por meio de audiências públicas, seja pela admissão (e até requisição) de *amicus curiae* nos processos de controle concentrado;[515] de outro, dá mostras de que estes mecanismos também

---

[513] BLACK, Julia. Regulatory conversations. *Journal of Law and Society*, Malden, v. 29, n. 1, p. 163-196, mar. 2002, p. 172.

[514] JASANOFF, Sheila. Science, common sense & judicial power in U.S. courts. *Daedalus*, [s.l.], v. 147, n. 4. p. 15-27, out. 2018, p. 16. De forma mais concreta, o questionamento tem a ver, por exemplo, com os critérios que serão adotados para selecionar os participantes de audiências públicas realizadas pelo STF para discutir questões técnicas, ou sobre o peso que será dado ao posicionamento de determinadas organizações em comparação a outras. Apesar de o STF já ter valorado de forma privilegiada o posicionamento técnico de organizações como a OMS (v. STF, Tribunal Pleno, ADIn nº 6.421 MC, Rel. Min. Roberto Barroso, DJe 12.11.2020), também já decidiu de forma contrária ao entendimento manifestado pelas principais entidades médicas nacionais, como ocorreu no caso dos anorexígenos.

[515] Cyrino discute a figura do *amicus curiae* regulatório, terceiro tecnicamente habilitado a interferir em processos para esclarecer questões técnicas ou empíricas. De certa forma, a prática se assemelha ao que já se tem visto em diversas audiências públicas conduzidas pelo STF, em que são ouvidos especialistas sobre a matéria em debate. O problema de se saber qual o estado da arte do conhecimento técnico-científico, contudo, permanece, já que

não são suficientes para aplacar a controvérsia sobre a existência de um consenso científico em determinados casos.[516]

Essa dificuldade ficou clara no julgamento da ADIn nº 4.874, de relatoria da Min. Rosa Weber, que tinha, como plano de fundo, a discussão acerca da validade de resolução editada pela Anvisa que proibia a importação e comercialização de cigarros com aditivos, que lhe conferiam sabor e odor mais atrativos. O caso não trata de uma hipótese de avocação, mas seu exame é relevante para a discussão quanto à incomensurabilidade de argumentos técnicos e políticos e quanto à dificuldade de apreensão do que seja o "consenso científico" sobre determinada matéria.

Os autores da ação sustentavam a ausência de lastro técnico na norma restritiva editada pela Anvisa, que conteria, antes, conteúdo eminentemente político. A própria agência defendia que a norma impugnada não buscava proibir o uso de cigarros, mas "impedir tudo que facilite a dependência química", principalmente de jovens. Os aditivos proibidos fariam do cigarro um produto mais palatável e atrativo aos não dependentes. Diversos *amici curiae* também foram admitidos no processo, os quais apresentaram, segundo narra a relatora, argumentos técnicos tanto a favor quanto contrários à norma impugnada.

Para a Min. Rosa Weber, a norma proibitiva da Anvisa não representaria uma alteração do regime jurídico, mas mera "especificação de aspectos técnicos". De acordo com a Ministra, ao conceder à Anvisa expressa competência para regulamentar produtos que envolvam risco à saúde, dentre eles o cigarro, a Lei nº 9.782/99 teria validado a edição

---

diversas entidades comumente ouvidas nesses processos manifestam posições interessadas em um resultado específico, que não se limitam a simplesmente auxiliar o julgador por meio da "tradução" do conhecimento científico. V. CYRINO, André. *Direito constitucional regulatório*: elementos para uma interpretação institucionalmente adequada da Constituição econômica brasileira. 2. ed. Rio de Janeiro: Processo, 2018b, p. 310.

[516] Nesse sentido, v. NASCIMENTO, Roberta Simões. A legislação baseada em evidências empíricas e o controle judicial dos fatos determinantes da decisão legislativa. *Revista Eletrônica da Procuradoria Geral do Estado do Rio de Janeiro*, Rio de Janeiro, v. 4, n. 3, set./dez. 2021a, p. 22: "a convocação de audiências públicas para suplantar as deficiências epistêmicas do STF no Brasil vem se reduzindo mais a um espaço de abertura democrática para a participação de diferentes atores na jurisdição constitucional, com preponderância para a consideração de fatos para a decisão judicial, mas não necessariamente para o escrutínio da premissa fática da decisão legislativa propriamente dita (não estavam sendo questionados os fatos legislativo), nem com critérios claros sobre quando uma audiência pública é convocada, já que há casos em que essa providência, mesmo necessária, não ocorreu. Além disso, não há preocupação com o próprio caráter científico das informações recebidas pela Corte nessas audiências, nem se mencionam os problemas de capacidade de conduzir tais investigações".

de atos normativos proibitivos, de caráter geral e primário, como a resolução atacada.

A preocupação da Anvisa de que o cigarro se tornaria um produto mais atrativo caso fosse acrescido de substâncias agregadoras de sabor estaria, segundo o voto da relatora, empiricamente demonstrada no processo. No mais, continua a Ministra, a jurisdição constitucional deveria se mostrar deferente à atuação do agente regulador. O voto foi seguido pelos Ministros Fachin, Lewandowski, Celso de Mello e Cármen Lúcia.

Enquanto a posição assumida pela relatora se filiava a estudos técnicos que recomendariam a proibição de aditivos em cigarros, a divergência afirmou exatamente o contrário: que inexistiria fundamento científico a comprovar que os ingredientes proibidos pela Anvisa causam ou potencializam a dependência.

Para a posição divergente, o problema não seria propriamente técnico, ou seja, de se demostrar empiricamente a adequação ou não da restrição. O Ministro Alexandre de Moraes, por exemplo, afirma que os argumentos técnicos da Anvisa (que visavam à proteção de jovens, os quais seriam induzidos ao consumo de cigarro pelo acréscimo dos aditivos) não se justificariam do ponto de vista legal, pois o consumo do produto já seria proibido aos menores de idade. Para o Ministro Fux, a norma limitava a escolha dos consumidores e, para o Ministro Gilmar Mendes, representava um paternalismo indevido. O julgamento terminou empatado, e a norma editada pela Anvisa foi mantida por não se ter alcançado o quórum para sua declaração de inconstitucionalidade.

O julgamento ressalta a discordância interna na Corte quanto à importância de considerações técnicas para o deslinde da controvérsia e à definição de quais posicionamentos técnicos seriam relevantes para o julgamento, dada a existência de divergência nas conclusões dos estudos científicos discutidos. Destaca, ainda, que a premissa geral adotada pelo Ministro Barroso, de que cenários de indefinição favorecem a discricionariedade legislativa, é de difícil validação prática, já que aferir uma situação de indefinição não é uma tarefa isenta de subjetivismo.

As decisões proferidas pelo STF nos casos da pílula do câncer e dos anorexígenos, somadas a outras mais recentes, referentes ao contexto da pandemia,[517] encaminham-se para reconhecer, na Anvisa, uma função quase-constitucional, em perspectiva similar à adotada em

---

[517] V., por exemplo, STF, Tribunal Pleno, ADIn nº 6.421 MC, Rel. Min. Roberto Barroso, DJe 12.11.2020.

alguns países da União Europeia em relação a agências de defesa da concorrência, como discutem Stephen Wilks e Ian Bartle.[518][519] Apesar de a sua competência não estar prevista na Constituição, a atuação da Anvisa é entendida como componente essencial do dever estatal de proteger e promover a saúde.[520] Assim, mesmo sem ter base formal na Constituição, sua atuação é constitucionalmente significativa, o que a tornaria, para o STF, relativamente imune de interferências políticas.[521]

Essa perspectiva ecoa novamente as ideias de Bruce Ackerman, apresentadas acima,[522] no sentido de que um dos postulados legitimadores da separação de poderes seria a proteção e promoção de direito fundamentais. Por essa lógica, a competência da Anvisa, entre as demais agências reguladoras, parece assumir espaço privilegiado, já que, em geral, seus atos podem ser ligados diretamente à necessidade

---

[518] WILKS, Stephen; BARTLE, Ian. The Unanticipated Consequences of Creating Independent Competition Agencies. *In*: THATCHER, Mark; SWEET, Alec Stone (Orgs.). *The Politics of Delegation*. Londres: Frank Cass, 2003. p. 131-151.

[519] No julgamento da ADIn nº 5.779, essa questão também foi enfrentada no voto de alguns ministros. O Ministro Fachin, por exemplo, afirmou que "as competências desempenhadas pela agência decorrem, em verdade, do próprio texto constitucional e visam a assegurar a efetividade do direito à saúde", o que lhes concederia uma proteção reforçada contra interferências legislativas (especialmente pelo princípio da vedação ao retrocesso), apesar de reconhecer a inexistência de impedimento *a priori* para que uma substância seja regulada por lei. No mesmo sentido, o Ministro Luiz Fux afirma que "a Anvisa tem uma competência derivada da Constituição Federal e pertence ao Executivo". Em sentido contrário, por ex., o Ministro Gilmar Mendes, para quem "não se mostra suficiente apenas proclamar, em favor da ANVISA, um âmbito de atuação institucional absolutamente infenso ao acesso do Legislador democrático. Tanto o mais porque a ANVISA não possui direta previsão constitucional – o que inviabiliza a pretensão de intangibilidade legislativa de suas atribuições".

[520] Nesse sentido, v., por exemplo, o quanto afirmado no julgamento do Recurso Extraordinário nº 657.728, no sentido de que "o registro na Anvisa constitui proteção à saúde pública, atestando a eficácia, segurança e qualidade dos fármacos comercializados no país, além de garantir o devido controle de preços. STF, Tribunal Pleno, RE 657.728 AgR, Rel. p/ acórdão Min. Roberto Barroso, DJe 25.10.2019.

[521] A constatação está em linha com o entendimento colhido na jurisprudência do STF, no sentido de que, "em temas que envolvem a necessidade de consenso mínimo da comunidade científica [...] se ausentes os estudos prévios que atestariam a segurança ambiental e sanitária, [a lei] não pode contrariar os dispositivos constitucionais apontados pela Autora [que, no caso, diziam respeito à proteção ao meio ambiente equilibrado e ao direito à saúde]". O julgamento dizia respeito à análise da constitucionalidade da Lei nº 13.301/2016, que disciplinava a adoção de medidas de vigilância em situação de iminente perigo à saúde pública decorrente da disseminação do mosquito transmissor da dengue. Dentre outras ações, a lei autorizava a utilização de "mecanismos de controle vetorial por meio de dispersão por aeronaves mediante aprovação das autoridades sanitárias e da comprovação científica da eficácia da medida". V. STF, Tribunal Pleno, ADIn nº 5.592, Rel. p/ acórdão Min. Edson Fachin, DJe 10.03.2020.

[522] V. tópico 2.2.1.1.

de se proteger e resguardar o direito fundamental à saúde. Já no caso da ANS, em que a avaliação de tecnologia em saúde visa a garantir a higidez do setor sob uma perspectiva atuarial, poder-se-ia cogitar de uma menor proteção contra avocações legislativas.

Por outro lado, a própria jurisprudência do STF também reconhece hipóteses em que pessoas podem ter acesso a medicamentos sem registro na Anvisa,[523] relativizando e ponderando tal requisito com outros valores relevantes, como o próprio direito à saúde. Diante desse quadro, é possível questionar: não seria dado ao legislador, em tese, realizar a mesma ponderação? A posição adotada pelo Ministro Gilmar Mendes parece entender que não. É dizer: de acordo com o Ministro, a avocação legislativa da escolha regulatória, ao menos no caso em análise, estaria sujeita ao mesmo ônus de fundamentação que limita a atuação do agente regulador, minimizando as repercussões do debate para além dos argumentos meramente técnicos.

A exigência parece um tanto fora de lugar, pois desconsidera as diferenças essenciais entre o processo legislativo e o processo regulatório, sugerindo, ainda que não expressamente, que o processo legislativo seria um fórum inadequado para tratar de temas regulatórios. O debate de razões no legislativo pressupõe simplificação e aglutinação em eixos-chave, além de acordos e barganhas em torno de temas centrais. Impor ao legislador o mesmo ônus de fundamentação do regulador implica ignorar o fato de que diferentes instituições são desenhadas para refletir diferentes valores e promover objetivos diversos. Essa diversidade ideológica deve ser vista como um trunfo, e não como um empecilho, à realização da democracia.

Não haveria fundamento, portanto, para equiparar o ônus de justificativa do legislador ao das agências reguladoras, para supor que o Legislativo deveria realizar uma espécie de contestação legislativa da norma infralegal editada pela agência. O efeito prático desse tipo de requisito é inviabilizar a atuação legislativa e garantir uma blindagem absoluta das agências reguladoras face ao controle político – contrariando justamente a premissa que introduz o voto do Ministro Gilmar

---

[523] No julgamento do tema 500 da repercussão geral, o STF firmou a tese de que "é possível, excepcionalmente, a concessão judicial de medicamento sem registro sanitário, em caso de mora irrazoável da Anvisa em apreciar o pedido (prazo superior ao previsto na Lei nº 13.411/2016), quando preenchidos três requisitos: (i) a existência de pedido de registro de medicamento no Brasil (salvo no caso de medicamentos órfãos para doenças raras e ultrarraras); (ii) a existência de registro do medicamento em renomadas agências de regulação no exterior; e (iii) a inexistência de substituto terapêutico com registro no Brasil". V. STF, Tribunal Pleno, RE 657.728 AgR, Rel. p/ acórdão Min. Roberto Barroso, DJe 25.10.2019.

Mendes, de que não há critérios aprioristicos para delimitar o espaço de atuação das agências e do Congresso.

Assim, nos casos em que a análise de premissas fáticas legislativas for determinante para a aferição da constitucionalidade de determinada lei, a relevância de deliberações e evidências técnicas está não na exigência reflexa de que tais juízos sejam superadas em sede legislativa, mas em saber se, da consideração de tais evidências, subsiste ou não um espaço remanescente de discricionariedade do legislador.

CAPÍTULO 5

CONCLUSÃO: UM MODELO AINDA EM CONSTRUÇÃO

O capítulo introdutório foi iniciado com uma pergunta: as agências reguladoras brasileiras são uma promessa não cumprida? Encerra-se, portanto, com uma tentativa de resposta. Não parece possível desconsiderar os claros avanços promovidos pelo Estado regulador brasileiro ao longo dos anos, seja em termos de dinamização e fortalecimento da economia, seja sobre o incremento da legitimidade das próprias agências.

A despeito disso, grande parte das discussões em torno desse modelo e das propostas para o seu aprimoramento foram feitas à luz de uma concepção idealizada do fenômeno regulatório, que demanda amadurecimento. A literatura jurídica mais recente já percebeu esse anacronismo e começa a propor uma mudança em benefício de discussões menos fundacionais e mais práticas e empiricamente embasadas.

Apesar disso, ainda é frequente no debate público e na jurisprudência a reprodução da lógica dicotômica que reparte competências entre o Legislativo e as agências por meio de categorias pouco significativas como política, técnica, definição de objetivos e execução técnica. A verdade, contudo, é que essa teoria e os conceitos dos quais ela parte são insuficientes para explicar a complexidade dessa relação institucional.

Afastar a discussão dessa dicotomia é essencial para que o tema do controle político de agências reguladoras seja tratado a partir de premissas mais aderentes ao texto constitucional, mais concretas e menos casuísticas. A autonomia das agências reguladoras é um elemento chave do aparato regulatório, já que é esse o traço distintivo desse modelo de intervenção estatal indireta na economia. A compreensão dessa autonomia, no entanto, é menos dependente das garantias formais que são reconhecidas pela lei às agências e, antes, resultado de disputas entre os agentes institucionais envolvidos no "jogo regulatório". Assim, o esforço de proteger agências reguladoras de interferências políticas não deve nem partir de um ideal de neutralidade, nem ocorrer em detrimento do imperativo de responsividade democrática da atuação do regulador.

A primeira parte dessa pesquisa permitiu concluir que o legislador possui um papel tão relevante quanto legítimo no processo de construção da política regulatória; papel esse que é reduzido por construções teóricas de cunho dogmático ou pragmático, cujo denominador comum é a defesa de que a intervenção política sobre temas delegados às agências reguladoras produziria efeitos deletérios sobre a governança regulatória.

Tais objeções, se não são de todo descartadas, tampouco permitem restringir, aprioristicamente, o controle legislativo sobre o mérito das decisões das agências reguladoras. Seja porque a Constituição consagra, explícita ou implicitamente, essa prerrogativa ao legislador, seja porque a arena política é também um fórum pertinente ao debate das controvérsias de setores regulados, ainda que, por vezes, sejam retratadas como discussões eminentemente técnicas.

Considerações teóricas sobre o controle legislativo das escolhas regulatórias das agências devem partir de três pressupostos. O primeiro, de que a regulação (ou a "ciência regulatória") sempre lidará com cargas epistêmicas políticas e técnicas em potencial conflito, em maior ou menor grau.

O segundo, de que essas cargas podem ser mais ou menos realçadas, a depender das circunstâncias da deliberação e do ambiente que a condiciona. A construção da política regulatória, portanto, é constituída por um processo dinâmico de negociação e disputa entre os diversos atores habilitados a intervir, com camadas superpostas e concorrentes de atuação.

O terceiro, de que, nessas circunstâncias, o emprego da dicotomia entre política e técnica para qualificar controvérsias regulatórias possui, antes, um conteúdo persuasivo e não descritivo. É dizer, a oposição entre política e técnica não é útil para descrever o conteúdo imanente a determinada discussão, mas assume função estratégica na defesa da prerrogativa de determinado agente institucional dar a última palavra.

A partir desses pressupostos, a ideia de avocação legislativa da escolha regulatória é proposta como um modelo útil para descrever o controle parlamentar a partir do qual o Legislativo, pela via da sua atuação normativa, reassume determinada competência delegada às agências reguladoras, em uma espécie de "relegalização".

A utilidade do modelo está no fato de realçar a atuação normativa do Legislativo em matéria de regulação como um instrumento de controle das agências reguladoras, circunstância pouco explorada na literatura sobre o tema. Os tipos ideais de controle legislativo sobre a Administração não são inteiramente adequados para tratar do fenômeno da avocação legislativa. Em síntese porque, nesse caso, o controle não é estrutural ou procedimental (mas sobre o próprio mérito da decisão do regulador), e também não é exercido por meio de canais tradicionais de supervisão congressual, mas pelo próprio processo legislativo, de forma principal ou incidental.

A utilidade do modelo de avocação legislativa da escolha regulatória também está na sua aderência a diversos aspectos contextuais do modelo brasileiro de regulação por agências. Como se discutiu acima, a relevância da avocação como instrumento de controle congressual é reflexo de um cenário que alia desconfiança em relação à atuação parlamentar, baixa institucionalização política do compromisso regulatório e uma aposta formal nas garantias de autonomia das agências reguladoras.

Falar em avocação legislativa, portanto, pressupõe, como sugerido acima, um espaço legítimo de concorrência entre agências e Legislativo. Reconhecer esse espaço é a primeira etapa para discussões dogmática e pragmaticamente embasadas sobre as possibilidade e limites dessa interação. Os estudos de caso desenvolvidos acima representam um primeiro esforço de análise concreta das premissas teóricas pertinentes ao modelo de avocação legislativa.

As discussões subjacentes aos casos escolhidos servem de exemplo de interseção entre técnica e política no processo de construção da regulação e do uso estratégico dessa dualidade retórica dentro do jogo de poder institucional. A análise do comportamento estratégico adotado pelas agências envolvidas, pelo Poder Legislativo e pelos demais atores de veto, joga luz sobre contingências específicas que influenciam o resultado desse jogo, como problemas de persistência de política e a capacidade de os atores envolvidos agregarem apoio institucional e moldarem a imagem de determinado problema de política regulatória de forma favorável a suas próprias posições.

Casos de avocação legislativa com repercussão sobre o exercício e a garantia de direitos fundamentais suscitam discussões adicionais, à medida em que o debate alcança também o Poder Judiciário. O controle judicial da avocação legislativa impõe, ao julgador, desafios próprios, cuja complexidade é apenas mascarada por soluções simplistas. Aferir consensos científicos sobre determinada controvérsia, quando existem, e cotejá-los com juízos políticos não é empreitada banal. De um lado, porque delimitar o "estado da arte" do conhecimento científico é, em si mesma, uma tarefa de seleção e exclusão de posições. De outro, porque juízos técnicos e políticos têm, por natureza, conteúdos incomensuráveis.

O desafio está, portanto, em identificar, no caso concreto, o espaço de discricionariedade do legislador sem negar a possibilidade de controle e, ao mesmo tempo, sem conceder que sua atuação ocorra à revelia do lastro factual que deve subjazer ao exercício político.

O objetivo do livro, portanto, foi analisar a construção da política regulatória a partir de uma ótica diversa da tradicionalmente adotada na literatura, propondo uma releitura desse fenômeno pelas lentes de teorias de cunho institucionalista, com preocupação marcadamente contextual.

Não se deve, contudo, cair na tentação de substituir um juízo fundacionalista da legalidade e da qualificação técnica das agências pela ode festiva ao institucionalismo e à construção democrática pela via do "diálogo das instituições". Mecanismos de controle recíproco não são, necessariamente, caminhos para o incremento da racionalidade política, nem constituem propostas para superar a captura das agências reguladoras por grupos de interesse.

De fato, defender o incremento do controle político congressual pode simplesmente significar substituir os grupos de interesse que atuam perante as agências por aqueles que agem por meio de seus representantes no Legislativo. A proposta de um modelo dialógico para análise da interação institucional no campo da regulação não busca oferecer respostas a esses problemas tradicionais da disciplina. Pretende, ao contrário, agregar à discussão elementos práticos, com intenção de direcioná-la em prol, defende-se, de uma perspectiva mais adequada.

Sem prejuízo disso, se o sucesso da empreitada regulatória depende em grande parte da sua aderência ao arcabouço institucional vigente em um país, acredita-se que substituir o fundacionalismo, que, por vezes, rege a teoria jurídica, por uma análise contextual do processo de construção da regulação, e assumir a natureza inerentemente conflitual desse fenômeno pode contribuir mais para o aperfeiçoamento do sistema, e menos para sua derrocada. Na verdade, esse é o primeiro passo para compreensão, a sério, dos desafios impostos pela política democrática ao modelo de regulação por agências no Brasil.

REFERÊNCIAS

ABERBACH, Joel D. *Keeping a watchful eye*: the politics of congressional oversight. Washington, DC: Brookings Institution Press, 1991.

ABRAMOVAY, Pedro; LOTTA, Gabriela. *A democracia equilibrista:* políticos e burocratas no Brasil. São Paulo: Companhia das Letras, 2022.

ABRANCHES, Sérgio Henrique Hudson de. Reforma regulatória: conceitos, experiências e recomendações. *Revista do Serviço Público*, [s. l.], v. 50, n. 2, p. 19-50, 1999.

ACKERMAN, Bruce. The new separation of powers. *Harvard Law Review*, [s. l.], v. 113, n. 3, p. 633-729, jan. 2000.

AGÊNCIA CÂMARA DE NOTÍCIAS. *Relatora pede aprovação de projeto que autoriza uso de substância contra o câncer.* 08 mar. 2016. Disponível em https://www.camara.leg.br/noticias/482597-relatora-pede-aprovacao-de-projeto-que-autoriza-uso-de-substancia-contra-o-cancer/. Acesso em 4 nov. 2021.

AGÊNCIA CÂMARA DE NOTÍCIAS. *Deputados voltam a criticar intenção da Aneel de taxar energia solar*, 30 out. 2019. Meio ambiente e energia. Disponível em: https://www.camara.leg.br/noticias/606653-deputados-voltam-a-criticar-intencao-da-aneel-de-taxar-energia-solar/. Acesso em: 30 out. 2021.

AGÊNCIA INFRA. *Agências reguladoras independentes, só com procuradorias independentes.* [s.d.]. Disponível em: https://www.agenciainfra.com/blog/infradebate-agencias-reguladoras-independentes-so-com-procuradorias-independentes/. Acesso em: 7 out. 2022.

AGÊNCIA SENADO. *Senadores cobram da Câmara votação do fim da cobrança de bagagem aérea.* 25 out. 2018. Disponível em: https://www12.senado.leg.br/noticias/audios/2018/10/senadores-cobram-da-camara-votacao-do-fim-da-cobranca-de-bagagem-aerea. Acesso em: 01 nov. 2021.

ALMEIDA, Acir. Heterogeneidade de preferências e o uso de evidências na Câmara dos Deputados. *In:* PINHEIRO, Maurício Mota Saboya *et al.* (Orgs.). *Boletim de Análise Político Institucional.* Usos de evidências em políticas públicas federais. Brasília: Instituto de Pesquisa Econômica Aplicada – Ipea, 2020, p. 115-124.

APPELBAUM, Binyamin. *The Economists' hour*: false prophets, free markets, and the fracture of society. Nova Iorque: Little, Brown and Company, 2019.

ARAGÃO, Alexandre Santos de. *Agências reguladoras e a evolução do direito administrativo econômico.* Rio de Janeiro: Forense, 2002.

ARAUJO, Luiz Eduardo Diniz. O controle das agências reguladoras pelo Poder Legislativo. *Revista de Informação Legislativa*, [s. l.], v. 55, n. 217, p. 203-221, jan./mar. 2018.

ARAÚJO, Valter Shuenquener de. Os quatro pilares para a preservação da imparcialidade técnica das agências reguladoras. *Revista Jurídica da Presidência*, Brasília v. 20, n. 120, p. 64-91, fev. 2017.

ARENDT, Hannah. Verdade e Política. *The New Yorker*, 1967.

ARGUELHES, Diego Werneck; LEAL, Fernando. O argumento das "capacidades institucionais" entre a banalidade, a redundância e o absurdo. *Revista Direito, Estado e Sociedade*, [s. l.], n. 38, p. 6-50, jan./jun. 2011.

ARGUELHES, Diego Werneck; RIBEIRO, Leandro Molhano. Ministrocracia: o Supremo Tribunal individual e o processo democrático brasileiro. *Revista Novos Estudos CEBRAP*, São Paulo, v. 37, n. 1, jan./abr. 2018.

BAEKGAARD, Martin et al. The Role of Evidence in Politics: Motivated Reasoning and Persuasion among Politicians. *British Journal of Political Science*, [s. l.], v. 49, n. 3, p. 1117-1140, 2019.

BAIRD, Marcello Fragano. *Saúde em jogo*: atores e disputas de poder na Agência Nacional de Saúde Suplementar (ANS). Rio de Janeiro: Editora Fiocruz, 2020.

BARCELLOS, Ana Paula de. *Curso de direito constitucional*. Rio de Janeiro: Forense, 2018.

BARCELLOS, Ana Paula de. *Direitos fundamentais e direito à justificativa*. Belo Horizonte: Fórum, 2016.

BARROSO, Luís Roberto. Constituição, Ordem Econômica e Agências Reguladoras. *Revista Eletrônica de Direito Administrativo Econômico*, Salvador, n. 1, fev./abr. 2005, p. 1-30.

BAUMGARTNER, Frank R.; JONES, Bryan D. Punctuated equilibrium theory: explaining stability and change in American policymaking. *In*: SABATIER, Paul A. (Orgs.). *Theories of the policy process*. Oxford: Westview Press, 1999, p. 1-57.

BAWN, Kathleen. Choosing strategies to control the bureaucracy: Statutory constraints, oversight, and the committee system. *Journal of Law, Economics, and Organization*, [s. l.], v. 13, n. 1, p. 101-126, abr. 1997.

BINENBOJM, Gustavo. Agências reguladoras independentes e democracia no Brasil. *Revista Direito Administrativo*, Rio de Janeiro, v. 240, p. 147-165, 2005.

BINENBOJM, Gustavo. *Uma teoria do direito administrativo*: direitos fundamentais, democracia e constitucionalização. Rio de Janeiro: Renovar, 2014.

BINENBOJM, Gustavo. *Poder de polícia, ordenação, regulação*: transformações político-jurídicas, econômicas e institucionais do direito administrativo ordenador. Belo Horizonte: Fórum, 2016.

BINENBOJM, Gustavo; CYRINO, André Rodrigues. Entre política e expertise: a repartição de competências entre o governo e a Anatel na Lei Geral de Telecomunicações. *Revista de Direito do Estado*, n. 15, p. 151-173, 2009.

BLACK, Julia. Regulatory conversations. *Journal of Law and Society*, Malden, v. 29, n. 1, p. 163-196, mar. 2002.

BRASIL. *Plano Diretor da Reforma do Aparelho do Estado*. Brasília: Presidência da República, Câmara da Reforma do Estado, Ministério da Administração Federal e Reforma do Estado, 1995.

BREYER, Stephen G. *et al. Administrative law and regulatory policy*: problems, text and cases. Nova Iorque: Wolters Kluwer, 2017.

BRUNA, Sérgio Varella. *Agências reguladoras*: poder normativo, consulta pública, revisão judicial. São Paulo: Revista dos Tribunais, 2003.

CALVERT, Randall L.; MCCUBBINS, Mathew D.; WEINGAST, Barry R. A Theory of Political Control and Agency Discretion. *American Journal of Political Science*, [s. l.], v. 33, n. 3, p. 588-611, ago. 1989.

CAPELLA, Ana Cláudia N. Perspectivas teóricas sobre o processo de formulação de políticas públicas. *BIB – Revista Brasileira de Informação Bibliográfica em Ciências Sociais*, São Paulo, n. 61, p. 25-52, 2006.

CASAGRANDE, Cássio Luís; TIBÚRCIO, Dalton Robert. Arranjos institucionais no processo constituinte de 1987-1988: um estudo de caso a partir da competência congressual para sustar atos normativos do Poder Executivo. *Revista de Direito Brasileira*, v. 21, n. 8, p. 43-61, 2018.

CASSESE, Sabino. New paths for administrative law: A manifesto. *International Journal of Constitutional Law*, [s. l.], v. 10, n. 3, p. 603-613, jul. 2012.

CHAFETZ, Josh. *Congress's Constitution*: Legislative Authority and the Separation of Powers. New Haven: Yale University Press, 2017.

CLÈVE, Clèmerson Merlin. *Atividade legislativa do poder executivo*. São Paulo: Thomson Reuters Brasil, 2019.

COATE, Stephen; MORRIS, Stephen. Policy persistence. *American Economic Review*, v. 89, n. 5, p. 1327-1336, dez. 1999.

COLLINS, Harry, *et al. Experts and the Will of the People*: Society, Populism and Science. Cham: Palgrave Pivot, 2019.

CORREA, Paulo *et al.* Political interference and regulatory resilience in Brazil. *Regulation and Governance*, [s. l.], v. 13, n. 4, p. 540-560, 2019.

CORREIA, Arícia Fernandes. *Por uma releitura dos princípios da legalidade administrativa e da reserva de administração*. 2008. 322 f. Tese (Doutorado em Direito Público) – Faculdade de Direito, Universidade do Estado do Rio de Janeiro, Rio de Janeiro, 2008.

COUTINHO, Diogo R. Direito e institucionalismo econômico: Apontamentos sobre uma fértil agenda de pesquisa. *Revista de Economia Política*, São Paulo, v. 37, n. 3, p. 565-586, jul./set. 2017.

CUÉLLAR, Mariano-Florentino. Rethinking regulatory democracy. *Administrative Law Review*, [s.l.], v. 57, n. 2, p. 411-499, 2016.

CYRINO, André. Legalidade administrativa de carne e osso: uma reflexão diante do processo político brasileiro. *Revista de Direito Administrativo*, [s.l.], v. 274, p. 175-208, maio 2017.

CYRINO, André. *Delegações legislativas, regulamentos e Administração Pública*. Belo Horizonte: Fórum, 2018.

CYRINO, André. *Direito constitucional regulatório*: elementos para uma interpretação institucionalmente adequada da Constituição econômica brasileira. 2. ed. Rio de Janeiro: Processo, 2018.

DALLARI, Adilson Abreu. Controle político das agências reguladoras. *Revista Trimestral de Direito Público*, São Paulo, n. 38, p. 16-22, 2002.

DERBLI, Felipe. Interações estratégicas entre os poderes no controle de constitucionalidade: aplicações da teoria dos jogos nos diálogos constitucionais. *In*: BRANDÃO, Rodrigo; BAPTISTA, Patrícia (Orgs.). *Direito Público*. Rio de Janeiro: Freitas Bastos, 2015. p. 177-204.

DI PIETRO, Maria Sylvia Zanella. Discricionariedade técnica e discricionariedade administrativa. *Revista Eletrônica de Direito Administrativo Econômico*, Salvador, n. 9, p. 1-21, fev./abr. 2007.

DRYZEK, John S. Democratizing Rationality. *Discursive Democracy*, [s. l.], p. 3-26, out. 2018.

DUTRA, Pedro; REIS, Thiago. *O soberano da regulação*: o TCU e a infraestrutura. São Paulo: Singular, 2020.

ELLIOTT, E. Donald. INS v. Chadha: the administrative constitution, the constitution, and the legislative veto. *The Supreme Court Review*, [s.l.], v. 1983, p. 125-176, 1983.

EMERSON, Blake. The Real Target of the Supreme Court's EPA Decision. *SLATE*. 30 jun. 2022. Disponível em: https://slate.com/news-and-politics/2022/06/west-virginia-environmental-protection-agency-climate-change-clean-air.html. Acesso em: 9 out. 2022.

FARBER, Daniel A.; FRICKEY, Philip P. *Law and Public Choice*: a critical introduction. Chicago: The University of Chicago Press, 1991.

FERRAZ, Anna Cândida da Cunha. *Conflito entre poderes*: o poder congressual de sustar atos normativos do Poder Executivo. São Paulo: Revista dos Tribunais, 1994.

FERRAZ JUNIOR, Tércio Sampaio. O poder normativo das agências reguladoras à luz do princípio da eficiência. *In*: ARAGÃO, Alexandre Santos de (Org.). *O poder normativo das agências reguladoras*, Rio de Janeiro: Forense, 2011. p. 205-226.

FIORINA, Morris P. Legislative Choice of Regulatory Forms: Legal Process or Administrative Process. *Public Choice*, [s. l.], v. 39, n. 1, p. 33-66, 1982.

FISHER, Elizabeth. *Risk regulation and administrative constitutionalism*. Oxford: Hart Publishing, 2010.

FOLHA DE S.PAULO. *Agências e agências*. 13 ago. 2007. Disponível em: https://www1.folha.uol.com.br/fsp/dinheiro/fi1308200703.htm. Acesso em: 30 jun. 2021.

FOLHA DE S.PAULO. *'Anvisa não pode aceitar que Congresso invada sua atribuição', diz diretor*. 19 jul. 2018. Disponível em: https://www1.folha.uol.com.br/equilibrioesaude/2018/07/anvisa-nao-pode-aceitar-que-congresso-invada-sua-atribuicao-diz-diretor.shtml. Acesso em: 4 nov. 2021.

FOLHA DE S.PAULO. *Obscurantismo*. 12 jan. 2020. Disponível em: https://www1.folha.uol.com.br/colunas/marcos-lisboa/2020/01/obscurantismo.shtml. Acesso em: 11 jan. 2022.

G1. *'Cápsula da USP' contra câncer não foi testada clinicamente; entenda*. 15 set. 2015. Disponível em: http://g1.globo.com/ciencia-e-saude/noticia/2015/09/pilula-da-usp-contra-cancer-nao-passou-por-testes-clinicos-entenda.html. Acesso em: 3 nov. 2021.

G1. *Fosfoetanolamina*: testes iniciais apontam baixo potencial contra tumor. 21 mar. 2016a. Disponível em: http://g1.globo.com/bemestar/noticia/2016/03/fosfoetanolamina-testes-iniciais-apontam-baixo-potencial-contra-tumor.html. Acesso em: 04 nov. 2021.

G1. *Fosfoetanolamina*: Dilma sanciona lei que libera 'pílula do câncer'. 14 abr. 2016b. Disponível em: http://g1.globo.com/bemestar/noticia/2016/04/para-evitar-desgaste-dilma-sanciona-lei-que-libera-pilula-do-cancer.html. Acesso em: 04 nov. 2021.

GASPARINI, Diógenes. *Poder regulamentar*. São Paulo: Revista dos Tribunais, 1982.

GROTTI, Dinorá Adelaide Musetti. A teoria dos conceitos jurídicos indeterminados e a discricionariedade técnica. *Revista Direito UFMS*, Campo Grande, v. 185, p. 165-185, jan./jun. 2015.

REFERÊNCIAS | 213

GUERRA, Sérgio. Tecnicidade e regulação estatal no setor de infraestrutura. *Fórum Administrativo – FA*, [s. l.], v. 198, p. 61-71, 2017.

GUERRA, Sérgio. *Discricionariedade, regulação e reflexividade*. Uma nova teoria sobre as escolhas administrativas. Belo Horizonte: Fórum, 2018.

GUERRA, Sérgio; SALINAS, Natasha Schmitt Caccia. Controle político da atividade normativa das agências reguladoras no Brasil. *Revista de Direito Econômico e Socioambiental*, Curitiba, v. 9, n. 3, p. 402-430, set./dez. 2018.

HJORT, Jonas *et al.* How research affects policy: experimental evidence from 2,150 Brazilian municipalities. *National Bureau of Economic Research – NBER*, [s. l.], jun. 2019. Working Paper Series.

HUBER, John D.; SHIPAN, Charles R. The costs of control: legislators, agencies, and transaction costs. *Legislative Studies Quarterly*, Washington, v. 25, n. 1, p. 25-52, fev. 2000.

JACKSON, Vicki. Knowledge Institutions in Constitutional Democracies: of Objectivity and Decentralization. *Harvard Law Review Blog*, 29 ago. 2019. Disponível em: https://blog.harvardlawreview.org/knowledge-institutions-in-constitutional-democracies-of-objectivity-and-decentralization/. Acesso em: 10 set. 2019.

JANSEN, Michael C.; MECKLING, William H. Theory of the firm: managerial behavior, agency costs and ownership structure. *Journal of Financial Economics*, New York, v. 3, n. 4, p. 305-360, out. 1976.

JASANOFF, Sheila. *The fifth branch*: Science Advisers as Policymakers. Cambridge: Harvard University Press, 1998.

JASANOFF, Sheila. Science, common sense & judicial power in U.S. courts. *Daedalus*, [s.l.], v. 147, n. 4. p. 15-27, out. 2018.

JOTA. *'Não existe bagagem grátis e nunca existiu', diz Ricardo Fenelon.* 26 set. 2019. Disponível em: https://www.jota.info/legislativo/ricardo-fenelon-bagagem-gratis-26092019. Acesso em: 02 nov. 2021.

JOTA. *PL 6330/19 e o debate de regras para cobertura de planos de quimioterapia oral.* 24 set. 2020. Disponível em https://www.jota.info/legislativo/quimioterapia-oral-24092020. Acesso em: 13 jan. 2022.

JOTA. *Cobertura de quimioterapia oral sem análise da ANS é aprovada no Congresso.* 01 jul. 2021a. Disponível em https://www.jota.info/tributos-e-empresas/saude/quimioterapia-oral-aprovada-congresso-01072021. Acesso em: 13 jan. 2022.

JOTA. *A saga dos antineoplásicos orais na saúde suplementar.* 17 ago. 2021b. Disponível em https://www.jota.info/opiniao-e-analise/artigos/a-saga-dos-antineoplasicos-orais-na-saude-suplementar-17082021. Acesso em: 13 jan. 2022.

JORDÃO, Eduardo Ferreira. *Controle judicial de uma administração pública complexa*: a experiência estrangeira na adaptação da intensidade do controle. São Paulo: Malheiros, 2016.

JORDÃO, Eduardo. The three dimensions of administrative law. *A&C – Revista de Direito Administrativo & Constitucional*, n. 75, 2019.

JORDÃO, Eduardo; RIBEIRO, Maurício Portugal. Como desestruturar uma agência reguladora em passos simples. *REI – Revista Estudos Institucionais*, [s. l.], 3, n. 1, p. 180-209, jun./jul. 2017.

JORDÃO, Eduardo; SCAMILLA, Beatriz. Como o Congresso interpreta seu poder de sustar normas das agências? *Revista Conjuntura Econômica*, [s.l.], v. 74, n. 01, p. 62-63, jan. 2020.

JORDÃO, Eduardo; CABRAL JR., Renato Toledo; BRUMATI, Luiza. O STF e o controle das leis sobre o regime jurídico das agências reguladoras federais. *Revista de Investigações Constitucionais*, Curitiba, v. 7, n. 2, p. 549-600, maio/ago. 2020.

JORDÃO, Eduardo *et al*. A produção legislativa do Congresso Nacional sobre agências reguladoras. *Revista de Informação Legislativa*, v. 56, n. 222, p. 75-107, abr./jun. 2019.

JUSTEN FILHO, Marçal. *O direito das agências reguladoras independentes*. São Paulo: Dialética, 2002.

JUSTEN FILHO, Marçal. Agências reguladoras e democracia: existe um déficit democrático na "regulação independente"? *In*: ARAGÃO, Alexandre Santos de. (Coord.). *O poder normativo das agências reguladoras*. Rio de Janeiro: Forense, 2011, p. 227-250.

KELSEN, Hans. Science and Politics. *The American Political Science Review*, [s. l.], v.45, n. 3, p. 641-661, set. 1951.

KLÜGER, Elisa. A contraposição das noções de técnica e política nos discursos de uma elite burocrática. *Revista de Sociologia e Política*, [s.l.], v. 23, n. 55, p. 75-96, set. 2015.

KOMENSAR, Neil. *Imperfect alternatives*: choosing institutions in law, economics and public policy. Chicago: The University of Chicago Press, 1994.

KUHN, Thomas S. *A Estrutura das Revoluções Científicas*. São Paulo: Perspectiva, 1998.

LEVY, Brian; SPILLER, Pablo T. The institutional foundations of regulatory commitment: A comparative analysis of telecommunications regulation. *Journal of Law, Economics, and Organization*, [s.l.], v. 10, n. 2, p. 201-246, out. 1994.

LIJPHART, Arend. *Modelos de democracia*. Desempenho e padrões de governo em 36 países. Rio de Janeiro: Civilização Brasileira, 2003.

MACHADO, Maíra Rocha. Estudo de caso na pesquisa em direito. *In*: QUEIROZ, Rafael Mafei Rabelo; FEFERBAUM, Marina (Orgs.). *Metodologia da pesquisa em direito*: técnicas e abordagens para elaboração de monografias, dissertações e teses. 2. ed., São Paulo: Saraiva, 2019, posição 7192-14790.

MAJONE, Giandomenico. Temporal Consistency and Policy Credibility: Why Democracies Need Non-Majoritarian Institutions. *European University Institute*, Working Paper RSC, n. 96/57, p. 1-14, 1996.

MAJONE, Giandomenico. Two logics of delegation. Agency and Fiduciary Relations in EU Governance. *European Union Politics*, [s. l.], 2, n. 1, p. 103-122, fev. 2001.

MARQUES NETO, Floriano de Azevedo. *Agências reguladoras*: instrumentos do fortalecimento do estado. Porto Alegre: Associação Brasileira de Agências de Regulação – ABAR, 2004.

MARQUES NETO, Floriano de Azevedo. *Agências reguladoras independentes*. Fundamentos e seu regime jurídico. Belo Horizonte: Fórum, 2009.

MARQUES NETO, Floriano de Azevedo. A bipolaridade do direito administrativo e sua superação. *In*: SUNDFLED, Carlos Ari; JURKSAITIS, Guilherme Jardim (Orgs.). *Contratos Públicos e Direito Administrativo*. São Paulo: Malheiros, 2015. p. 353-415.

REFERÊNCIAS | 215

MASHAW, Jerry L. Prodelegation: Why administrators should make political decisions. *Journal of Law, Economics, and Organization*, [s.l.], v. 1, n. 1, p. 81-100, mar. 1985.

MASHAW, Jerry L. *Greed, chaos, and governance*: using public choice to improve public law. New Haven: Yale University Press, 1997.

MASTRODI, Josué; COSTA, Lucas Rocha Mello Emboaba da. A discricionariedade técnica e o controle político das agências reguladoras no Brasil. *A&C – Revista de Direito Administrativo & Constitucional*, v. 15, n. 62, p. 165-191, 2015.

MATTOS, Paulo Todescan Lessa. Autonomia decisória, discricionariedade administrativa e legitimidade da função reguladora do Estado no debate jurídico brasileiro. *In*: ARAGÃO, Alexandre Santos de (Org.). *O poder normativo das agências reguladoras*. Rio de Janeiro: Forense, 2011. p. 251-274.

MCCUBBINS, Mathew D. The Legislative Design of Regulatory Structure. *American Journal of Political Science*, [s. l.], v. 29, n. 4, p. 721-748, nov. 1985.

MCCUBBINS, Mathew D., NOLL, Roger G.; WEINGAST, Barry R. Administrative procedures as instruments of political control. *The Journal of Law, Economics, and Organization*, v. 3, n. 2, p. 243-277, out. 1987.

MCCUBBINS, Mathew D., NOLL, Roger G.; WEINGAST, Barry R. Structure and Process, Politics and Policy: Administrative Arrangements and the Political Control of Agencies. *Virginia Law Review*, [s.l.], v. 75, n. 2, p. 431-482, mar. 1989.

MCCUBBINS, Mathew D.; SCHWARTZ, Thomas. Congressional Oversight Overlooked: Police Patrols versus Fire Alarms. *The American Journal of Political Science*, [s. l.], v. 28, n. 1, p. 165-179, 1984.

MEIDINGER, Errol. Regulatory culture: a theoretical outline. *Law and Policy*, [s. l.], v. 9, n. 4, p. 355-386, 1987.

MEIRELLES, Fernanda; OLIVA, Rafael. Delegação e controle político das agências reguladoras no Brasil. *Revista de Administração Pública*, Rio de Janeiro, 40, n. 4, p. 545-565, jul./ago. 2006.

MELO, Marcus André. A política da ação regulatória: responsabilização, credibilidade e delegação. *Revista Brasileira de Ciências Sociais*. São Paulo, v. 16, n. 46, p. 55-68, jun. 2001.

MELLO, Celso Antônio Bandeira de. *Curso de Direito Administrativo*. São Paulo: Malheiros, 1998.

MELLO, Celso Antônio Bandeira de. *Curso de direito administrativo*. 27 ed. São Paulo: Malheiros, 2010.

MENDES, Gilmar Ferreira. Controle de constitucionalidade: hermenêutica constitucional e revisão de fatos e prognoses legislativos pelo órgão judicial. *Revista Jurídica Virtual*, Brasília, n. 8, p. 1-11, jan. 2000.

MENDONÇA, José Vicente Santos de. As fases do estudo sobre regulação da economia na sensibilidade jurídica brasileira. *Revista Opinião Jurídica*, Fortaleza, v. 13, n. 17, p. 284-301, jan./dez. 2015.

MENDONÇA, José Vicente Santos de. *Direito Constitucional Econômico*: a intervenção do Estado na economia à luz da razão pública e do pragmatismo. 2. ed. Belo Horizonte: Editora Fórum, 2018.

MENEZES, Monique. O papel do Congresso Nacional e do Tribunal de Contas de União na fiscalização das agências reguladoras: abdicação ou delegação de poderes? *Revista Debates*, Porto Alegre, v. 6, n. 3, p. 29-52, set./dez. 2012.

MOREIRA, Egon Bockmann. Os limites à competência normativa das agências reguladoras. *In*: ARAGÃO, Alexandre Santos de (Coord.). *O poder normativo das agências reguladoras*. 2. ed. Rio de Janeiro: Forense, 2011, p. 131-166.

MOREIRA NETO, Diogo de Figueiredo. Natureza jurídica, competência normativa, limites de atuação. *Revista de Direito Administrativo*, [S. l.], v. 215, p. 71-83, 1999.

MOUFFE, Chantal. *Sobre o político*. São Paulo: WMF Martins Fontes, 2015.

MUELLER, Bernardo. Institutions for Commitment in the Brazilian Regulatory System. *XXII International Congress of the Latin American Studies Association*. Miami, 2000.

NAPOLITANO, Giulio. Conflicts in Administrative Law: struggles, games and negotiations between political, institutional and economic actors. *Jean Monnet Working Paper Series*. Nova Iorque, 2013.

NASCIMENTO, Roberta Simões. A legislação baseada em evidências empíricas e o controle judicial dos fatos determinantes da decisão legislativa. *Revista Eletrônica da Procuradoria Geral do Estado do Rio de Janeiro*, Rio de Janeiro, v. 4, n. 3, set./dez. 2021a.

NASCIMENTO, Roberta Simões. Devido processo legislativo e qualidade da deliberação legislativa. *Revista da Advocacia do Poder Legislativo*, Brasília, v. 2, p. 141-170, 2021b.

O GLOBO. *Bolsonaro critica proposta da Aneel de tributar energia solar*: 'Taxar o sol já vai para o deboche'. 24 out. 2019. Disponível em: https://oglobo.globo.com/economia/bolsonaro-critica-proposta-da-aneel-de-tributar-energia-solar-taxar-sol-ja-vai-para-deboche-24041186. Acesso em: 30 out. 2021.

OLIVA, Alberto. *Filosofia da Ciência*. 3. ed. Rio de Janeiro: Zahar, 2003.

OLIVEIRA Renato Lima de. *Regulação participativa*: Interação do Parlamento e da sociedade civil no processo decisório e normativo das agências reguladoras brasileiras. 2015. 92 f. Dissertação (Mestrado Profissional) – Câmara dos Deputados, Centro de Formação, Treinamento e Aperfeiçoamento (Cefor), Brasília, 2015. Disponível em http://bd.camara.gov.br/bd/handle/bdcamara/25599#. Acesso em: 08 set. 2019.

OLIVEIRA, Clara Brando de; FONTES FILHO, Joaquim Rubens. Problemas de agência no setor público: O papel dos intermediadores da relação entre poder central e unidades executoras. *Revista de Administração Pública*, Rio de Janeiro, v. 51, n. 4, p. 596-615, jul./ago. 2017.

OLIVEIRA FILHO, Gesner José de. *Desenho regulatório e competitividade: efeitos sobre os setores de infra-estrutura*. Relatório de pesquisa nº 26 /2005, São Paulo: FGV-EAESP/GVPESQUISA, 2005. Disponível em https://pesquisa-eaesp.fgv.br/sites/gvpesquisa.fgv.br/files/publicacoes/P00338_1.pdf. Acesso em 30 out. 2019.

OLIVIERI, Cecília. Os controles políticos sobre a burocracia. *Revista de Administração Pública*, Rio de Janeiro, v. 45, n. 5, p. 1395-1424, out. 2011.

OTERO, Paulo. *Legalidade e Administração Pública*: o sentido da vinculação administrativa à juridicidade. Lisboa: Almedina, 2003.

PACHECO, Regina Silvia. Regulação no Brasil: desenho das agências e formas de controle. *Revista de Administração Pública*, Rio de Janeiro, v. 40, n. 4, p. 523-543, jul./ago. 2006.

PELIZZO, Riccardo; STAPENHURST, Rick. Tools for legislative oversight: an empirical investigation. *Quaderni di Scienza Politica*, [s. l.], v. 11, n. 1, p. 175-188, set. 2004.

PEREIRA, Cesar A. Guimarães. Discricionariedade e apreciações técnicas da administração. *Revista de Direito Administrativo*, Rio de Janeiro, n. 231 p. 217-267, jan./mar. 2003.

PEREIRA NETO, Caio Mario da Silva; LANCIERI, Filippo Maria; ADAMI, Mateus Piva. O diálogo institucional das agências reguladoras com os poderes Executivo, Legislativo e Judiciário: uma proposta de sistematização. *In*: SUNDFLED, Carlos Ari; ROSILHO, André (Orgs.). *Direito da regulação e políticas públicas*. São Paulo: Malheiros, 2014, p. 140-185.

PIAUÍ. *A panaceia*. Ascensão e queda da pílula do câncer. set. 2016. Disponível em: https://piaui.folha.uol.com.br/materia/a-panaceia/. Acesso em: 3 nov. 2021.

PICCIOTTO, Sol. Regulation: Managing the Antinomies of Economic Vice and Virtue. *Social and Legal Studies*, [s.l.], 26, n. 6, p. 676-99, 2017.

PILDES, Richard H.; SUNSTEIN Cass R. Reinventing the Regulatory State. *University of Chicago Law Review*, [s.l.], v. 62, n. 1, 1995.

PÓ, Marcos Vinicius; ABRUCIO, Fernando Luiz. Desenho e funcionamento dos mecanismos de controle e accountability das agências reguladoras brasileiras: semelhanças e diferenças. *Revista de Administração Pública*, Rio de Janeiro, v. 40, n. 4, p. 679-698, ago. 2006.

PRADO, Mariana Mota. The Challenges and Risks of Creating Independent Regulatory Agencies: A Cautionary Tale from Brazil. *Vanderbilt Journal of Transnational Law*, [s. l.], v. 41, n. 2, p. 435-504, mar. 2008.

PRADO, Mariana Mota. O contrato e o plano de gestão no projeto de Lei n. 3.337/04: controle desejável e justificado ou influência política indevida? *Revista de Direito Público da Economia*, Belo Horizonte, v. 6, n. 22, p. 115-139, abr./jun., 2008.

PRADO, Mariana Mota. Presidential dominance from a comparative perspective: the relationship between the executive branch and regulatory agencies in Brazil, *Comparative Administrative Law*, 2010. Disponível em: https://papers.ssrn.com/sol3/papers.cfm?abstract_id=1690815. Acesso em: 14 set. 2019.

PRADO, Mariana Mota; TREBILCOCK, Michael J. *Institutional bypasses*: a strategy to promote reforms for development. Cambridge: Cambridge UniversityPress, 2019.

PRADO, Mariana Mota; TREBILCOCK, Michael J. Path Dependence, Development, and the Dynamics of Institutional Reform. *University of Toronto Law Journal*, n. 09-04, abr. 2009.

PRZEWORSKI, Adam. Sobre o desenho do Estado: uma perspectiva agent x principal. *In*: BRESSER-PEREIRA, Luiz Carlos; SPINK, Peter (Orgs.). *Reforma do Estado e Administração Pública gerencial*. 7. ed. Rio de Janeiro: FGV, 2003.

R7. *Anac critica decisão da Câmara de pôr fim a cobrança de bagagens.*, 25 abr. 2019. Disponível em: https://noticias.r7.com/brasil/anac-critica-decisao-da-camara-de-por-fim-a-cobranca-de-bagagens-25042019. Acesso em: 14 set. 2019.

RÁDIO CÂMARA. Dep. Arlindo Chinaglia: pesquisas não caracterizam fosfoetanolamina como medicamento. 28 out. 2020. Agência Câmara. Disponível em https://www.camara.leg.br/radio/programas/703354-dep-arlindo-chinaglia-fosfoetanolamina-nao-e-um-medicamento-mas-um-suplemento-alimentar/?pagina=4. Acesso em 4 nov. 2021.

RASKIN, David. The Regulatory Challenge Of Distributed Generation. *Harvard Business Law Review*, [s.l.], dez. 2013. Disponível em: http://www.hblr.org/2013/12/the-regulatory-challenge-of-distributed-generation/#_ftn2. Acesso em: 31 out. 2021.

RAWLS, John. *O liberalismo político*. São Paulo: Ática, 2000.

RIBEIRO, Leonardo Coelho. O direito administrativo como caixa de ferramentas e suas estratégias. *Revista de Direito Administrativo*, Rio de Janeiro, v. 272, p. 209-249, nov. 2016.

ROCHA, Jean-Paul Veiga da. Quem tem medo da delegação legislativa? *Revista de Direito Administrativo*, [S. l.], v. 271, p. 193-221, maio 2016.

ROMAN, Flávio José. Discricionariedade técnica. *Enciclopédia Jurídica da PUCSP*, 2021. Celso Fernandes Campilongo, Alvaro de Azevedo Gonzaga e André Luiz Freire (coords.). Tomo: Direito Administrativo e Constitucional. Vidal Serrano Nunes Jr., Maurício Zockun, Carolina Zancaner Zockun, André Luiz Freire (coord. de tomo). 2. ed. São Paulo: Pontifícia Universidade Católica de São Paulo, 2021. Disponível em: https://enciclopediajuridica. pucsp.br/verbete/148/edicao-2/discricionariedade-tecnica. Acesso em: 6 ago. 2022.

SALINAS, Natasha Schmitt Caccia. A intervenção do Congresso Nacional na autonomia das agências reguladoras. *REI – Revista Estudos Institucionais,* v. 5, n. 2, p. 586-614, 2019.

SHAPIRO, Martin. The problems of independent agencies in the United States and the European Union. *Journal of European Public Policy*, v. 4, n. 2, p. 276-291, jun. 1997.

SCHIRATO, Victor Rhein. Algumas considerações atuais sobre o sentido de legalidade na Administração Pública. *In*: ARAGÃO, Alexandre Santos de (Org.). *O poder normativo das agências reguladoras*. Rio de Janeiro: Forense, 2011. p. 507-517.

SEN, Amartya. Rationality and social choice. *American Economic Review*, v. 85, n. 1, p. 1-24, mar. 1995.

SILVA, Eduardo Fernandez; GONÇALVES, Sandro Silva. A cobrança da bagagem despachada nas viagens aéreas: a quem interessa ? *Câmara dos Deputados*. Brasília, 2017. Consultoria Legislativa.

SILVA, José Afonso da. *Comentário contextual à Constituição*. São Paulo: Malheiros, 2005.

SILVA, Rutelly Marques da. O novo arranjo regulatório proposto pela Aneel para a geração distribuída na Consulta Pública nº 25, de 2019. *Boletim Legislativo*. Brasília, n. 82, out. 2019.

SILVA, Virgílio Afonso da. *Direito constitucional brasileiro*. São Paulo: Editora da Universidade de São Paulo, 2021.

SOUTO, Marcos Juruena Villela. *Direito administrativo regulatório*. Rio de Janeiro: Lumen Juris, 2005.

STEWART, Richard B. The reformation of American administrative law. *Harvard Law Review*, [s. l.], v. 88, n. 8, p. 1667-1813, jun., 1975.

STIGLER, George. The theory of economic regulation. *The Bell Journal of Economics and Management Science,* v. 2, n. 1, p. 3-21, 1971.

SUNDFELD, Carlos Ari. Introdução às agências reguladoras. *In*: SUNDFELD, Carlos Ari (Org.). *Direito administrativo econômico*. São Paulo: Malheiros, 2002, p. 17-38.

SUNDFELD, Carlos Ari; CÂMARA, Jacintho Arruda. Controle judicial dos atos administrativos: as questões técnicas e os limites da tutela de urgência. *Interesse Público*, v. 16, n.16, p. 23-38, 2002.

SUNSTEIN, Cass R.; VERMEULE, Adrian. Interpretation and institutions. *Michigan Law Review*, [s. l.], v. 101, n. 4, p. 885-951, 2003.

TÁCITO, Caio. O controle judicial da Administração Pública na nova Constituição. *Revista de Direito Administrativo*, [s. l.], v. 173, p. 25-33, jul. 1988.

TÁCITO, Caio. Anulação de leis inconstitucionais. *In*: TÁCITO, Caio. *Temas de direito público: estudos e pareceres*. Rio de Janeiro: Renovar, 1997. p. 1067-1073.

THATCHER, Mark. Delegation to Independent Regulatory Agencies: Pressures, Functions and Contextual Mediation. *In*: THATCHER, Mark; SWEET, Alec Stone (Orgs.). *The Politics of Delegation*. Londres: Frank Cass, 2003, p. 111-130.

THATCHER, Mark; SWEET, Alec Stone. Theory and Practice of Delegation to Non-majoritarian Institutions. *In*: THATCHER, Mark; SWEET, Alec S. (Ed.). *The Politics of Delegation*. Londres: Frank Cass, 2002. p. 1-22.

TOSTA, André Ribeiro. *Instituições e o Direito Público*. Rio de Janeiro: Lumen Juris, 2019.

TSEBELIS, George. *Veto players*: How political institutions work. Princeton: Princeton University Press, 2002.

VALADÃO, Marcos Aurélio Pereira. Sustação de atos do Poder Executivo pelo Congresso Nacional com base no artigo 49, inciso V, da Constituição de 1988. *Revista de Informação Legislativa*, Brasília, v. 39, n. 153, p. 287-301, jan./mar. 2002.

VALOR ECONÔMICO. *Veto de Bolsonaro à bagagem pode cair*. 04 set. 2019. Disponível em: https://valor.globo.com/empresas/noticia/2019/09/04/veto-de-bolsonaro-a-bagagem-pode-cair.ghtml. Acesso em: 13 jan. 2022.

VERMEULE, Adrian. Local and global knowledge in the Administrative State. *Harvard Public Law Working Paper*, [s. l.], n. 13-01, nov. 2012.

WEBER, Max. *Ciência e política* – Duas vocações. São Paulo: Cultrix, 2011.

WILKS, Stephen; BARTLE, Ian. The Unanticipated Consequences of Creating Independent Competition Agencies. *In*: THATCHER, Mark; SWEET, Alec Stone (Orgs.). *The Politics of Delegation*. Londres: Frank Cass, 2003. p. 131-151.

WOOD, B. Dan; WATERMAN, Richard W. The Dynamics of Political Control of the Bureaucracy. *American Political Science Review*, [s.l.], 85, n. 3, p. 801-828, set. 1991.

Esta obra foi composta em fonte Palatino Linotype, corpo 10
e impressa em papel Pólen Bold 70g (miolo) e Supremo 250g
(capa) pela Artes Gráficas Formato.